国家自然科学基金面上项目（72374063）

国家自然科学基金青年项目（72304089）

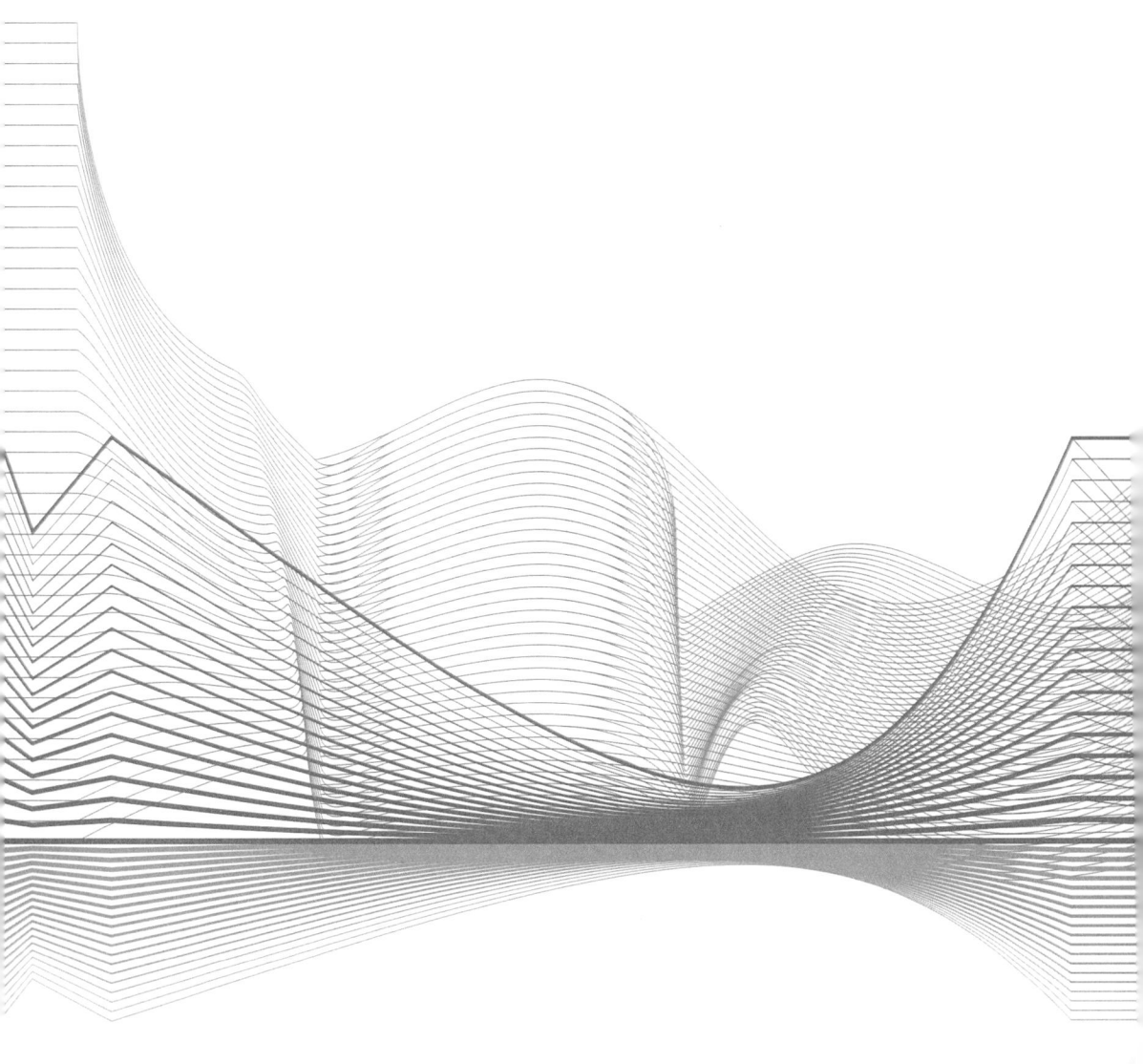

# 中国超大城市
# 经济韧性的系统分析

李桂君　寇晨欢 ◎ 著

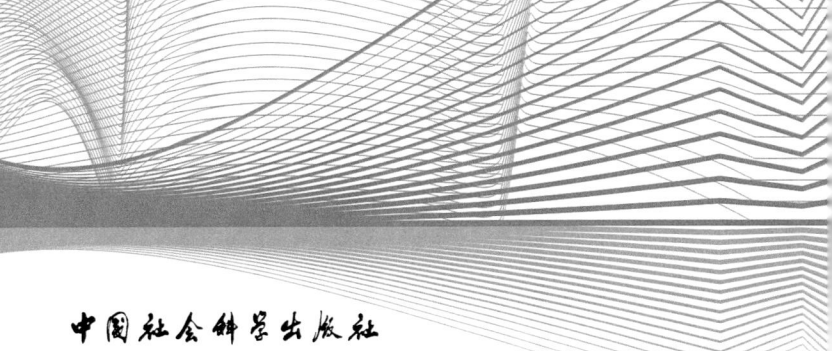

中国社会科学出版社

图书在版编目（CIP）数据

中国超大城市经济韧性的系统分析 / 李桂君，寇晨欢著. -- 北京：中国社会科学出版社，2025. 5.
ISBN 978-7-5227-4694-4

Ⅰ. F299.21

中国国家版本馆 CIP 数据核字第 2025A8R153 号

| 出 版 人 | 季为民 |
|---|---|
| 责任编辑 | 戴玉龙 |
| 责任校对 | 周晓东 |
| 责任印制 | 郝美娜 |

| 出　　版 | 中国社会科学出版社 |
|---|---|
| 社　　址 | 北京鼓楼西大街甲 158 号 |
| 邮　　编 | 100720 |
| 网　　址 | http://www.csspw.cn |
| 发 行 部 | 010-84083685 |
| 门 市 部 | 010-84029450 |
| 经　　销 | 新华书店及其他书店 |
| 印　　刷 | 北京明恒达印务有限公司 |
| 装　　订 | 廊坊市广阳区广增装订厂 |
| 版　　次 | 2025 年 5 月第 1 版 |
| 印　　次 | 2025 年 5 月第 1 次印刷 |
| 开　　本 | 710×1000　1/16 |
| 印　　张 | 15 |
| 字　　数 | 246 千字 |
| 定　　价 | 128.00 元 |

凡购买中国社会科学出版社图书，如有质量问题请与本社营销中心联系调换
电话：010-84083683
版权所有　侵权必究

# 前　言

　　经济韧性是城市的关键属性之一，愈发受到学术界和政府部门的关注。在全球化和城市化进程加速的背景下，超大城市不仅是经济增长的重要引擎，也是社会问题和环境挑战的集中地。本书正是在这样的时代需求下应运而生。对超大城市经济韧性的系统分析，不仅具有理论意义，更具现实紧迫性。本书基于复杂系统理论和演化经济地理学理论，系统探讨了超大城市经济韧性的概念、特征、评价及动态演化，旨在为中国超大城市的可持续发展提供科学解释和决策支持。

　　全书共分为九章，内容涵盖绪论、城市经济韧性的认识过程、评价指标体系构建、经济韧性水平评价、演化特征分析、系统动力学模型建立与仿真、提升经济韧性的策略等方面。具体而言，第1章对超大城市的定义及其在国民经济发展中的地位进行了详细阐述，分析了当前超大城市面临的困境，并提出经济韧性作为其常态化治理的关键维度；第2章介绍了工程韧性、生态韧性与演化韧性三种韧性理论的发展历程，并通过文献综述展示了城市韧性研究的最新进展和热点领域；第3章系统地设计了评价框架，选取了科学合理的评价指标，并通过初始、二次及最终评价指标体系的构建，提出了一个完善的经济韧性评价体系；第4章基于上述指标体系，对中国7个超大城市的经济韧性进行了实证分析，并从多个维度对评价结果进行了对比和总结；第5章采用收敛性分析、耦合协调性分析和影响因子解释力分析等方法，揭示了这些城市经济韧性的演化规律和特征；第6章提出了系统动力学模型的建模思路和流程，通过模型验证和仿真结果分析，预测了未来超大城市经济韧性的演化趋势；第7章基于系统动力学模型的仿真结果，详细讨论了中国七个超大城市经济韧性的演化趋势，并提出了针对性的策略建议；第8章针对不同经济韧性水平的超大城市，提出了相应的提升策略，旨在为城市管理者提供科学依据和实用建议；第9章对全书内容进行了总结，强调了研究的创新点和实际应用价值，并展望了未来研究方向。

本书的两位作者，河北经贸大学的李桂君教授和寇晨欢博士长期致力于城市经济韧性领域的研究，在国家自然科学基金（72374063 和 72304089）的支持下，李桂君教授负责撰写了第一章至第四章，在城市经济韧性的概念界定，超大城市经济韧性分析的理论框架和度量方法方面做出了贡献。寇晨欢博士负责撰写了第五章至第九章，在超大城市经济韧性实证分析，超大城市经济韧性的系统动力学模型构建以及城市经济韧性演化研究方面做出了贡献。随着城市系统的复杂性和不确定性的全面上升，我们必须尽快提升对城市经济韧性的理解和认识，为应对城市风险冲击做好知识的储备。在本书的研究过程中，我们广泛收集和分析了大量的城市经济数据，运用了多种科学方法和技术手段，力求在理论与实践之间找到最佳的平衡点，但是无疑未来还有很多工作需要深入讨论。

本书的出版离不开中国社会科学出版社的支持和各位专家学者的帮助。特别感谢那些在数据提供、模型构建和实地调研过程中给予我们帮助和支持的同仁。我们希望这部专著能够为研究和实践工作者提供有价值的参考，助力中国超大城市在新时代背景下实现高质量发展和经济韧性提升。

李桂君　寇晨欢

2024 年 8 月

# 目　录

## 第一章　绪　论 ……………………………………………… 1

第一节　超大城市的范围界定 ………………………………… 2
第二节　超大城市是国民经济发展的驱动力 ………………… 4
第三节　超大城市发展的困境 ………………………………… 6
第四节　经济韧性是超大城市常态化治理的关键维度 ……… 8
第五节　基于复杂系统理论与演化经济地理理论的支撑 …… 10
第六节　本书的研究方法与结构安排 ………………………… 17
第七节　研究价值 ……………………………………………… 20

## 第二章　城市经济韧性的认识过程 …………………………… 22

第一节　工程韧性、生态韧性与演化韧性 …………………… 22
第二节　城市韧性的研究进展 ………………………………… 27
第三节　经济韧性是城市韧性的重要组成部分 ……………… 37
第四节　小结 …………………………………………………… 58

## 第三章　超大城市经济韧性评价的指标体系构建 …………… 60

第一节　评价框架设计 ………………………………………… 60
第二节　评价指标选取 ………………………………………… 63
第三节　初始评价指标体系构建 ……………………………… 68
第四节　二次评价指标体系构建 ……………………………… 74
第五节　最终评价指标体系构建 ……………………………… 80
第六节　小结 …………………………………………………… 85

## 第四章　中国超大城市经济韧性的水平评价 ⋯⋯⋯⋯⋯⋯⋯⋯ 87

　　第一节　评价对象及数据来源 ⋯⋯⋯⋯⋯⋯⋯⋯⋯⋯⋯⋯⋯ 87
　　第二节　评价指标赋权 ⋯⋯⋯⋯⋯⋯⋯⋯⋯⋯⋯⋯⋯⋯⋯⋯ 88
　　第三节　经济韧性水平评价 ⋯⋯⋯⋯⋯⋯⋯⋯⋯⋯⋯⋯⋯⋯ 96
　　第四节　经济韧性子维度水平评价 ⋯⋯⋯⋯⋯⋯⋯⋯⋯⋯⋯ 107
　　第五节　中国超大城市经济韧性的现状水平总结 ⋯⋯⋯⋯⋯ 115
　　第六节　小结 ⋯⋯⋯⋯⋯⋯⋯⋯⋯⋯⋯⋯⋯⋯⋯⋯⋯⋯⋯⋯ 116

## 第五章　中国超大城市经济韧性的演化特征 ⋯⋯⋯⋯⋯⋯⋯⋯ 118

　　第一节　收敛性分析 ⋯⋯⋯⋯⋯⋯⋯⋯⋯⋯⋯⋯⋯⋯⋯⋯⋯ 118
　　第二节　耦合协调性分析 ⋯⋯⋯⋯⋯⋯⋯⋯⋯⋯⋯⋯⋯⋯⋯ 124
　　第三节　影响因子解释力分析 ⋯⋯⋯⋯⋯⋯⋯⋯⋯⋯⋯⋯⋯ 139
　　第四节　中国超大城市经济韧性演化特征总结 ⋯⋯⋯⋯⋯⋯ 148
　　第五节　小结 ⋯⋯⋯⋯⋯⋯⋯⋯⋯⋯⋯⋯⋯⋯⋯⋯⋯⋯⋯⋯ 149

## 第六章　超大城市经济韧性演化趋势的系统动力学模型 ⋯⋯ 151

　　第一节　建模思路 ⋯⋯⋯⋯⋯⋯⋯⋯⋯⋯⋯⋯⋯⋯⋯⋯⋯⋯ 151
　　第二节　建模流程 ⋯⋯⋯⋯⋯⋯⋯⋯⋯⋯⋯⋯⋯⋯⋯⋯⋯⋯ 154
　　第三节　基模核分析 ⋯⋯⋯⋯⋯⋯⋯⋯⋯⋯⋯⋯⋯⋯⋯⋯⋯ 164
　　第四节　小结 ⋯⋯⋯⋯⋯⋯⋯⋯⋯⋯⋯⋯⋯⋯⋯⋯⋯⋯⋯⋯ 170

## 第七章　中国超大城市经济韧性的演化趋势分析 ⋯⋯⋯⋯⋯ 171

　　第一节　系统动力学模型的检验 ⋯⋯⋯⋯⋯⋯⋯⋯⋯⋯⋯⋯ 171
　　第二节　仿真初始条件设置 ⋯⋯⋯⋯⋯⋯⋯⋯⋯⋯⋯⋯⋯⋯ 183
　　第三节　仿真结果分析 ⋯⋯⋯⋯⋯⋯⋯⋯⋯⋯⋯⋯⋯⋯⋯⋯ 184
　　第四节　中国超大城市经济韧性演化趋势总结 ⋯⋯⋯⋯⋯⋯ 196
　　第五节　小结 ⋯⋯⋯⋯⋯⋯⋯⋯⋯⋯⋯⋯⋯⋯⋯⋯⋯⋯⋯⋯ 197

## 第八章　超大城市提升经济韧性的策略 ⋯⋯⋯⋯⋯⋯⋯⋯⋯ 199

　　第一节　短板分析 ⋯⋯⋯⋯⋯⋯⋯⋯⋯⋯⋯⋯⋯⋯⋯⋯⋯⋯ 199
　　第二节　提升策略 ⋯⋯⋯⋯⋯⋯⋯⋯⋯⋯⋯⋯⋯⋯⋯⋯⋯⋯ 205

  第三节 小结 ·················································· 211

第九章 结语 ············································································ 213

附录1 ······························································································ 215

附录2 ······························································································ 218

参考文献 ···························································································· 221

# 第一章　绪论

在经济高度全球化的时代，全球气候变化、公共卫生危机、系统性金融风险等一系列内外部冲击变得更加频繁。产业链的高度国际化分工导致风险往往牵一发而动全身，影响整个区域和国家的经济发展。当前中国已经进入了经济转型升级、新旧动能转换的关键时期，面临内外部风险频发的复杂局面，增强经济韧性是高质量发展的重要着力点，不仅为摆脱传统粗放发展模式的羁绊提供了较大的腾挪空间，还为疫情冲击后经济的中长期复苏计划提供新的政策视角。

近年来，"经济韧性"一词频繁见诸政府文件和领导人讲话中，"中国经济为什么有韧性"成了国内外热门话题，显示了当前现实背景下经济韧性研究对中国经济发展的特殊价值和意义。建设更具韧性的经济结构是我国宏观政策制定的重要战略内容，引领了整个社会的发展理念和发展模式转型。

作为一个政治概念，经济韧性已经被决策者广泛讨论，但作为一个理论术语，经济韧性在学术界的研究深度还明显不足。有鉴于此，本书拟研究中国的政治、经济及文化中心——超大城市的经济韧性问题。所谓超大城市，是指居住在城区内半年以上的常住人口超过1000万人的城市，根据《中国城市建设统计年鉴2022》，全国共有超大城市10个，分别为上海、北京、深圳、重庆、广州、成都、天津、东莞、武汉、杭州。超大城市在国民经济中的重要地位毋庸置疑，而城市规模的不断扩大也导致城市的复杂性和脆弱性随之增加，增强经济韧性是超大城市提升常态化治理能力并实现经济平稳长效发展的有效途径。

因此，本书将深度剖析经济韧性的概念、内涵及要义，并在获得充分学理支撑的基础上，着力分析超大城市经济韧性的来源、表现形式和演化态势。通过结合超大城市在应对内外部冲击过程中暴露出的短板与问题，探讨增强超大城市经济韧性的途径。本书的研究内容是对经济韧性理论和实践研究层面的进一步扩展和补充。

## 第一节 超大城市的范围界定

超大城市是按照城市人口数量进行城市规模划分得到的等级之一，指城区常住人口超过 1000 万人的城市，其他等级还包括特大城市、Ⅰ类大城市、Ⅱ类大城市、中等城市、小城市。伴随着中国城镇化进程的快速推进，城市人口数量急剧增加，城市规模等级的划分标准也先后经历了至少 5 次的调整和变迁（王雪芹等，2015），具体如下所述。

1955 年，国家建设委员会出台了《关于当前城市建设工作的情况和几个问题的报告》，首次提出了较为规范的城市规模等级划分标准。1955 年标准将城市规模划分为三个级别，分别是：大城市、中等城市和小城市。其中，大城市具有 50 万以上的人口数量，中等城市具有 20 万—50 万的人口数量，小城市的人口数量在 20 万以下。

1980 年，为了与国际标准进一步接轨，国家建设委员会出台了《城市规划定额指标暂行规定》，在 1955 年标准基础上额外增设了特大城市级别，对应人口数量超过 100 万人的城市。

1984 年，国务院出台的《城市规划条例》再次采用 1955 年提出的城市规模等级划分标准。

1989 年，《中华人民共和国城市规划法》在 1984 年标准的基础上，对城市人口进行了范围界定，将城市人口界定为市区人口和近郊区非农业人口。因此，1955 年标准的大城市对应的是市区人口和近郊区非农业人口超过 50 万人的城市，中等城市和小城市的划分标准也同样调整。并且，1989 年标准又重新设置了特大城市这一等级，对应市区人口和近郊区非农业人口超过 100 万人的城市。1989 年规划法对城市人口进行口径界定，主要受到了当时的户籍管理制度的影响，即农业户籍向非农业户籍的转变受到了十分严格的控制。

2014 年，国务院颁布了《关于调整城市规模划分标准的通知》（也通常被称为新标准），出台了沿用至今的城市规模等级划分标准。2014 年标准提出将城市规模按照城区常住人口数量划分为"五类七档"，其中，"五类"是指将城市规模等级分为超大城市、特大城市、大城市、中等城市和小城市五个类别，而"七档"则是指将大城市和小城市等级进一步细分为I型和II型，一共七个档次。具体而言，超大城市的城区常住人口数量应超过1000万人，特大城市的城区常住人口数量应在500万—1000万人，大城市的城区常住人口数量应在100万—500万人（I型大城市应在300万—500万人，II型大城市应在100万—300万人），中等城市的城区常住人口数量应在50万—100万人，城区常住人口数量50万人以下的城市统一划分为小城市（I型小城市应在20万—50万人，II型小城市应在20万人以下）。

2014年标准结束了过去持续25年的城市规模等级划分方案，是对1989年标准的再一次调整。2014年标准的出台来自中央政府对现实背景的考量：一方面，户籍制度的快速改革和城市人口的快速流动导致市区和近郊区非农业人口很难代表城市的真实人口情况；另一方面，城市人口的快速增加也导致了1989年制定的城市规模过低，既不符合现实情况，也不利于对城市进行科学合理的规划及治理。倘若按照1989年的划分标准，2010年中国就有64个特大城市、95个大城市，但特大城市中的北京、上海、深圳等城市与其他城市有明显的区别，如果统一认定为特大城市，是不符合城市实际发展情况的。

对1989年标准与2014年标准进行了对比总结，具体内容如表1-1所示：

表1-1　　　　1989年和2014年的城市规模等级划分标准对比

| 划分标准 | 相同点 | 不同点 |  |  |
|---|---|---|---|---|
|  |  | 空间 | 人口 | 分级标准 |
| 2014年标准 | 对城市的行政区划认定是一致的。即城市按照行政区划可分为直辖市、副省级城市、地级市以及县级市。县级市多受到地级市的管辖，直辖市则直接由中央进行管辖 | 城区，指城市行政区划内实际建成区范围 | 城区常住人口，即在城区范围居住超过半年的人口数量 | 五类七档：<br>>1000万人（超大城市）<br>500万—1000万人（特大城市）<br>300万—500万人（I类大城市）<br>100万—300万人（II类大城市）<br>50万—100万人（中等城市）<br>20万—50万人（I类小城市）<br><20万人（II类小城市） |
| 1989年标准 |  | 市区，即城市全部行政范围 | 市区内非农业户籍的人口数量（市区和近郊区非农业人口） | 四类：<br>>100万人（特大城市）<br>50万—100万人（大城市）<br>20万—50万人（中等城市）<br><20万人（小城市） |

资料来源：戚伟、刘盛和、金浩然：《中国城市规模划分新标准的适用性研究》，《地理科学进展》2016年第1期。

2014年标准自出台后受到了广泛的认可和应用，2019年国家发展和改革委员会基于该标准制定了不同等级城市的落户和户籍管理政策，也显示了该划分标准的合理性。除此之外，很多国内学者也对2014年标准的合理性进行了验证，如戚伟等（2016）基于第六次全国人口普查数据并按照2014年标准划分了中国城市的规模等级，结果显示处于不同等级的城市数量符合金字塔结构特征、中心地方论原理和位序—规模法则（刘逸等，2020），表明了2014年标准的科学性。

鉴于此，本书根据2014年标准对超大城市进行范围界定，即超大城市是指城区常住人口超过1000万的城市。根据《中国城市建设统计年鉴2022》，全国共有超大城市10个，分别为上海、北京、深圳、重庆、广州、成都、天津、东莞、武汉、杭州。如表1-2所示：

表1-2　　　　　　　　　中国现有超大城市

| 城市 | 城区常住人口（万人） | 级别 | 区域 |
| --- | --- | --- | --- |
| 北京 | 1912.8 | 首都、直辖市 | 华北地区 |
| 天津 | 1160.07 | 直辖市 | 华北地区 |
| 上海 | 2475.89 | 直辖市 | 华东地区 |
| 广州 | 1369.7 | 省会城市 | 华南地区 |
| 深圳 | 1766.18 | 经济特区 | 华南地区 |
| 重庆 | 1617.5 | 直辖市 | 西南地区 |
| 成都 | 1257.24 | 省会城市 | 西南地区 |
| 东莞 | 1082.44 | 地级市 | 华南地区 |
| 武汉 | 1080.64 | 省会城市 | 华中地区 |
| 杭州 | 1002.1 | 省会城市 | 华东地区 |

资料来源：中华人民共和国住房和城乡建设部主编：《中国城市建设统计年鉴2022》，中国统计出版社2023年版，第45页。

## 第二节　超大城市是国民经济发展的驱动力

超大城市作为中国城市体系中等级最高、人口规模最大的城市，是所在区域其至整个国家的经济、政治、科技创新和文化中心。其中，北京市、上海市、广州市和深圳市已经成为全球城市（Global city），对世界经济事务都具有重要的影响力。超大城市对中国国民经济发展具有重要意义，以下从经济规模、经济地位和经济驱动力3个方面分别进行阐述：

首先，从经济规模来看，超大城市的GDP总量在全国GDP总量占有绝对比重。以2015—2019年数据为例，7个超大城市在这5年的GDP总量逐年上升，占全国GDP总量的比例均保持在18%以上（见表1-3），由此证明了超大城市的重要经济地位。

表1-3  2015—2019年超大城市的GDP总量及占全国GDP比例情况

单位：万亿元、%

|  | 2015 | | 2016 | | 2017 | | 2018 | | 2019 | |
| --- | --- | --- | --- | --- | --- | --- | --- | --- | --- | --- |
|  | GDP | 占比 | GDP | 占比 | GDP | 占比 | GDP | 占比 | GDP | 占比 |
| 北京 | 2.48 | 3.61 | 2.7 | 3.63 | 2.99 | 3.60 | 3.31 | 3.62 | 3.54 | 3.59 |
| 天津 | 1.09 | 1.59 | 1.15 | 1.55 | 1.25 | 1.50 | 1.34 | 1.47 | 1.41 | 1.43 |
| 上海 | 2.69 | 3.92 | 2.99 | 4.02 | 3.29 | 3.96 | 3.6 | 3.94 | 3.8 | 3.85 |
| 广州 | 1.73 | 2.52 | 1.86 | 2.50 | 1.99 | 2.39 | 2.1 | 2.30 | 2.36 | 2.39 |
| 深圳 | 1.84 | 2.68 | 2.07 | 2.78 | 2.33 | 2.80 | 2.53 | 2.77 | 2.69 | 2.73 |
| 重庆 | 1.6 | 2.33 | 1.8 | 2.42 | 2.01 | 2.42 | 2.16 | 2.36 | 2.36 | 2.39 |
| 成都 | 1.07 | 1.56 | 1.19 | 1.60 | 1.39 | 1.67 | 1.57 | 1.72 | 1.7 | 1.72 |
| 合计 | 12.5 | 18.21 | 13.76 | 18.51 | 15.25 | 18.34 | 16.61 | 18.17 | 17.86 | 18.10 |

资料来源：国家统计局城市社会经济调查司主编：《中国城市统计年鉴2022》，中国统计出版社2021年版，第69页。

其次，从经济地位来看，超大城市是所在区域经济发展的主要推动力量。以中国三大城市群和成渝经济圈为例进行说明。

北京市和天津市是京津冀城市群的中心城市。2015年中共中央政治局审议通过的《京津冀协同发展规划纲要》提出了要形成"一核、双城、三轴、四区、多节点"的城市群分布结构。其中，"一核"指要优先提升北京市的核心功能，"双城"指要发挥北京市和天津市的主要引擎作用，通过高端引领和辐射带动促进整个城市群的协同发展。

上海市是长三角城市群的中心城市。长三角城市群是目前中国经济规模最大的城市群，2021年共有8个GDP超万亿元的城市，占了全国GDP

总量的30%以上。该城市群内部城市层次结构分布最合理，而上海市凭借集群式发展的高端制造业、高附加值的现代服务业以及高水平的"新经济部门"行业，为区域发挥了强大的资源集聚能力和辐射带动能力。

广州市和深圳市是珠三角城市群的中心城市。珠三角城市群的民营经济最为活跃，尤其是贸易类产业和劳动密集型产业高度发达，因此吸引了大量的外来人口，仅2019年广东省就新增人口82万人。广州市和深圳市具有新能源汽车、智能家电、消费电子等优势产业，经济结构转型升级潜力大，且相对北京市和上海市而言，落户门槛较低，已经出现了明显的"人口倒挂"现象。2020年广州市和深圳市的GDP总量占了整个城市群GDP总量的58%左右。

重庆市和成都市是成渝经济圈的中心城市。这两个超大城市均在2016年入选了国家中心城市，且重庆市在经济圈内发挥了金融中心功能，拥有高度发达的金融、商贸、物流及服务外包等现代服务业。成都市则发挥了科技创新中心的能力，拥有多个高新技术创业基地。重庆市和成都市引领了成渝经济圈及整个西南地区的经济发展。

最后，从经济驱动力来看，"增长极"理论、"中心—外围"理论、城市辐射扩散效应、世代交叠模型等多个理论已经论证了超大城市对国民经济发展的驱动力。除此之外，很多学者也对超大城市的贡献率进行了实证测算，例如，邹薇和杨胜寒（2019）的研究发现，2002—2015年，5个超大城市（2015年仅有京沪津广深5个超大城市）促进全国总产出增长了25.33%，如果5个超大城市没有对全国城市间的工资差异造成影响，那么全国总产出还能够再增加15.09%。

综上所述，不论是经济规模、经济地位还是经济驱动力，超大城市对于国民经济发展都起到了至关重要的推动作用。

## 第三节　超大城市发展的困境

超大城市具有较强的资源和人口吸纳能力，城市规模不断扩大的同时城市脆弱性也随之增强，更容易遭受到风险的强烈冲击。超大城市已经出现了发展困境，一方面经济社会高度关联导致了风险在不同领域的快速扩散，表现出风险的放大性、复杂性、连锁性等特点；另一方面，超大城市的治理难度和风险管控难度也明显高于其他等级城市。为了对超大城市的发展困境进行深刻剖析，以下从超大城市的外部环境和内部结构两个方面展开详细论述。

一方面，从超大城市的外部发展环境来看，经济危机频发已经是常态现象。1970—2011 年，全球共爆发了 147 次系统性金融危机和 211 次货币危机，有 13 次都扩散到了世界范围并导致国际性经济危机。近几年的经济环境更加复杂严峻，正如习近平主席于 2018 年 7 月 25 日在南非约翰内斯堡举行的金砖国家工商论坛上发表的题为《顺应时代潮流　实现共同发展》的讲话指出，"当今世界正经历百年未有之大变局"。一是美国贸易保护主义和逆全球化的思潮盛行，严重扰乱了全球经济环境；二是 2019 年年底暴发的新冠疫情对各国经济发展都造成了恶劣影响，且扩散范围大、持续时间长，甚至引发了新一轮的全球衰退（裴长洪和刘斌，2020）。面临这样复杂的局面，超大城市在未来发展中可能遭遇到的各类冲击，如贸易政策调整、经济周期波动、核心技术更新等，都会成倍地增加。

另一方面，从超大城市的内部结构来看，超大城市吸纳了大量的人口和资源，形成了高效率的生产模式和规模效应，以及高度关联的经济社会网络。在城市系统内部，人类活动高度密集、土地高度开发、能量大量消耗、交通通信网络承载压力过大、生态环境恶化以及外来人口的社会福利不均衡等现代"城市病"问题也不断涌现，增加了超大城市的复杂性和脆弱性。来源于《中国统计年鉴2020》的数据表明，2010—2014 年，仅发生在北京市、上海市、天津市和重庆市 4 个超大城市的突发事故灾难类事件占全国同类事件总数的 1/3（见表 1-4），其中还发生了"天津港 8·12 瑞海公司危险品仓库特别重大火灾爆炸事故""上海 12·31 外滩踩踏事件"等影响极为恶劣的事件（李春根和李胜，2017）。这些突发事件并不一定发生在经济领域，但由于超大城市的经济社会网络的高度关联，风险不断扩散和放大，最终干扰了经济系统的正常运行。一起突发性的公共卫生事件，可能演变成全球性的冲击，甚至引发新一轮的全球经济衰退。由此可见，当风险发生在超大城市时，其危害力和传播力都较其他等级的城市更强，不仅会干扰超大城市自身的经济发展，还会影响到区域甚至全国的经济发展，产生了巨大的损失。

表1-4 2010—2014年北京、上海、天津和重庆4个超大城市的突发事故灾难类事件情况 （单位：个，%）

| 年份 | 北京 | 上海 | 天津 | 重庆 | 4个超大城市突发事故灾难类事件总数 | 全国突发事故灾难类事件总数 | 4个超大城市占比 |
|---|---|---|---|---|---|---|---|
| 2010 | 30 | 0 | 161 | 23 | 217 | 420 | 51.67 |
| 2011 | 36 | 1 | 197 | 18 | 252 | 542 | 46.49 |
| 2012 | 21 | 5 | 192 | 25 | 243 | 542 | 44.83 |
| 2013 | 16 | 0 | 251 | 11 | 278 | 712 | 39.04 |
| 2014 | 11 | 1 | 108 | 16 | 136 | 471 | 28.87 |

资料来源：国家统计局主编：《中国统计年鉴2020》，人民出版社2020年版，第781页。

现实案例和统计数据均表明，在自然和人为因素的双重影响下，超大城市的发展环境更加复杂，面临的风险也成倍增加，表现出风险管控难度大、风险危害性强和风险冲破时空界限等特点（郭雪松和朱正威，2011）。

## 第四节 经济韧性是超大城市常态化治理的关键维度

中国城镇化进程的持续推进促使了外来人口快速向城市聚集，进而促进了城市体量不断增加并形成了超大城市。超大城市是国家经济社会发展的中心地带，但由于城市体量过大也增加了城市的脆弱性。一旦风险发生就极易扩散和放大，并沿着城市网络产生连锁反应，影响整个城市甚至区域、国家的经济安全。因此，当风险难以预测和避免时，增强经济韧性是超大城市常态化治理的关键维度。

经济韧性是指城市的经济系统在面对风险冲击时所表现的抵抗、恢复、适应和进化的能力。近几年来，国家领导人数次采用"经济韧性"一词来刻画中国的经济情况，经济韧性成了概括中国经济运行的主要特征。习近平主席在博鳌亚洲论坛2015年年会的开幕式致辞中，提出中国经济发展进入了新常态，潜力大、韧性好、回旋空间大且政策工具多。2019年年底突然暴发的新冠疫情引发了新一轮的全球经济衰退，中国经济却展现出强大的韧性。习近平总书记在疫情发生后指出："中国是个大国，韧性强，潜力大，回旋余地大。"2020年的《政府工作报告》中也指出，我国经济表现出坚强韧性和巨大潜能；2022年7月习近平主席主持海外人士座谈会并发表重要讲话强调，我国经济韧性强、潜力大、活力足、长期向好的基本面不会改变。由此可见，保持经济韧性是中国宏观政策层面的一项长期战略。

对比传统防控观念，经济韧性更重视事前预防，即强调经济系统通过持续调整经济结构、夯实发展基础来增强对环境的适应能力，降低风险危机的负面影响，而不是在风险发生后再采取措施去补救。并且，经济韧性蕴含的非线性供需和多重均衡思想也暗示了经济系统具有持续波动（Persistent cycles）或突变的可能，因此在应对复杂和不稳定的外部环境时能做出更加及时、合理的反应。换言之，具有较强经济韧性的超大城市能够在面对风险时主动去适应、学习和转型，从而快速恢复到原有发展状态，甚至是走上更优的发展路径。除此之外，经济韧性还为超大城市现有的经济调控手段提供了新的补充。在过去的经济调控实践中，当地政府最常使用的就是财政政策和货币政策，但这两种手段如果持续使用会造成副作用。例如，在金融泡沫破灭后，日本政府就曾经长期使用财政政策和货币政策来刺激宏观经济的增长，结果不仅没能达到预期效果促使经济复苏，反而产生了巨大的债务，日本也成了政府公共债务占GDP比例最高的发达国家。为了缓解债务压力，日本政府只能提高消费税，但却对国民经济发展造成了新的冲击。从日本的经验可以发现，保持经济韧性可以补充现有的宏观经济调控手段，促使经济系统安全、稳定、健康地发展。

从世界范围来看，中国超大城市具有极强的特殊性，主要体现在两点：

第一，经济环境的特殊性。受国际经济形势和经济周期波动的影响，中国经济发展已经进入了"新常态"阶段。该阶段的主要特点是经济高增速发展转变为中高速、经济结构不断调整优化、要素投入驱动经济发展转变为创新驱动发展、经济隐性风险转变为经济环境动荡，因此，中国超大城市的发展环境也将随之经历多重变化。

第二，人口密度的特殊性。中国超大城市的人口密度远远大于全球其他超大城市（卓贤和陈奥运，2018）。对比北京市、上海市和纽约市、东京市的人口密度，可以发现，在0—10km居住半径中，北京市和上海市的人口密度已经达到了2.07万人/km$^2$和2.56万人/km$^2$，比纽约市多出7539人/km$^2$和12500人/km$^2$，比东京市多出7421人/km$^2$和12400人/km$^2$。而在0—5km的核心地区内，北京市的人口密度为2.02万人/km$^2$，虽然少于纽约市但仍然比东京市多出0.94万人/km$^2$。上海市则高达3.67万人/km$^2$，比纽约市多出1.01万人/km$^2$，比东京市多出2.59万人/km$^2$。因此，中国超大城市经济系统的风险管控和治理难度更大，唯有事前预防才能保障经济安全，这更增加了经济韧性建设的紧迫性和重要性。

经济韧性是经济学家利用经济学科的理论和方法，为应对全球一体化发展和信息化变革带来的诸多挑战做出的努力。因此，本书将以中国超大城市为研究对象，研究其经济韧性的现状、特征和演化规律，以期为超大城市提升经济韧性提供依据和建议，进而提高超大城市对风险危机的应急管理和防控能力，促进超大城市经济的健康可持续发展。由于经济韧性是城市经济系统在很长一段时期内不断调整和演化形成的，尤其是经济韧性的进化力维度，需要经济系统不断优化产业结构和发展模式，才能避免其在遭遇内外部冲击后一蹶不振。因此，本书在对超大城市经济韧性展开研究时，并不仅仅是针对某一个冲击或者小概率事件表现出的应对逻辑，而是超大城市在长期发展中体现出的经济韧性逻辑，这是本书研究的主要假设。

## 第五节 基于复杂系统理论与演化经济地理理论的支撑

从经济韧性的概念来看，经济韧性会随着经济系统的演进表现出明显的动态变化特征，且具有促进经济系统破除路径锁闭并变迁到新发展路径的作用。城市复杂系统理论和演化经济地理学理论是经济韧性研究的重要理论基础（Xu and Warner，2015），以下展开具体分析。

## 一 城市复杂系统理论

城市作为一个复杂自适应系统是系统韧性动态变化的基本前提。城市复杂系统理论是复杂适应系统理论（Complex Adaptive Systems，CAS）的产物，后者由圣塔菲研究所（Santa Fe Institutes，SFI）于 1994 年首次提出，认为系统为了维持生存并持续发展需要不断适应外部环境，从而在适应过程中涌现出复杂性。圣塔菲研究所将城市作为典型的复杂适应系统并进行计算机建模仿真研究，之后以钱学森为代表的复杂系统研究学派进一步将城市拓展为开放的复杂巨系统（周干峙，1997），由此形成了城市复杂系统理论。

城市复杂系统理论提出了城市系统的七个核心要素。

（一）城市主体（City agents）

城市主体是指城市系统中具有能动性和适应性的元素。其中，人和人组建的机构组织是最重要的城市主体，具有较高的主动性，能够进行自主学习并在感知外部环境变化后及时进行调整，增强自身的适应性。除此之外，基础设施、建筑、管廊网络也属于城市主体，它们是人类在城市中进行活动的主要载体，也伴随着人类行为的调整表现出明显的"活性"。城市主体之间产生交互和联系，并在寻找、创建和适应的过程中共同构成了城市复杂系统的运行准则。

（二）主体集聚（Agent aggregation）

城市系统内多个主体的集聚产生了介主体（Meta-agent），而若干个介主体的二次集聚又产生了规模更加庞大的介介主体（Meta-meta-agent），以此类推，形成了城市系统的清晰分明的层次结构。

（三）非线性发展（Non-linearity development）

非线性是指城市主体之间的交互关系和城市主体与外部环境的交互关系是非线性的，难以用简单的切分或加总方式进行研究。城市系统演进发展的主要动力就是这种非线性，尤其是共享机制和学习机制。其中，共享机制是指城市主体对城市内部资源或基础设施的共享，如居民对博物馆、图书馆资源的共享，企业对交通、通信网络的共享等；学习机制是指城市主体之间的知识和信息流动传动，可以构建城市系统的知识网络并刺激创新。

（四）要素流（Element flow）

要素流是指物质、能源、信息等要素在城市主体之间的流动和传播。

基于要素流动，城市系统能够表现出两个明显的效应：一是乘数效应（Multiplier effect），指要素沿着城市网络进行流动并得到放大；二是再循环效应（Recycling effect），指要素沿着城市网络流动后提高了循环效率。

（五）目标多样性（Target diversity）

目标多样性是城市系统的一种发展模式，也是城市主体不断学习和适应表现出的结果。由于每个主体都受到其他主体提供的小生境的影响，而这个主体进入小生境后，又会通过适应和发展开辟出更多的小生境，由此形成了城市系统在演进过程中的目标多样性。

（六）特点标识（Character tagging）

特点标识是指城市系统内部引导主体识别目标、选择模式、区分合作者和竞争者的一种准则。特点标识贯穿始终，且能促进主体之间的相互选择，从而促进城市系统的层次结构形成和协调性发展。

（七）内部模型（Internal model）

城市主体在与外部环境和其他主体相互联系的过程中积累了丰富的经验和可行模式，这些就是内部模型。例如，城市规划方案、基础设施建设标准、法律法规、行业发展模式等都是城市系统的内部模型。

（八）积木块（Building blocks）

城市系统的内部模型是由积木块搭建的，积木块是内部模型的进一步分解。但积木块并不是随意就能获取的，而是城市主体基于长期实践积累的丰富经验来验证的能够被重复使用的元素，才能作为积木块。

总结而言，城市复杂系统理论为韧性的适应性模型提出奠定了基础，从而为揭示经济韧性的非线性动态特征做了铺垫。因为城市是一个复杂的适应性系统，不同子系统及组件间具有紧密的交互作用，因此城市的经济系统也遵循适应性循环模型的模式，在重组、开发、维持和释放四个阶段中不断演化，并促进了经济韧性的动态变化。具体而言，经济系统在每个阶段的演化特征都可以用三个指标进行衡量。

潜力值：表示经济系统的发展潜力，主要依赖经济系统在过去发展中积累的资本，如劳动力水平、产业结构、基础设施和经济制度安排等，以及经济系统在历史演化中形成的发展路径和产业结构。

关联度：表示经济系统内部各组成部分的联系紧密程度，包括企业等组织间交易模式、正式和非正式商业关系、知识信息交互等，同样受到历史路径的影响。

经济韧性：表示系统为维持正常功能并探索长效增长路径的能力，主要依赖于产业结构、技术创新、制度创新及知识溢出变迁等。

这三个指标在经济系统的重组、开发、维持和释放四个阶段内动态变化，但又反过来影响经济系统的适应和创新能力，从而影响经济系统对下一次冲击的应对能力，具体如图1-1所示。

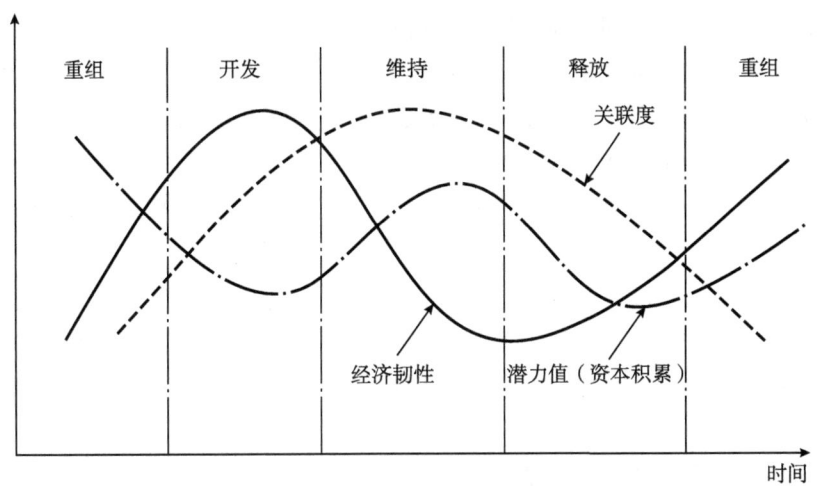

**图1-1 经济韧性的动态变化过程**

资料来源：Robert Hassink, "Regional resilience: a promising concept to explain differences in regional economic adaptability?", *Cambridge Journal of Regions, Economy and Society*, Vol. 3, No. 1, 2010, p. 45-58.

从图1-1可以看出，当经济系统处于开发阶段时，潜力值水平较低但关联度和经济韧性水平较高。此时经济系统正处于一个不确定性较强的发展阶段，虽然前期积累的资本较少，但伴随着新企业的不断形成和产业规模的扩大，企业的竞争优势也不断增强，从而加快了劳动力、知识和生产力资本的积累。并且，在此阶段经济系统内部要素间的关联程度也得到了强化，从而提升了抵御冲击的能力，表现出较强的经济韧性（达到了最大值）。

之后，当经济系统从开发阶段进入维持阶段后，潜力值和关联度水平较高但经济韧性水平开始降低。主要原因在于经济系统内部结构基本形成，资本积累的同时要素间的联系也逐渐变得僵化，系统对外部环境的适应性下降从而导致经济韧性下降。在维持阶段，经济系统更容易受到冲击的影响。

其次，经济系统进入释放阶段，潜力值和经济韧性水平较低但关联度水平较高。在释放阶段，经济系统开始出现增长乏力和结构僵化等问题，企业倒闭或转移导致积累的资本量减少并降低了潜力值，经济韧性也达到了最低点。但随着经济结构的转型升级和制度安排的变革，经济系统可能会发生"创造性破坏"，重新开始发展。

最后，经济系统快速进入重组阶段，潜力值和经济韧性水平较高，但关联度水平较低。资源的释放为要素间进行重组并构建全新联系提供了机会，从而促进了知识溢出和创新变革，表现出较高的潜力值，系统学习能力增强也提高了经济韧性水平。随后经济系统将再次进入开发阶段。

总结以上分析可以发现，经济韧性的动态变化与经济系统的演化阶段息息相关，这就需要基于城市复杂系统理论来剖析经济系统在各个阶段的发展特征，因此城市复杂系统理论是与经济韧性紧密关联的主要理论之一。

**二 演化经济地理学理论**

均衡论视角下的经济韧性概念关注城市经济系统在应对冲击时维持平衡状态或恢复到平衡状态的速度和程度，但其基本假设——经济系统的单一平衡和多重平衡受到了广泛的质疑（Davies，2011），而演化经济地理学理论为经济韧性的地理多样性和不均匀性提供了更为合理的解释，因此成了经济韧性研究的重要基础理论之一。

根据演化经济地理学理论观点，经济系统的演化存在两种主要趋势：

第一，模块化（Modularity）—适应能力（Adaptability）。具有较强适应能力的经济系统内在要素的关联性较弱，并没有形成强烈的历史路径依赖，在面对冲击时更有可能快速调整和恢复，并开拓新的发展路径，但是经济效率偏低。

第二，冗余化（Redundancy）—适应性（Adaptation）。适应性较强的经济系统内在要素的关联性较强，有强烈的历史路径依赖，虽然提升了经济效率，但在面对冲击时由于要素联结固化，破除锁闭状态的能力较弱。

适应能力和适应性两者不可兼得又不可或缺，前述内容中经济韧性的适应性循环就描述了这两者之间此消彼长的权衡过程：经济系统在组织阶段和开发阶段时，适应性不断增强但适应能力减弱，随着经济要素的关联程度不断提升，资源的逐步累积促进经济效率的快速提升，但经济要素关联的固化也导致经济系统陷入路径锁闭，缺乏对外部环境的适应能力，从而削弱了经济韧性水平；当经济系统进入保守阶段和释放阶段时，适应能力开始增强而适应性开始减弱，积累的资源重新释放，经济元素间的关联被打破。此时经济系统会出现两种截然不同的发展路径：一是在保守阶段遭受冲击，经历严酷的结构性衰退并从此一蹶不振。二是利用冲击调整经济结构，重新进行资本储备和经济要素关联构建，从而破除路径锁闭并进入新一轮的发展过程中。

适应能力和适应性的动态变化是经济韧性动态变化的前提，在此基础上，演化经济地理学理论提出了两个分析经济韧性的核心要素：多样化和路径依赖。

（一）多样性

多样性主要是指经济系统的产业结构多样性。产业结构多样性一直被认为是影响经济韧性水平的关键因素之一，主要原因在于：多样化的产业结构更容易分摊冲击造成的负面影响，起到冲击吸收器（Shock absorber）的作用（李连刚等，2019）。并且，当冲击的影响被分散后，相关产业能够快速恢复并继续进行生产活动，从而降低了整个经济系统受到冲击的影响。尤其针对的是经济系统的主导产业，更需要对冲击的影响进行分散。除此之外，还有学者提出经济韧性水平在多大程度上受到产业结构多样化的影响，这依赖于不同产业间的关联程度。换言之，如果经济系统内不同产业间的相关程度较高，那某一个或几个产业的衰退就会扩散到其他经济部门，从而对冲击产生放大效应并影响整个系统的运转（Fingleton et al., 2012）。但是，如果产业过度多样化，也会导致经济系统内部难以形成集聚效应或集聚的外部效应不明显，由此降低了生产效率（Boschma, 2015; Neffke et al., 2011）。

以上关于产业专业化和多样化的讨论进一步引起了对经济系统适应能力和适应性之间关系的思考（Hassink, 2010; Norris and Stevens, 2008）。适应性通常用于体现经济系统在长期演化过程中通过适度的调整来维持现有功能和发展水平，而适应能力则用于体现经济系统对新发展路径的开拓，尤其是知识网络变迁和创新过程（张振和赵儒煜，2011）。

但是，经济系统的适应性和适应能力也不能完全分隔开，因此既要注重适应性的专业化来提高效率，又要注重适应能力的多样化来提高经济系统的创新能力，这就延伸出产业结构相关多样性（Related variety）与经济韧性的研究。产业结构相关多样性是指经济系统内各个产业既来自不同的知识领域能够分摊冲击的影响（Essletzbichler，2015），又有一定的知识相关性能够展开丰富的技术组合及联系，从而形成技术相关的不同产业的集聚效应。产业结构相关多样性均衡了适应性和适应能力、专业化和多样化，是提升经济韧性的关键要素。

### （二）路径依赖

路径依赖（Path dependence）是指经济系统在长期演化过程中形成的对其历史路径发展有深刻的影响和塑造作用的现象，由此决定了不同系统具有不同的经济韧性特征。路径依赖强调锁闭（Lock-in），即经济系统在发展过程中由于报酬递增而不断强化，从而锁定在固定的发展路径中（陈梦远，2017）。部分学者提出路径锁闭对经济韧性起到了正向作用，即能够帮助经济系统恢复到原来的平衡状态，这类似于均衡论视角下的经济韧性概念解释。但更多学者认为路径锁闭是经济系统的消极属性，将导致系统结构僵化并限制新技术和新知识的涌现，从而限制了新路径的产生，降低了经济韧性水平。

具体而言，经济韧性与路径锁闭的关系取决于经济系统所处的路径依赖阶段。当系统处于路径依赖的正向锁闭阶段时，产业间关联不断强化并表现出明显的集聚效应，集聚效应的正外部性促进新知识和技术的不断涌现，从而促进经济系统的快速发展，并增强了经济韧性水平；但当系统处于路径依赖的负向锁闭阶段时，产业间关联过于紧密导致系统结构固化，降低了经济系统的创新能力，由此弱化了经济韧性水平（Quan and Wang，2004）。因此，经济韧性的进化力维度实际上就是指路径突破，即破除经济系统路径依赖的负向锁闭，打破产业间的高度关联并重新进行资源整合，从而促进知识流动和溢出，并走上新的发展路径。

综合所述，将演化经济地理学理论体系下的经济韧性分析进行总结，如图 1-2 所示。

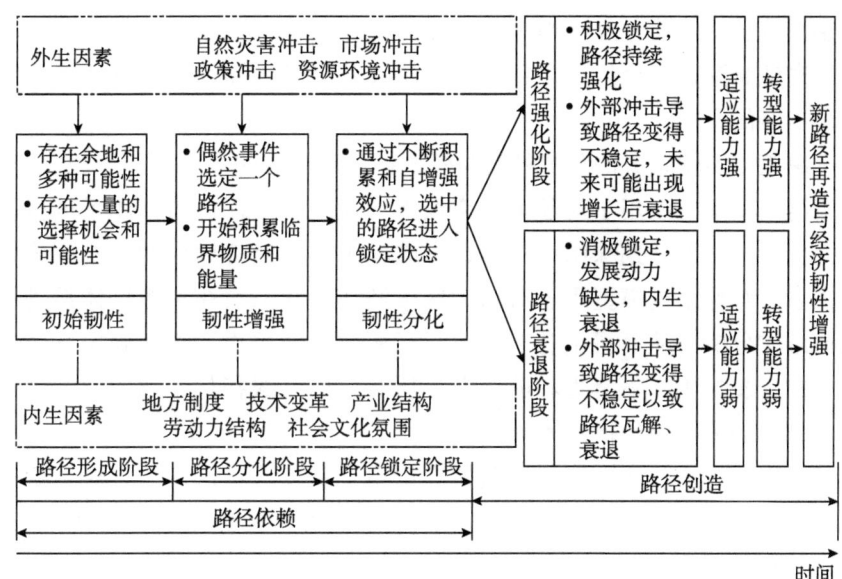

**图 1-2 演化经济地理学理论视角的经济韧性分析框架**

资料来源：笔者自绘。

从图 1-2 可以发现，演化经济地理学者强调的适应性和适应能力，本质上与演化论视角下的经济韧性概念解释是高度一致的。演化经济地理学理论提出的适应观点认为，经济系统能够基于微弱和松散的社会代理人之间的耦合形成多重演化轨迹，并在确保系统不崩溃的同时积极响应外部环境发生的偶然事件（Tung and Ritchie, 2011）。而演化论视角下的经济韧性概念实质上也是一种适应性观点，即强调经济韧性的动态变化，并认为经济系统在长期发展过程中容易出现结构僵化（陈作任和李郇，2018）（资源配置、社会经济制度安排等），对外部环境的适应能力降低，这类似于路径依赖和路径锁闭。而通过创新活动（植入外部资源、经济代理人创新等）来促进新知识新技术的形成，增强经济系统的学习能力并走上全新的发展轨迹，这类似于路径突破。因此，演化经济地理学理论也是与经济韧性密切相关的理论之一。

## 第六节 本书的研究方法与结构安排

本书以中国超大城市为研究对象，以经济韧性为研究主题，以城市复杂系统理论、演化经济地理学理论为理论基础，基于定性理论分析和定量实证研究，综合运用多种方法对超大城市经济韧性的现状和特征展开了丰富的研究。

决策与实验室方法和解释结构模型：这两种方法主要运用于第三章。决策与实验室方法用于对超大城市经济韧性的初始评价指标体系进行因果性分析，识别并剔除结果指标，形成超大城市经济韧性的二次评价指标体系；解释结构模型用于对超大城市经济韧性二次评价指标体系进行层次结构分析，从而得出各个评价指标所归属的层次，进而确定三个一级指标（抵抗力、恢复力和进化力）所对应的二级指标，形成超大城市经济韧性的最终评价指标体系。

层次分析法、改进熵权法及博弈论组合赋权法：这三种方法主要运用于第四章，对超大城市经济韧性的最终评价指标体系进行主观赋权、客观赋权及组合赋权。

多准则优化折中解决方法和象限分析法：这两种方法主要运用于第四章。多准则优化折中解决方法用于评价超大城市经济韧性及三个子维度韧性的现状水平，象限分析法用于分析各个超大城市经济韧性的三个子维度韧性在研究区间内的发展轨迹和差异。

收敛模型、耦合协调模型和地理探测器：这三种方法主要运用于第五章。收敛模型用于分析超大城市的经济韧性是否存在趋同或追赶效应；耦合协调模型用于分析超大城市经济韧性的抵抗、恢复、进化三个子维度的协调发展程度；地理探测器用于识别对超大城市经济韧性起到最显著作用的主要因素。

流率基本入树建模法和枝向量行列式计算法：这两种方法主要运用于第六章。流率基本入树建模法用于构建超大城市经济韧性的仿真模型，枝向量行列式计算法用于计算超大城市经济韧性系统动力学模型的二阶以上反馈环数量及类型。

本书主要采用了十五种研究方法，对文献综述、专家访谈、对比分析方法在此不进行赘述。

本书的结构安排如下：研究逻辑是"理论研究—现状评价—机制剖析—策略制定"。第一，基于文献研究界定经济韧性的概念及内涵，确定研究基础；第二，基于经济韧性概念内涵设计评价框架，构建评价指标体系，对超大城市的经济韧性及其子维度韧性的水平进行量化和对比；

第三，基于评价结果对超大城市经济韧性的收敛性、耦合协调及影响因子解释力等演化特征进行剖析；第四，剖析经济韧性内部因果逻辑，构建系统动力学模型并进行仿真模拟超大城市经济韧性的演化趋势；第五，结合前述研究结果，提出超大城市提升经济韧性的具体策略。本书的研究逻辑、主题、方法及内容如图1-3所示：

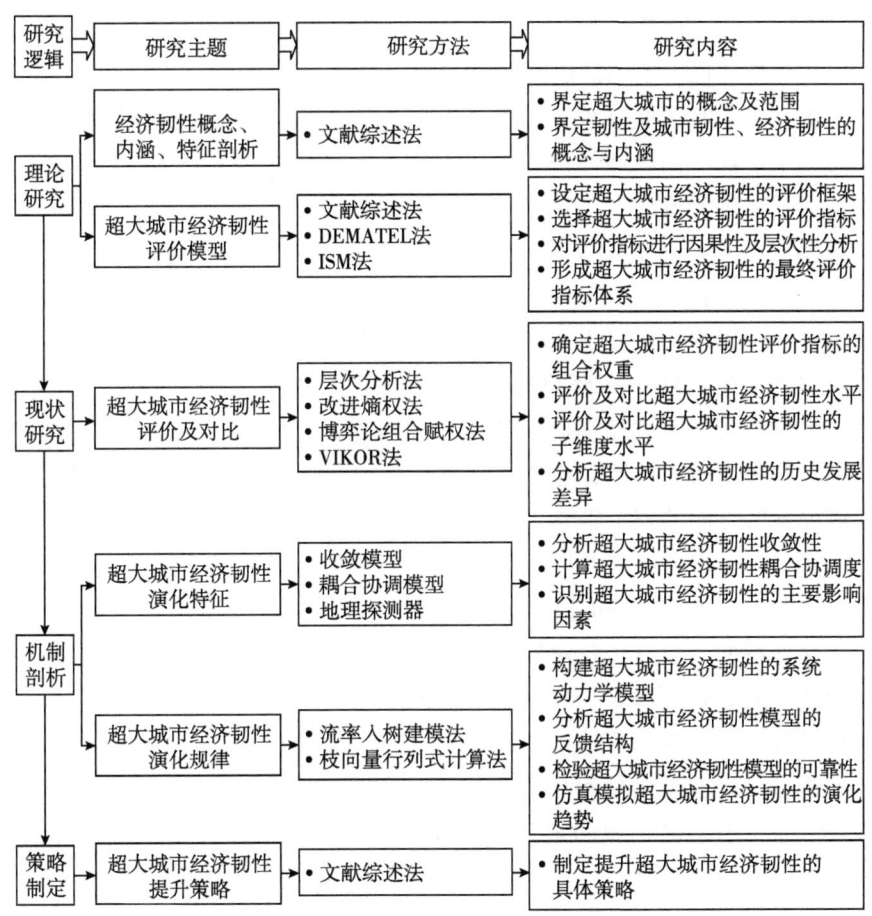

图1-3　技术路线

资料来源：笔者自绘。

## 第七节 研究价值

本书在现有文献研究的基础上,基于城市复杂系统理论和演化经济地理学理论的理论框架,尝试引入系统工程方法论对中国超大城市的经济韧性展开深入研究,为超大城市提升经济韧性提供建议策略。

在理论层面,本书的研究价值。

第一,丰富了城市经济韧性领域的研究范畴。经济韧性起源于国外,主要用于解释不同区域经济体在风险冲击下形成的差异化表现。国外高被引文献采用的概念多是 Regional economic resilience,如 Simmie 和 Martin (2010) 的研究(引用次数637)、Martin (2012) 的研究(引用次数634)和 Rose 和 Liao (2005) 的研究(引用次数436)。之后,经济韧性概念延伸到国内,也多用于研究城市群、东西部地区、经济带等。本书以中国7个超大城市为研究对象,分析其经济韧性现状、特征及趋势,将超大城市融入区域经济韧性的理论机制分析之中,不仅补充了区域经济韧性的理论研究体系,也丰富了城市经济韧性理论、城市与区域经济发展关系等方面的理论研究。

第二,拓展了经济韧性领域的非线性研究范畴。城市作为复杂系统是实现经济韧性特性的前提,也决定了经济韧性具有反馈性、自组织性、适应性等特征。已有文献对经济韧性的研究多采用经济学范式,在非线性特征上的研究较薄弱。本书引入系统工程方法论对经济韧性的非线性特征进行实证研究,是对经济韧性非线性研究内容的进一步拓展。

第三,促进了多学科的交叉融合。本书将新制度经济学、管理学、地理学、生态学等领域的理论相结合,应用于城市经济韧性研究领域,有助于促进多学科交叉融合,推动理论创新,增加研究深度。

在实践层面,本书的研究价值。

第一,客观反映中国超大城市的经济韧性水平。综合利用文献研究法、指标评价法、决策实验室分析法、解释结构模型、多准则决策法等方法,力图对中国超大城市的经济韧性水平进行客观评价和等级划分,有助于深入剖析中国超大城市经济韧性的发展现状,并通过横向对比揭示不同超大城市在经济韧性上存在的差异,为超大城市经济韧性提升奠定现实基础。

第二，为提升经济韧性提供常态化策略建议。对超大城市的经济韧性水平进行量化的基础上，进一步探究经济韧性的演化特征、内部耦合协调逻辑及解释因子作用机制，并通过建模仿真揭示经济韧性的演化趋势。在以上实证研究支撑上提出超大城市提升经济韧性的策略建议，以合理规划及有效优化超大城市在提升经济韧性上的政策设计。

具体而言，本书主要尝试做以下三个方面的工作。

第一，完善超大城市经济韧性的量化模型。从文献梳理结果来看，目前量化经济韧性水平的方法主要是核心变量法和指标评价法，但这两种方法都还存在一些不足之处。其中，核心变量法的缺陷在于测算的是经济韧性的抵抗力和恢复力维度，忽视了经济韧性的进化力；而指标评价法的缺陷在于尚无公认的评价指标，且存在层次不清、因果混淆的问题。对比目前普遍认可的演化论视角下经济韧性概念解释，发现指标评价法更能体现经济韧性的内涵。因此，本书将在改进指标评价法缺陷的基础上来量化超大城市的经济韧性水平：一是基于文献综述和已有公信度较高的理论框架来选择评价指标；二是对评价指标进行因果性和层次性分析，剔除结果性指标并合理地将所有二级评价指标按照层次分配到一级指标。

第二，增加超大城市经济韧性演化机制的实证研究内容。大量文献已经从多个视角论述了经济韧性的动态性特征，即经济韧性是经济系统的固有属性且伴随经济系统的演化而动态变化。但现有文献对经济韧性动态特征的实证研究内容较少，多为理论分析或收敛性、耦合性、空间指数等空间分布研究，缺乏针对经济韧性动态变化的实证研究。本书的第二个工作是通过模型构建等手段增加经济韧性演化机制的实证研究内容，是对经济韧性的非线性特征研究范畴的重要补充。

第三，提出具有层次性的超大城市经济韧性提升策略体系。现有文献对经济韧性提升策略的制定多从区域一体化发展的视角出发，针对性和层次性不足。本书将从演化特征和演化趋势结论中凝练高经济韧性超大城市的特点，并基于"特点凝练—对比分析—短板揭示—策略制定"的逻辑，提出多层次的超大城市经济韧性提升策略体系。

# 第二章 城市经济韧性的认识过程

韧性最早被翻译为"弹性"或者"柔性",主要指一个系统遭受冲击后维持稳定并恢复至正常状态的能力。韧性思想与城市领域相结合,就产生了城市韧性的概念。城市经济韧性是城市韧性的重要维度之一,主要指城市经济系统对抗冲击、快速恢复以及调整经济结构以实现优化发展的能力。可以看出,从韧性、城市韧性到经济韧性,这三个概念是逐渐演进的,是韧性理念结合不同研究领域表现出的不同特色。韧性、城市韧性和经济韧性的思想,也引起了对城市管治和应急管理体系建设的重新思考。以下将对韧性、城市韧性和经济韧性的研究进展进行梳理,从而了解国内外学者在这三个领域所做出的杰出贡献。

## 第一节 工程韧性、生态韧性与演化韧性

亚历山大(Alexander)基于语源学脉络分析词汇的起源,发现"韧性"(Resilience)一词起源于拉丁语中的词"resilio",主要含义是反弹或回到最初状态(Bounce back)(邵亦文和徐江,2015)。到16世纪时,法语借鉴了词"resilio"并产生了"résiler",用于表示回弹或撤回,并逐渐演化变成为现代英语中的"resilience"。关于"resilience"的翻译,早期国内学者多译为弹性,后期更多地被翻译为韧性,并一直沿用至今。

韧性最早出现在古典物理学的研究领域,Webster(1824)采用该词描述材料在变形后弹回最初尺寸和形状的速度。后随着18世纪中叶工业革命兴起和工业化进程的快速发展,"韧性"一词进入了机械学(Mechanics)的研究领域,用于描述金属在受到外力冲击产生形变后恢复到初始状态的能力。1973年,美国佛罗里达大学生态学教授霍林(Holling)首次将韧性从机械学领域引入自然生态学(Natural ecology)和人类生态学领域(Human ecology），实现了韧性概念和内涵的拓展。总结而言，韧性的概念至少经历了三次延展，从机械学研究领域的工程韧性（Engineering resilience）到自然生态学研究领域的生态韧性（Ecological resilience），再到人类生态学研究领域的演进韧性（Evolutionary resilience），以下展开具体论述。

（一）工程韧性

工程韧性（Engineering resilience）起源于机械学领域，主要描述材料形变后恢复到最初稳定状态的能力，即恢复到原状的能力（Ability to bounce back）。工程韧性的概念最接近人们在日常生活中对韧性的认知，但在实际应用中更多指代一个系统所具有的整体韧性特征，而非单个或几个工程项目所具有的韧性特征。关于工程韧性的部分概念界定如下所述：霍林（1973）提出工程韧性是指系统遭遇扰动（Disturbance）后偏离正常状态并快速恢复的能力；伯克斯和福尔克（1998）指出工程韧性强调的是系统保持稳定性或者快速回到平衡状态，因此可以采用一个系统对外部扰动的抵抗能力或者系统在受到扰动后回到平衡状态的时间来进行测度；王吉祥和布莱克莫尔（2009）提出工程韧性代表一个系统具有比较低的失败概率以及即使失败也可以快速恢复并实现稳定运行的能力。

从上述学者的观点可以看出，工程韧性强调平衡状态和稳定性，且认为系统只存在一个稳定状态，韧性则表示系统遭受扰动后维持稳定状态或者产生偏离后回到稳定状态的能力。

（二）生态韧性

生态韧性是对工程韧性概念的进一步延伸，这两个概念具有本质上的不同之处。从前述论述发现，工程韧性描述一个系统围绕一个稳定状态的韧性特征。但随着学者对系统内部结构特征和作用机制认知的不断加深，发现系统是可以存在多个稳定状态的，遭受外部扰动后系统可能回到最初稳态，也有可能会转化到另一个稳态，即扰动可以成为系统稳态变迁的契机。在这种情况下，工程韧性就难以真实反映出系统的行为特点，显示出单一僵化的缺陷。

霍林出版了《生态系统韧性和稳定性》（*Resilience and Stability of Ecological Systems*），该书首次提出了"生态韧性"一词并界定其概念。之后，霍林又出版了另一本著作《工程韧性与生态韧性》（*Engineering Resilience Versus Ecological Resilience*），并在该书中详细辨析了生态韧性与工程韧性的概念解释。根据霍林的观点发现，相较于工程韧性，生态韧性对平衡状态和稳定性有了不一样的解读。前者认为系统只存在一个平衡状态，因此系统维持平衡状态或快速恢复到稳定状态的速度和能力即代表韧性水平；而后者更关注系统的演化和变迁，认为系统可能存在多个稳态，应该采用系统转化到新的平衡状态（Bouncing forth）前能够承受的最大扰动量级来衡量韧性水平。

概况而言，生态韧性能够更全面地认识系统特征，明晰了系统多重稳态的可能性，韧性则表示系统在实现稳态变迁前能够承受的最大扰动量级。相比于工程韧性，生态韧性的关注焦点从行为恒常性转移到系统关系结构持续性，且在此前提下，系统遭受外部扰动后不仅可能回到最初稳态，还可能跨越门槛到达另一个稳态。

（三）演进韧性

生态韧性进一步拓展了工程韧性的认知视角和特征，实现了韧性理论与自然生态学系统的结合。随着对系统研究的进一步深入，学者认识到生态系统还会受到多个尺度嵌套的社会、经济行为的影响，处于不断变化的过程中。换言之，生态系统更类似于一个复杂自适应系统，可能并不存在稳态。这一观点推翻了工程韧性和生态韧性的基本前提，也为韧性思想进入人类生态学领域奠定了基础。2001 年，霍林出版另一本著作《扰沌：理解人类和自然系统中的转变》（Panarchy：Understanding Transformations in Human and Natural Systems），并提出了演进韧性的认知观念。除此之外，霍林还提出了社会—生态系统（Social-Ecological Systems，SESs）的适应性循环模型（The adaptive cycle model），用于描述系统复杂演化行为及演进韧性的动态特征，如图 2-1 所示：

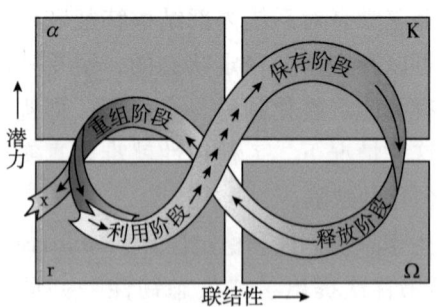

**图 2-1 社会—生态系统的适应性循环模型**

资料来源：Lance H. Gunderson and Crawford S. Holling, eds., Panarchy：Understanding Transformations in Human and Natural Systems, Washington, D. C.：Island Press, 2002, pp. 507.

由于适应性循环模型是韧性研究的重要理论基础，以下展开具体的论述。

来自霍林的观点表明，适应性循环模型代表了一种全新的对系统结构和行为的认知观点，即系统并非处于单一的循环过程中，而是在不同周期处于不同的自适应循环。这些自适应循环相互嵌套，并在不同时空、尺度范围内以不同速度相互影响和反馈，故系统的演进韧性也始终处于跨尺度的动态变化中。从图 2-1 可以看出，适应性循环共包括了四个相互嵌套的阶段：利用阶段（Exploitation phase）、保存阶段（Conservation phase）、释放阶段（Release phase）和重组阶段（Reorganization phase）。

首先，利用阶段是系统的增长阶段，系统不断吸纳新元素并构建不同元素间的动态交流和联系。由于元素种类多样性和元素间联系联结的灵活性，系统发展出较高的韧性水平。

其次，在保存阶段，系统内部的元素组织不断固化，系统结构也趋于稳定。元素间联结性强化在促进系统成型的同时也降低了系统的增长潜力，由此削弱了系统的韧性水平。

再次，在释放阶段，系统内部的元素组织创新性较弱，但元素组织的固有联结不断被打破直到出现混沌性崩溃（Chaotic collapse），之后系统的增长潜力开始恢复，系统的韧性水平也再次开始增长。

最后，在重组阶段，系统会出现两种发展路径，一种可能是系统在释放阶段获得较强的韧性量级，因此可以通过创新来进行系统结构重组，从而再一次进入利用阶段，实现系统的适应性循环发展。但是，系统也可能会由于没有足够强的韧性，不能进行结构调整和转型，因此出现混沌性崩溃后难以再重新进入下一个循环的利用阶段。

在适应性循环模型的基础上，为了更加真实地反映系统的运行模式并体现出演化韧性的变化特征，Gunderson 和 Holling（2002）进一步完善了霍林提出的适应性循环模型，并构建了多尺度嵌套适应性循环模型（Panarchy of the adaptive cycle），用以分析系统在若干个不同尺度的适应性循环中周而复始复杂演化的行为。这些不同尺度的适应性循环主要通过系统反抗和系统记忆进行连接。与适应性循环模型相比，多尺度嵌套适应性循环模型具有以下两个不同特点：第一，各个适应性循环并不一定是连续的；第二，系统并不是处在单一的适应性循环中，而是处于一系列嵌套的适应性循环中。这些适应性循环按照大尺度和慢速度、中等尺度和速度、小尺度和快速度的形式运作并相互作用。多尺度嵌套适应性循环模型提出的多尺度、多周期及嵌套反馈等特点，更能体现出演进韧性的内涵特征，并为变迁与持续、可预测与不确定性、灵活与效率、恢复与转型、渐变与突变等共生矛盾的相互作用提供了更加科学的解释。

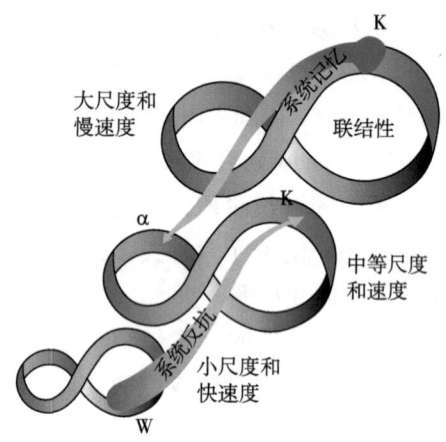

**图 2-2　多尺度嵌套适应性循环模型**

资料来源：李彤玥、牛品一、顾朝林：《弹性城市研究框架综述》，《城市规划学刊》2014年第5期。

基于上述分析发现，适应性循环及多尺度嵌套适应性循环模型直接促进了韧性认知观念从生态韧性向演进韧性的发展，因此演进韧性也被部分学者称为适应性韧性（Adaptive resilience）。相对于工程韧性和生态韧性而言，演进韧性是一种全新的韧性认知概念，打破了长期以来韧性研究对平衡状态和稳定性的追求，强调系统自适应、学习、创新及转型的能力。因此，具有演进韧性的系统表现出以下三个明显的特征（李彤玥等，2014）：系统在遭受一系列扰动后仍然能够维持正常功能的控制力；系统面对扰动积极做出调整改变的自适应和自组织能力；系统能够进行学习和创新的能力。由此来看，在社会—生态系统存在复杂演化行为的前提下，演进韧性不能仅被视作系统维持恢复稳态的能力，更应作为系统为抵抗扰动和回应压力被激发出来的一种抵抗（Resist）、适应（Adapt）和变革（Transform）的能力（Walker et al., 2004），因此演进韧性也随之具有持续性（Persistence）、适应性（Adaptability）及转变性

(Transformation）等动态表征。

综合以上论述发现，韧性的认知观念伴随着对系统认识的深入，从工程韧性、生态韧性拓展到演进韧性，其焦点也从恢复唯一稳态、恢复多个稳态发展到跨尺度动态循环、适应创新变革。为了清晰地辨析三种韧性认知观念，将主要内容整理成表2-1。

表 2-1　　　　　　　　三种韧性认知观念的对比

| 认知观念 | 焦点 | 特征 | 目标 | 理论基础 | 概念定义 |
| --- | --- | --- | --- | --- | --- |
| 工程韧性 | 唯一稳态 | 恢复、恒定 | 恢复唯一稳态 | 工程理论 | 系统遭受扰动偏离初始平衡状态后，恢复到正常稳态的时间和速度 |
| 生态韧性 | 多重稳态 | 缓冲、抵抗、维持 | 稳态变迁 | 生态学理论 | 系统即将跨越门槛变迁到另外一个稳态前能够吸收的最大扰动量级 |
| 演进韧性 | 无稳态，跨尺度动态循环 | 适应、重组、变革 | 自适应、自组织、学习、创新 | 复杂适应系统理论、演化经济地理学理论 | 系统抵抗扰动维持正常功能的能力以及自适应、自组织和学习、创新的能力 |

资料来源：笔者自制。

韧性认知观念的发展直接反映了学术界对系统结构特征和行为模式认知的不断深化。由于演进韧性建立在复杂适应系统理论和演化经济地理学理论基础上，且更符合系统的真实运行情况，故受到了广泛的认可，成了韧性研究领域的热点。本书将在演进韧性认知观念的基础上，对后续城市韧性和城市经济韧性展开研究。

## 第二节　城市韧性的研究进展

城市韧性（Urban resilience）是韧性思想在城市研究领域的体现（Marien，2005），也常被称为韧性城市（Resilient city）。从前述分析可知，韧性的认知观念从工程韧性、生态韧性逐渐拓展到演进韧性，目前演进韧性的认知观点受到了广泛的认可（Meerow et al., 2003）。虽然韧性的概念具有较为统一的解释，但城市韧性的概念目前却没有广泛认可的科学界定，根本原因在于不同城市内部结构特征、外部环境的差异性导致了城市韧性的差异化表现，很难去进行统一的界定。因此，本书将运用文献研究法来识别一些引用率较高的概念界定，并在此基础上分析城市韧性的内涵及特征。

### 一 城市韧性的界定及特征刻画

本书通过分析国内外高被引文献及国际组织的研究报告来明晰城市韧性的概念界定。

（一）国外学者对城市韧性的概念界定

为梳理相关国外文献，本书以"urban resilience"和"resilient city"为标题或关键词在 Elsevier、Web of Science、Springer 等国际主流文献数据库中进行文献检索，检索时间为 1973—2020 年，发现了大量城市韧性的相关研究，分析这些文献的摘要内容并剔除无关文献后共得到相关文献 698 篇。本书列出了部分高被引文献在不同学科领域对城市韧性提出的概念解释，如表 2-2 所示。

表 2-2　　　　　国外高被引文献对城市韧性的概念界定

| 作者（年份） | 学科领域 | 被引次数 | 概念界定 |
| --- | --- | --- | --- |
| Godschalk（2003） | 工程学 | 617 | 城市韧性是城市物理系统和人类社区的可持续网络（第 137 页） |
| Alberti 等（2003） | 生物科学/环境科学 | 565 | 城市韧性是指城市在进行一系列结构和流程重组之前能够容忍变化的程度（第 1170 页） |
| Pickett 等（2004） | 生物科学/环境科学 | 368 | 城市韧性是城市系统在不断变化的条件下进行调整的能力（第 373 页） |
| Campanella（2006） | 社会科学 | 185 | 城市韧性是指城市从破坏中恢复的能力（第 141 页） |
| Ernstson 等（2010） | 环境科学/社会科学 | 268 | 城市韧性反映了为维持城市治理的动态制度，建设灵活的反应能力来应对难以预测的风险和危机（第 533 页） |
| Wardekker 等（2010） | 企业管理/心理学 | 184 | 韧性城市是一个通过限制扰动（事件或趋势）的影响来容忍扰动并减少或抵消损失，同时允许系统的快速响应、恢复和适应（第 988 页） |

续表

| 作者（年份） | 学科领域 | 被引次数 | 概念界定 |
| --- | --- | --- | --- |
| Ahern（2011） | 环境科学 | 459 | 城市韧性是指系统在维持正常运转的前提下，应对冲击并增强适应能力（第341页） |
| Leichenko（2011） | 环境科学/社会科学 | 309 | 城市韧性是承受各种冲击和压力的能力（第164页） |
| Tyler & Moench（2012） | 环境科学/社会科学 | 272 | 城市韧性鼓励考虑创新和变革，以帮助城市从可能或可能无法预测的压力和冲击中恢复过来（第312页） |
| Liao（2012） | 环境科学 | 186 | 城市韧性是指当城市系统受到洪水、地震等自然灾害的冲击时，降低人员伤亡和经济损失，并维持正常运转的能力（第5页） |
| Merrow 等（2016） | 环境科学/社会科学 | 677 | 城市韧性是指城市系统及其生态、技术、社会等子系统，在应对冲击时进行抵抗或快速恢复到正常状态的能力，以及促进系统增强适应性并快速转型的能力（第46页） |

注：引用次数截至2021年11月1日。
资料来源：笔者自制。

（二）国内学者对城市韧性的概念界定

同理，将"韧性"与"城市"作为标题关键词进行组合，在国内主流文献数据库中国知网上进行检索，剔除无关文献后共得到624篇相关文献。通过归纳梳理，列举出部分高被引文献在不同学科领域对城市韧性提出的概念解释，如表2-3所示。

表2-3　国内高被引文献对城市韧性的概念界定

| 作者（年份） | 学科领域 | 被引次数 | 概念界定 |
| --- | --- | --- | --- |
| 周利敏（2016） | 行政管理 | 111 | 韧性城市是指城市在遭受冲击后能够快速恢复并正常运行，并且表现出适应性、稳健性、灵活性、多样性等特征（第14页） |
| 陈利等（2017） | 建筑科学 | 74 | 韧性城市有两个方面的含义：第一，城市能够抵抗冲击并从冲击中调整和恢复；第二，城市能够利用冲击作为契机，积累发展优势的能力（第19页） |

续表

| 作者（年份） | 学科领域 | 被引次数 | 概念界定 |
| --- | --- | --- | --- |
| 方东平等（2017） | 建筑科学 | 71 | 城市韧性是城市整体系统及其子系统在面对危机时及时调整和尽快恢复运行功能的能力，以及增强系统适应能力从而在未来潜在风险发生时保持发展的能力（第3页） |
| 仇保兴（2018） | 建筑科学 | 67 | 城市韧性是一个系统性的概念，可以分为三个层次，分别是结构韧性、过程韧性及系统韧性。其中，结构韧性涵盖了韧性、技术韧性、经济韧性、社会韧性和政府韧性；而过程韧性主要是城市在应对冲击时表现出的调整、恢复、转型三个方面的能力；系统韧性则是指城市作为开放的复杂自适应系统表现出的整体韧性（第1页） |
| 朱金鹤和孙红雪（2020） | 城市经济 | 26 | 城市韧性是城市系统及其子系统认识危机、应对危机及未来防范不确定性危机的能力（第73页） |

注：引用次数截至2021年11月1日。
资料来源：笔者自制。

除此之外，很多国际组织也制定了提升城市韧性的各种规划或者发起了各项活动。例如，联合国减灾署（United Nations International Strategy for Disaster Reduction，UNISDR）发起了"让城市具有韧性"（Making Cities Resilient）计划，美国洛克菲勒基金会资助了全球"100个韧性城市"（100 Resilient Cities）项目，美国的"一个更强大、更有韧性的纽约"计划和英国伦敦发起的"管理风险与增强韧性"（Managing risks and increasing resilience）计划等。每个计划或规划均对城市韧性的概念做出了清晰的定义，如表2-4所示：

**表2-4　　　　国际组织对城市韧性的概念界定**

| 国际组织/计划 | 概念界定 |
| --- | --- |
| 联合国"让城市更有韧性"计划 | 韧性城市是面对危机时能够适应、调整或改造来缓解冲击带来的压力影响的城市，从而保证城市的正常功能、结构和未来长期可持续发展 |

续表

| 国际组织/计划 | 概念界定 |
| --- | --- |
| 全球"100个韧性城市"项目 | 城市韧性是指城市主体在面对自然灾害、金融危机、社会安全和政治动荡等未来难以预期的突发情况时,具有抵抗、适应和恢复的能力 |
| 全球城市韧性和气候适应性论坛 | 韧性城市是在应对突发危机或压力并进行调整恢复的过程中,仍然能够维持基本功能和结构。同时在危机中识别机会寻求适应,实现长期持续发展。提升韧性不仅需要预先识别可能存在的风险,还需要在此基础上降低城市的脆弱度,并提前做好应急和预警工作 |
| 美国"一个更强大、更有韧性的纽约"计划 | 韧性城市是指在发生危机或压力时,城市能够快速恢复各项功能,并进一步强化增强对危机事件的应对能力。尤其是增强城市的基础设施系统(交通、能源、通信等系统)的危机应对能力,包括缓解不良影响和应对未来不确定事件的能力。 |
| 美国芝加哥韧性城市计划 | 城市韧性是指一种能够促使城市在危机中快速恢复并在未来增强城市应对冲击的能力 |
| 英国"管理风险与增强韧性"计划 | 韧性城市是指城市能够保持持续的抗灾能力并为应对未来各种冲击做好充分的准备 |

资料来源：笔者自制。

梳理前述国内外高被引文献和国际组织的研究成果可以发现，部分关于城市韧性的概念是在城市发展受到威胁的现实情况下提出的，强调城市对危机（自然灾害、气候变化、政治动荡）的抵抗、适应和变革的能力；另一部分概念是基于城市可持续发展的愿景提出的，旨在提高城市对未来不确定危机的应对能力，并通过适应危机和转型实现城市的长期发展。综合以上分析，本书将城市韧性的概念界定为：城市系统及其子系统（社会、经济、基础设施、通信等），在面对突发冲击或慢性扰动时，缓解不良影响并维持或快速恢复正常功能的能力，以及在未来不确定风险中识别基于增强适应性进而实现城市可持续发展的能力。

城市韧性的概念表明，城市韧性主要用于描述城市系统在遇到冲击时抵抗、恢复、适应及学习、创新的能力。由于城市是一个典型的开放复杂自适应系统，其内部结构特征和运行模式表现出明显的非线性、层次性、集聚性、自适应性和自组织性等特点，城市韧性也随之表现出相应的系统特征。

分析城市韧性的特征有利于帮助城市系统在未来不可预期的情况下

实现更好的可持续发展，各个学者也从理论、实践、经验等方面对城市韧性的基本特征进行了归纳总结，包括整体性、灵活性、多样性、适应性、冗余性、及时性等（Sharifi and Yamagata，2015）。比较有代表性的成果来自Bruneau等（2003）提出的城市韧性具有4R特征，即鲁棒性（Robustness）、冗余性（Redundancy）、资源丰富性（Resourcefulness）和快速性（Rapidity）。并且，城市韧性的4R特征越显著，其韧性水平也就越高。

除此之外，很多国际组织也基于实际案例总结了城市韧性的特征，如美国洛克菲勒基金会（The Rockefeller Foundation）根据发起的全球"100个韧性城市"项目总结了城市韧性的特征。具体而言，洛克菲勒基金会从全球韧性城市申请者中选出来100个城市作为网络会员，并将这些城市作为研究载体，根据它们面对突发冲击或慢性压力时采取的韧性措施归纳了城市韧性的主要特征，如表2-5所示：

表2-5　　　　　　　　　　城市韧性的特征

| 城市 | 突发冲击或慢性压力 | 韧性措施 | 城市韧性特征 |
| --- | --- | --- | --- |
| 苏拉特（印度） | 洪水、疾病、政治动荡 | 设置跨部门的地方委员会负责韧性措施的制定。地方委员会负责洪水预警、排水设施更新改造、健康管理知识普及和国民身体素质提升。还采取了家庭层面的监控，并在落后地区建立健康中心控制疾病和疫情的传播 | 多中心性、包容性 |
| 新奥尔良（美国） | 自然灾害，如2005年爆发的卡特里娜飓风灾害和2010年爆发的英国石油公司漏油事件 | 韧性行动主要由社区负责展开。在飓风冲击过后，社区发展成立了多个社团，鼓励当地居民学习技术并重建家园，并为居民提供就业、医疗等方面的服务；社团牧师带领当地居民进行弥撒活动，重新建立居民内心的信心和安全感 | 多中心性、分布式 |
| 卡利（哥伦比亚） | 洪水 | 韧性行动主要由基层组织制定，主要是加强社区之间的连接性，强化当地居民之间的情感支持和归属感 | 多中心性、包容性 |
| 康塞普西翁（智利） | 自然灾害，如2010年2月爆发的8.8级地震 | 韧性行动是构建高效的社交网络，通过社交网络之间的信息传递促进居民之间的情感交流，降低居民的焦虑感，促进社会稳定 | 内稳态、灵活性 |

续表

| 城市 | 突发冲击或慢性压力 | 韧性措施 | 城市韧性特征 |
|---|---|---|---|
| 三宝垄（印度尼西亚） | 洪水和泥石流 | 当地大学展开了积极的韧性行动，为受灾的渔民进行技术培训，帮助这些渔民培育新鱼种，提供生计支持 | 多样性、谋略性 |

资料来源：李彤玥、牛品一、顾朝林：《弹性城市研究框架综述》，《城市规划学刊》2014年第5期。

结合文献研究及国际组织的案例研究，本书总结出城市韧性的七个基本特征，分别是鲁棒性（Robustness）、冗余性（Redundancy）、灵活性（Flexibility）、反思性（Reflective）、资源丰富性（Resourcefulness）、包容性（Inclusiveness）以及集成性（Integration）。以下展开具体分析。

鲁棒性：鲁棒性是指城市韧性具有帮助城市在面对冲击时维持正常功能的能力，即城市系统在遭遇突发性或短期冲击时，主要结构功能不会受到严重破坏，而是对冲击表现出抵御和吸收的功能，进而确保城市系统的正常运转。

冗余性：冗余性是指城市韧性具有多个功能相似甚至功能重叠的子维度，在遭受冲击时不仅能够分摊负面影响和缓解压力，还能确保不会因为某一个不确定事件的发生导致整个城市系统功能的严重丧失，从而为城市系统应对未来各种危机储存能力。

灵活性：灵活性是指城市韧性具有根据冲击动态调整的能力，或者是引入新技术和新资源的能力，从而促进城市系统的弹性发展。

反思性：反思性是指城市韧性能够根据过去应对冲击的经验来对城市未来决策进行指导，同时修改对应的准则和行为。

资源丰富性：资源丰富性是指城市韧性具有帮助城市系统在抵抗冲击和恢复的过程中合理调配资源的能力。城市韧性的谋略性要求城市决策者事先预测应急资源是否充分，并且具有快速响应并补充资源的能力。

包容性：包容性是指城市韧性能够广泛考虑政府、企业、社区及居民之间的合作，通过建立共同愿景来提升各个参与者的归属感和责任感。

集成性：集成性是指城市韧性能够集成不同组织和机构的成果，并通过共享信息和资源来产生集聚效应，并鼓励各个参与者共同努力来保障城市系统的安全运行。

## 二 城市韧性研究的几个主要方面

在复杂动荡的环境中,城市韧性成了城市应对不确定性风险并实现可持续发展的核心论点之一。城市韧性的概念囊括了应对冲击风险的抵抗、恢复能力和城市长效发展的美好愿景。在已有概念的基础上,关于城市韧性的相关研究可分为城市韧性理论框架、城市韧性水平评价和城市韧性建模仿真三个方面,具体如下所述。

### (一) 城市韧性理论框架

从城市韧性的概念界定可以看出,不同学科提出的概念具有不同的核心观点和内涵特征,由此形成了不同的理论框架。总体来说,城市韧性的理论框架是从灾害应对、城市治理及城市复杂系统三个视角展开的。

首先,从灾害应对视角来看,城市韧性理论框架注重城市各类基础设施在遭遇自然灾害时表现出的冗余性、鲁棒性、反思性等特征,强调基础设施对自然灾害的承受能力,以及遭到灾害破坏后的快速恢复能力。例如,Cutter 等(2008)提出的地方灾害韧性理论框架(Disaster resilience of place,DROP)中将城市韧性视为对灾害风险的持续应对过程,其核心观点是城市对灾害风险的治理。

其次,从城市治理视角来看,城市韧性理论框架致力于构建城市应急管理体系,从而解决现有城市规划体系中被动式应急的缺陷。RCPF、CRI 等框架均是建立在城市治理的基础上,提出从城市规划开始通过设计和管理来加强城市韧性能力的建设。

最后,从城市复杂系统视角来看,城市韧性理论框架强调了城市作为复杂自适应系统的系统韧性,即城市系统处于不同发展阶段时具有不同的风险应对策略,韧性水平将根据系统内部的反馈作用机制产生变化。这一研究视角下的成果有 HES、RATA 等框架。例如,Nyström 等(2011)将城市系统与城市韧性的观点结合起来,提出了人类—环境耦合系统可持续性框架(HES)。该框架认为城市韧性通过连接性、动力机制、反馈机制三个关键特征来反映耦合系统的内部结构变化。其中,连接性包括气候关联、地区关联、内外联系或输入输出联系以及全球关联;动力机制实际上是适应性循环,包含连通度、潜力、恢复力和阈值;反馈机制则是指超链接系统中的耦合,包括集体式韧性管理、风险应对方案、代谢流和近远程耦合。

城市韧性的理论框架融合了多学科交叉的特色,为城市韧性的实证研究奠定了坚实的基础。

（二）城市韧性水平评价

城市韧性水平评价是实现城市韧性水平量化的重要手段，只有当城市韧性可量化、可比较时，才能进一步探索其内在机制和演化趋势。目前对城市韧性水平的评价多建立在 SESs 理论和 CAS 理论基础上，从自控制、自组织、自适应三个方面展开研究，强调风险危机难以避免前提下城市维持功能完整性和持续性的能力。城市韧性水平评价的工具较多，最常用的是指标评价法。

近年来，诸多学者尝试从经济、社会、基础设施、能源网络等多个维度来构建城市韧性的评价指标体系。例如，Joerin 等（2012）从经济发展、社会治理、生态环境、基础设施、企业机构五个维度构建了城市韧性的评价指标体系；Cutter 等（2014）则从经济、社会、制度、设施、生态五个维度设置了 27 个指标，形成了城市韧性的评价指标体系；Hudec 等（2018）基于经济、社会、社区三个方面构建了涵盖 12 个指标的城市韧性评价指标体系，并评价对比了多个城市在金融危机前后的城市韧性水平变化。国内学者在构建城市韧性评价指标体系时，多借用了国外经典评价框架，如杨莹等（2019）对 BRIC 框架进行了修改，形成了包含自然环境、建成环境、经济发展、社会治理和城市制度五个维度共 23 个指标的城市韧性评价指标体系，并以广州市为案例展开了研究；白立敏等（2019）则将城市系统划分为经济、社会、环境和基础设施四个子系统，并设计了 28 个指标形成了城市韧性的评价指标体系。

除指标评价法外，部分学者还采用了包括函数模型法、阈值法、社会网络模型、韧性城市度模型（Resilience Maturity Model，RMM）、情景分析法和图层叠置法等方法来对城市韧性水平展开评价。每种方法各具特色，有各自的优点和不足。

函数模型法通过构建函数来计算暴露—敏感性和应对能力之间的比值，从而获得韧性指数用于代表城市韧性的水平。该方法的主要优点是能够明确城市韧性的构成要素，解释城市韧性的因果原理。但不足之处是城市韧性构成要素间的相互关系并不清晰。

阈值法采用 CENTURY、GAP 等模型来测量系统的关键连接点的状态变化，并采用状态差异来表示系统的韧性水平。该方法的优点在于体现了韧性的系统性特征，能够测量韧性的动态变化，但不足之处在于忽略了系统内部的个体差异性。

社会网络模型通过 Gephi 软件来对城市网络结构的稳定性进行分析（彭翀等，2018），用于表征城市网络结构的应对冲击、快速恢复以及结构优化的能力，即城市网络韧性水平。该方法的主要优点在于能够测量各个节点之间的联系强度，综合反映城市网络的整体性和个体性，但却存在数据误差、信息不真实等缺陷。

韧性成熟度模型（RMM）将城市韧性从建设到达卓越水平的整个过程划分为开始、中级、高级、强健、更高级这五个连续阶段（Sherrieb et al.，2010），并针对每个阶段展开评价并提出提升测量。该方法的主要优点在于可以解释系统复杂性、系统迭代等问题，但缺点在于仅针对特定的城市系统且对城市韧性空间模拟较难实现。

情景分析法认为城市韧性是城市系统的一种社会—生态属性，难以进行评价和测算，因此通过设置多个变化的情景并对情景进行模拟来分析城市系统结构、功能发生的变化，从而衡量城市韧性的水平。该方法的优点在于考虑了城市韧性的变化是由多个因素共同作用造成的，并能够反映城市韧性的动态变化过程，但不足之处在于没有对城市韧性的适应性、进化性进行考虑。

图层叠置法是将城市韧性的各个构成要素分别绘制图层并在空间范围上进行叠置，从而形成整体韧性（Marjolein and Bas，2017）。该方法的优点在于能够可视化地表示城市韧性的系统性特征，但不足之处在于难以考量各个构成要素对城市韧性水平产生的影响。

（三）城市韧性建模仿真

对城市韧性进行建模仿真，是指基于城市系统结构功能、作用机制、因果原理来模拟城市韧性的历史演化轨迹并预测其未来发展趋势，从而为韧性治理提供思路和方案。对城市韧性进行建模主要分为对韧性过程和韧性空间性进行模拟。其中，韧性过程的模拟是从时间范围上来研究城市韧性的阶段和关键指标的变化，关注重点在于城市韧性的动态适应性。而韧性空间性模拟则主要结合数学模型和 GIS 分析技术探究城市系统的要素、功能、结构的空间分布（Ahern，2015；彭书时等，2018）。Bruneau 等（2003）首次结合了概率函数、脆弱性和韧性并提出了城市基础设施韧性的机能曲线，为城市韧性建模仿真的可操作性奠定了基础；在此基础上，Davies（2011）构建了城市电力基础设施的韧性模型，通过计算该类基础上遭受自然灾害冲击后的恢复视角来模拟韧性的变化过程；仇保兴（2018）基于复杂系统理论的主体适应性、演进过程的"隐秩序"与韧性特征，构建了城市韧性的系统函数并进行了模拟；张行等（2019）结合多智能体和有序加权平均方法构建了城市社会—生态系统的韧性函数，并通过函数求解和模拟来演示韧性的未来发展情景，从而为城市应急管理体系建设提供建议；吴波鸿和陈安（2018）通过观测不同灾害强度下城市系统的功能性变化率来仿真模拟城市韧性的恢复力，并将其分为恢复、损失、强化和丧失四个不同的阶段，且每个阶段对应了不同的关键表征指标。

## 第三节 经济韧性是城市韧性的重要组成部分

**一 经济韧性的概念界定与作用机制**

经济韧性是韧性思想在经济学领域应用的产物。经济韧性通常被视为城市韧性的子维度之一，用于描述城市的经济系统在面对冲击或压力时的应对能力。例如，韧性联盟（Resilience Alliance）构建了城市系统的简化模型并将城市系统划分为四个维度，分别是：治理网络（Governance networks）、网络化的物质能源代谢流（Networked material and energy flows）、城市基础设施和形态（Urban infrastructure and form）和社会经济动力机制（Socio-economic dynamics）。可见，经济韧性也是城市韧性的重要组成部分。以下对经济韧性的概念、特征及应对冲击的机理展开分析。

（一）经济韧性概念

文献检索结果发现，Reggiani 等（2002）在对空间经济系统演化机制进行研究时，首次使用了"经济韧性"一词，并指出经济韧性可能是导致不同经济系统在面对同一类型冲击或压力时差异化表现的主要原因之一。但当时的研究并没有对经济韧性的概念做出一个清晰的界定。之后，伴随着韧性认知观念实现了从工程韧性、生态韧性再到演进韧性的拓展，经济韧性的概念解释也出现了两种主流视角（Bristow and Healy，2015；Pike et al.，2010），分别是均衡论视角（Equilibrium-based perspective）和演化论视角（Evolutionary perspective）。其中，基于均衡论视角的经济韧性概念解释主要参考了工程韧性和生态韧性的概念，而基于演化论视角的经济韧性概念解释则参考了演进韧性的概念，以下展开具体分析。

1. 均衡论视角下的经济韧性概念解释

如前所述，均衡论视角下的经济韧性概念解释主要参考了工程韧性和生态韧性的概念，即描述一个经济系统在突发危机或慢性压力的影响下逐渐恢复到原来发展状态或维持正常发展功能的能力（Pendall et al.，2010；苏杭，2015）。其中，来源于工程韧性的经济韧性认知提出，经济系统有一个理想且健康的发展状态，风险或危机将激发系统自我调整并恢复到这个发展状态的能力。换言之，高经济韧性的系统将具有更强的抵抗冲击和自我恢复能力，很难偏离均衡的发展轨迹。而来源于生态韧性的经济韧性认知则认为，经济系统是一个存在多个平衡态的自组织复杂体，如果冲击强度超过了经济系统能够承受的最大量级，系统将会发生稳态变迁，从而改变内部结构特征和未来长期发展路径。因此，高经济韧性的系统能够在冲击过后积极调整内部结构和转变发展模式，从而走上更高效的增长路径。但低经济韧性的系统则会因为缺乏这种能力，往往会在危机过后发生经济衰退并从此一蹶不振。

2. 基于演化论视角的经济韧性概念

演化论视角下的经济韧性概念解释则主要参考了演进韧性的概念，即认为经济韧性是一个经济系统的固有属性且随着系统演进而动态变化。因此，在面对冲击或扰动时，经济韧性不仅能够维持系统正常功能，还能够促使经济系统动态调整内部结构及社会经济制度，增强对外部环境的适应能力从而获得长效增长。具体而言，根据演化经济地理学家的理论，经济韧性蕴含在经济系统的动态演化进程中，并非在冲击发生时才产生的，而是在系统外部环境和历史遗产（Historical legacy）的交替影响下不断发展强化并表现出来的历史路径依赖，涵盖经济结构、生产关系、制度安排和创新文化等（Boschma and Capone，2010）。历史路径依赖一旦形成就很难进行调整或者转变。正如 Weitzman 在 20 世纪 90 年代提出的重构增长理论（Recombinant growth）中描述的一样，新产业很难在一个地区凭空培育出来，必然要在该区域经过长期发展形成的资源积累、知识禀赋和风俗文化的基础上才能够诞生。由此来看，演化论视角下的经济韧性理论与经济地理学、创新地理学之间有着十分紧密的关联。

3. 均衡论和演化论视角的经济韧性概念差异

对前述分析进行总结，发现均衡论视角和演化论视角下的经济韧性概念存在三个方面的差异。

第一，对稳定状态的理解差异。均衡论视角下的经济韧性概念认为经济系统存在一个或多个稳定状态，而经济韧性是系统抵抗冲击并恢复到稳定状态的能力；演化论视角下的经济韧性概念则弱化了对稳定状态的关注，认为系统的内部结构将随着对外部环境的适应进行动态变化，而经济韧性是这种动态调整以增强适应性的能力。

第二，对冲击作用的认知差异。两种视角下的经济韧性概念均认为冲击可能会导致经济系统的衰退，但也是经济系统转型升级的契机。但演化论视角下的经济韧性概念更加强调了冲击对经济系统破除锁闭状态的作用，即经济系统在应对冲击的过程中演化出新的增长路径。

第三，对冲击的时空观认知差异。基于均衡论视角的经济韧性概念多考虑冲击的短期效应，并在此基础上讨论冲击对经济系统产生的影响，更类似于一种横断面研究（Cross-sectional study）。而演化论视角下的经济韧性跳出了对冲击本身的关注，更看重经济系统内部知识网络结构和社会经济制度安排的动态调整能力，从而在长期演化进程中提高对未来潜在危机的应对能力，类似于一种纵向研究（Longitudinal study）。

对比这两种视角下的经济韧性概念解释发现，后者更受到经济地理学家的认可，认为其刻画了冲击的迟滞效应（Hysteresis effect），从而揭示出一个经济系统的长期演化趋势。除此之外，来源于演进韧性的经济韧性概念还强调了经济韧性受到了地理条件差异的影响，且经济韧性具有较强的能动性，能够在应对危机的过程中破除经济系统由于固化形成的长期锁闭状态，并通过引入创新技术来调整要素结构，从而演化出新的发展路径（Martin and Sunley, 2010）。

4. 经济韧性概念总结

总结上述内容发现，由于经济系统是一个开放的、错综复杂的自适应系统，表现出明显的非线性、适应性、动态性、发展性及自组织性等内涵特征，均衡论视角下的经济韧性认知提出的"唯一稳态"和"多重稳态"均具有一定的局限性，难以对经济韧性的多样性和分布不均匀性等现实现象进行解释，而演化论视角下的经济韧性认知深入剖析了经济系统的动态演进过程和历史路径依赖，故成为当前学术界的研究热点。学术界采用文献研究、案例研究、计量模型、网络分析等多种研究方法对经济韧性的特征和内涵展开了深入分析，并通过研究经济系统在长期历史演进过程中积累的知识禀赋和文化脉络，揭示经济韧性在经济系统应对冲击时表现出的作用机制，从而识别经济系统长效增长或中断发展的背后原因。尽管经济韧性的概念还没有形成比较一致的界定，但 Martin (2012) 提出的经济韧性概念框架得到了较为广泛的认可。Martin (2012) 在分析经济系统知识网络动态变迁的基础上，提出了经济韧性具有的 4 种能力：抵抗和吸收冲击的能力，表示一个经济系统在面对冲击时的敏感性和脆弱性；冲击后恢复和调整的能力，表示一个经济系统在冲击过后恢复正常功能的程度和速度；冲击后整合资源、调整结构的能力，表示一个经济系统在冲击后优化结构并增强对新的外部环境的适应性；冲击后创造新增长路径的能力，表示一个经济系统借助冲击后的恢复整合破除路径锁闭，开拓新发展路径以实现长效地增长。

Martin (2012) 构建的概念框架较为全面地体现了经济韧性的内涵特征，并将均衡论和演化论视角下的经济韧性认知纳入一个统一的框架中，前者强调经济韧性的稳定能力，包括抵抗力和恢复力，即确保经济系统在面对冲击时波动较小且恢复速度较快；后者强调经济韧性的学习和创新能力，即经济系统在冲击后形成新增长模式的能力。因此，根据 Martin (2012) 的理论，经济韧性可分为三个维度，分别是：抵抗力、恢复力和进化力，其概念可表述为：经济系统在应对市场、环境、政策等冲击时，表现出的对冲击的抵抗能力和在冲击中的恢复能力，以及通过知识网络变迁和经济结构优化并形成全新发展路径的能力。

(二) 经济韧性应对冲击的作用机制

经济韧性是经济系统在风险危机发生时表现出的抵抗、恢复、适应以及进化的能力。Pendall 等 (2010) 结合案例研究结论，将经济系统主要遇到的冲击划分为两类，分别是：突发性冲击和长期慢性扰动 (Slow burns)。前期主要指自然灾害事件、金融危机、企业倒闭等，后者则主要指资源枯竭、主导产业衰退及长期人口流失等。将以上两种类型的冲击进一步细分为以下四种类型：

自然灾害等不可抗力造成的冲击，如地震、洪水、疫情等。我国各类自然灾害高发，尤其是人口向超大城市集中的同时也破坏了生态自然环境，增加了突发性灾害事件的概率。除此之外，人口的频繁流动也容易导致病毒的快速扩散，造成一系列突发性公共卫生事件。

市场要素变化造成的冲击，包括供需结构变化、产业更迭、产业结构调整及核心技术突破等。其中，供需结构变化主要是人们减少或增加对某类商品的需求从而影响了供需平衡；产业更迭和产业结构调整主要指新产业的涌现、旧产业的消亡以及三大产业所占比例的调整；核心技术突破主要是指行业或产业关键技术创新，进而对现有商品或服务进行升级并引发新的消费需求。

政策制度变化造成的冲击，经济系统的相关政策主要可分为产业政策和生产要素政策。其中，产业政策的变化将改变经济系统原有的产业格局，促进新产业的涌现和旧产业的淘汰，而生产要素政策的变化则会改变系统内部经济主体的行为。生产要素政策可以进一步细分为税收政策、劳动力政策、经济政策及环境政策。其中，税收政策通过降低或提升纳税额来影响经济主体的运营成本；劳动力政策则强化了劳动力的福利待遇从而增长了经济主体的经营成本；经济政策直接影响到经济主体的资金周转率和贷款利率；环境政策则对经济主体的生产行为进行限制，加速了经济主体的结构调整速度。

资源环境要素变化造成的冲击。资源环境要素主要分为资源枯竭和环境污染。资源型城市的发展严重依赖于不可再生自然资源的开采和生产，一旦资源开始枯竭，将直接影响整个城市的经济情况，如果不能及时转型将陷入长期的衰退；环境污染则主要针对化工型企业而言，即这些企业的生产行为严重破坏了生态环境，从而增加了城市治理的成本。

经济韧性是由经济系统内部各个要素共同作用表现出来的固有属性，与经济系统的地理环境、资源禀赋密切相关。按照组成部分，可以将经济系统划分为供给系统和社会系统两个部分。

供给系统涵盖了经济系统的产业体系，可以进一步细分为产业技术体系与产业空间体系两个部分。其中，产业技术体系是指由技术密切关联的产业形成的集合，产业空间体系则是基于空间网络而形成的产业集合。

社会系统则涵盖了创新体系、教育体系、环境承载力、风俗文化及空间品质等组成部分。其中，创新体系是指由高校、研发机构及相关企业在特定空间范围内形成的进行新知识和新技术生产的组织；教育体系则是各类教育结构基于人力资源素质提升形成的组织；环境承载力体现在生态环境对城市活动的承载限度；风俗文化则是指经济系统的开放性、包容性和创新文化的培育；空间品质则是指系统对人力资源的吸引程度以及幸福指数。

将四类冲击与经济韧性的结构进行对应，可以发现，无论是自然灾害、市场要素、政策制度还是资源环境，均主要对经济系统的供给系统造成冲击。具体而言，自然灾害冲击会破坏供给系统的基础设施并中断生产行为；市场要素冲击将改变供给系统的要素供应价格以及商品的供需平衡状态；政策制度冲击将影响供给系统内部经济主体的运营成本，从而影响产业结构的更迭；资源环境冲击则影响供给系统内部经济主体的生产模式，并引发落后产能的淘汰。因此，在面对这些冲击时，经济系统的经济韧性受到了产业结构、资源禀赋、创新水平等多种因素的影响，从而表现出差异化的水平。具体而言，在面对自然灾害冲击时，经济韧性水平主要取决于产业技术水平、产业结构和产业协同效应；在面对市场要素冲击时，经济韧性水平主要取决于是否有完备的产业技术和物资储备体系，以及生产系统的适应性和调整能力；在面对政策要素和资源环境冲击时，经济韧性水平主要取决于现代化的产业体系、科技创新与产业技术的高度融合以及资源整合和体系流畅运行。

社会系统主要为供给系统提供支撑作用，如创新体系为供给系统提供新知识和技术，教育体系为供给系统培育高素质人力资源，并通过开放包容的文化风俗和优秀的空间品质吸引人才的持续流入。在不同因素的相互作用下，经济韧性表现出不同的水平，从而导致经济系统出现了3种截然不同的发展路径。对以上内容进行总结，如图2-3所示。

## 二 经济韧性研究的热点领域与前沿

经济韧性是韧性理念在经济学领域的应用。自20世纪80年代以来，各个地区的经济发展频繁受到冲击，有的地区甚至陷入了经济衰退。而2008年爆发的国际金融危机更是深刻地改变了很多地区的经济发展趋势。金融危机发生时，不同地区的应对表现有很大差异，部分地区经济快速复苏甚至超过了危机之前的状态，但部分地区却陷入了长期衰退。面对这样的现实情况，学术界展开了激烈的讨论，有学者提出经济韧性（Economic resilience）可能是解释不同地区应对金融危机出现差异化表现的主要原因，因此经济韧性成了热点领域与前沿。

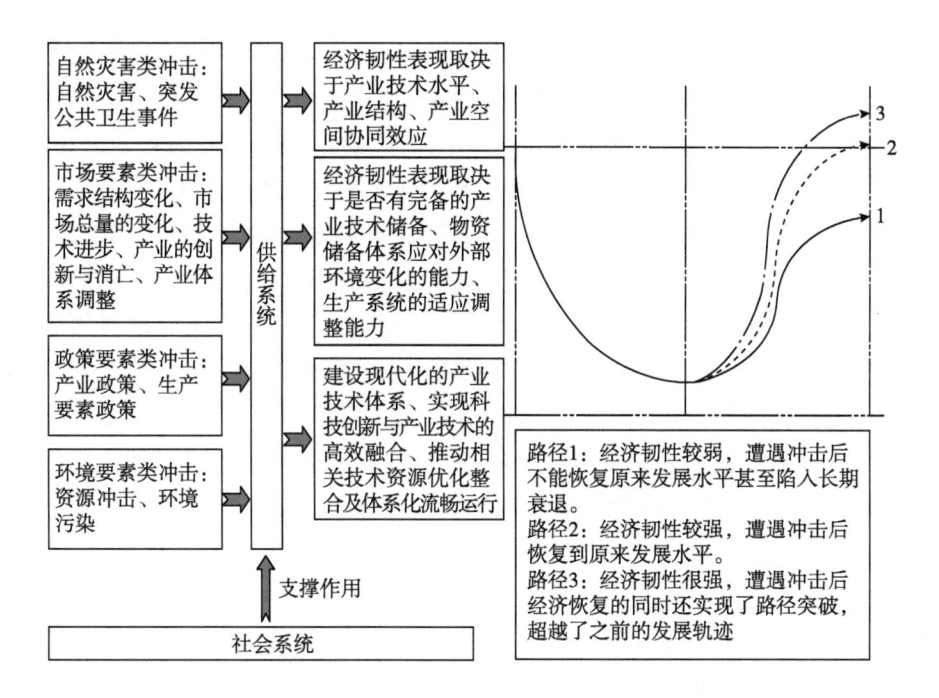

**图 2-3　经济韧性应对冲击的作用机制**

资料来源：笔者自绘。

为了描述国外学者对经济韧性的研究热度，本书以 economic resilience 为关键词，在 Web of Science 核心合集数据库进行了 2002—2020 年的文献检索及统计，结果如图 2-4 所示。可以发现，经济韧性的文章数量在经过一段时间的平缓变化后出现了大幅度的增长。

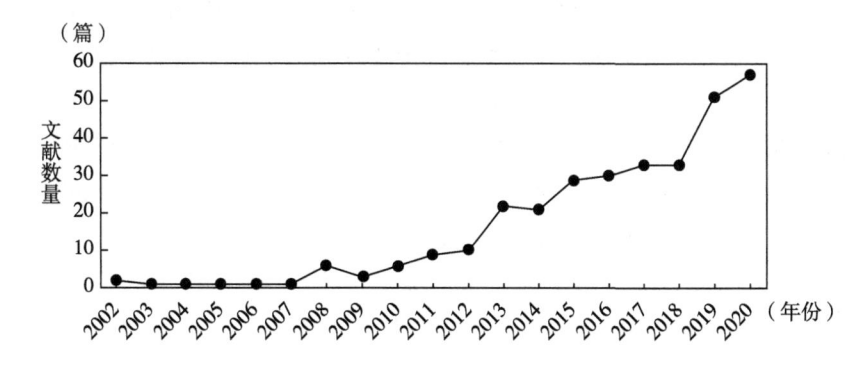

**图 2-4　2002—2020 年经济韧性相关国外文献统计分析**

资料来源：笔者自绘。

从图 2-4 可以看出，与经济韧性相关的国外文献最早发表始于 2002 年，学者 Reggiani 等（2002）通过案例研究后提出，经济韧性可能是解释不同区域在冲击发生时出现截然不同的应对反应的核心因素。之后，按照国外文献的发表数量，将经济韧性的相关研究分为以下两个阶段。

2002—2012 年：此阶段是经济韧性研究的起步阶段，主要集中于经济韧性概念框架的构建。由于经济韧性是韧性思想在经济学领域的体现，因此经济学家试图将韧性的概念从工程学、生态学等其他学科领域引入经济学科中，与协调演化、沉没成本、经济恢复力等概念结合并形成一个完整的理论框架。但是，此阶段的文献数量并不多，直到 2010 年《剑桥大学区域、经济与社会杂志》（*Cambridge Journal of Regions Economy and Society*）以经济韧性为主题做了一期专题并获得了较高的引用率，经济韧性的相关研究成果才开始明显增加（孙久文和孙翔宇，2017）。

2012 年至今：此阶段是经济韧性研究的深入阶段，大量有深度的理论和实证成果涌现，文献发表数量快速增长。在第一阶段中，学术界对经济韧性还没有形成完整的理论体系，对其他学科的借鉴痕迹过重，尤其是均衡论视角下的经济韧性概念解释，几乎是工程韧性和生态韧性概念的照搬，与经济学领域的研究范式和分析方法结合不深。在第二阶段中，经济学家将经济学的分析范式引入了经济韧性的研究中，做出了大量统计类、计量类研究，尤其是关于经济韧性水平的测度和经济韧性的影响因素分析。更为重要的是，经济学家开始意识到早期构建的经济韧性概念框架和理论体系蕴含了强烈的多重均衡思想（Simmie and Martin，2010），过于强调系统从一种平衡态直接变迁到另一种平衡态，这种激进的发展模式与经济系统连续变化的实质有所冲突（Balland et al.，2015）。因此，在第二阶段中，关于经济韧性与经济地理学理论结合的讨论日益丰富起来（Rose and Liao，2005；Vale and Campanella，2005），由此形成了新的分析视角——演化论视角下的经济韧性研究。

同样，为了描述国内学者对经济韧性的研究热点，本书以"经济韧性"为关键词在中国知网数据库中进行检索并做了一个简单的文献统计分析，结果如图 2-5 所示：

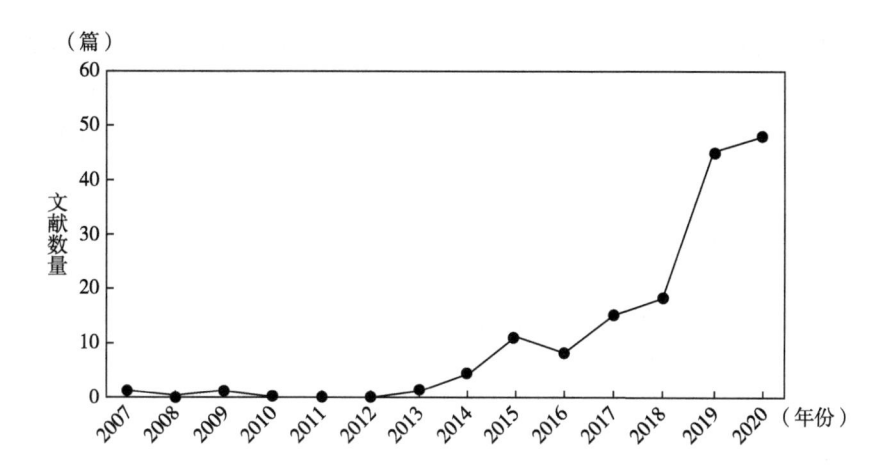

**图 2-5　2007—2020 年经济韧性相关国内文献统计分析**

资料来源：笔者自绘。

从图 2-5 来看，国内学者对经济韧性的研究起源于 2007 年，谭雅玲（2007）通过分析美元汇率波动和美国货币政策指标来分析美国的经济韧性。但自 2013 年起，国内关于经济韧性的文献才开始明显增加，滞后于国外相关研究。

在此基础上，利用 NoteExpress、CiteSpace 等文献管理工具对国内外学者发表的经济韧性文献进行分析。

国外文献对经济韧性的相关研究主要分为三个层次（Boschma and Capone，2010），分别是：发展经济学、区域经济学和宏观经济学。其中，发展经济学层面的经济韧性研究主要关注国家经济的宏观韧性或弱势阶层的微观韧性；区域经济学层面的经济韧性研究主要考虑区域经济系统的演化韧性及未来发展战略；宏观经济学层面的研究主要关注风险危机、经济韧性与经济发展之间的作用机制。

国内学者对经济韧性的研究更多地沿用了国外学者的研究范式和工具，且研究层次多集中于区域经济学层面。为了突出研究主题，本书仅对与后续研究内容密切相关的文献进行梳理和综述，因此主要分析经济韧性水平量化、经济韧性影响因素识别及经济韧性动态特征研究这三个方面，以下展开具体论述。

（一）经济韧性水平量化

经济韧性水平量化是开展实证研究的前提。在对国内外相关文献进行计量分析后发现，目前学术界在对经济韧性水平进行量化时，多根据已提出经济韧性的概念框架，综合运用国内生产总值、就业、对外贸易等数据，采用了描述性、解释性的案例分析、计量模型、指标统计等研究方法。国外文献的研究尺度包括欧盟尺度、国家尺度、城市尺度、乡村尺度等，国内文献的研究尺度主要是中国典型城市群，包括长江经济带、珠三角城市群、京津冀城市群，以及粤港澳大湾区等。总体而言，国内外文献最常用的经济韧性水平量化方法可以归纳为两种，分别是：核心变量法和指标评价法。

1. 核心变量法

核心变量法，是指选择经济系统内部的一个或若干个核心变量，通过观察该变量在冲击前后的变化幅度来代表经济韧性水平。具体而言，即通过为核心变量设置一个作为参考的基准值，然后计算冲击过后核心变量的变动幅度，从而表示经济系统受到冲击的影响以及冲击过后的恢复速度。换言之，核心变量法测算的是经济韧性的抵抗力和恢复力，具体计算公式如下：

$$(\Delta E_r^{t+k})^{预期} = \sum {}_i E_{ir}^t (1 + g_N^{t+k}) \tag{2-1}$$

$$Resis_r = [\Delta E_r^{下降} - (\Delta E_r^{下降})^{预期}] / |(\Delta E_r^{下降})^{预期}| \tag{2-2}$$

$$Recov_r = [\Delta E_r^{增长} - (\Delta E_r^{增长})^{预期}] / |(\Delta E_r^{增长})^{预期}| \tag{2-3}$$

式(2-1)、式(2-2)和式(2-3)中，$(\Delta E_r^{t+k})^{预期}$表示核心变量在第 $k$ 期的预期增长水平，$Resis_r$ 表示经济韧性的抵抗力，$Recov_r$ 表示经济韧性的恢复力，均用实际变动值与预期变动值的差值占预期变动值的比例来表示。

就国外文献而言，常选择的核心变量有就业率、失业人数、国内生产总值及对外贸易额等，冲击则多选择 2008 年金融危机作为突发性危机（Martin and Sunley，2015；Brakman et al.，2015；Li et al.，2019；Tan et al.，2017），或将经济系统的周期性兴衰作为长期持续性的扰动（徐媛媛和王琛，2017；Martin et al.，2016；Guan et al.，2018）。相关研究成果包括：Davies（2011）以失业人数作为核心变量，采用核心变量法量化了 2008 年国际金融危机过后欧洲国家的经济韧性水平；Martin（2012）以就业人数作为核心变量，通过测算该变量的变化幅度来代表英国各个地区的经济韧性水平；Brakman 等（2015）选择国内生产总值为核心变量，通过测算该变量在 2008 年金融危机前后的变化幅度来量化欧洲国家的经济韧性水平；Han 和 Goetz（2015）通过复合增长率计算了美国各县的预期月度就业人数，并通过测算就业人数缺口来量化 2008 年金融危机后各个县的经济韧性水平；Sensier 等（2016）以就业人数和国内生产总值作为核心变量，通过测算 NUT1、NUT2 及 NUT3 层次上核心变量的预期、实际缺口，从而量化了欧洲各个国家的经济韧性水平。研究发现 NUT2 和 NUT3 层次上的经济韧性水平比较一致，并且明显优于 NUT1 层次上的经济韧性水平；Bergeijk 等（2017）选择全球各个国家的对外贸易总额作为核心变量，并以 2008 年国际金融危机为例，测算了各个国家的经济韧性水平。

就国内文献而言，除选择 GDP、就业、失业等作为核心变量外，通常还会采用固定资产投资额（关皓明等，2018），相关研究成果包括：徐媛媛和王琛（2017）对比了江苏省和浙江省经济指标相对于全国经济指标的变化幅度，由此分析这两个省份在应对金融危机时表现出的经济韧性水平；杜志威等（2019）采用从业人员数量的波动测度了珠三角区域 9 个地级市的经济韧性；赵春燕和王世平（2021）以 GDP 作为核心变量测算了中国 285 个地级及以上城市的经济韧性；覃成林和刘丽玲（2020）通过对比城市就业水平变化量与全国平均就业增长速度来测度粤港澳大湾区经济韧性水平。

2. 指标评价法

指标评价法是指通过构建指标体系对经济韧性进行评价，从而实现经济韧性水平的量化。指标评价法通常将经济韧性划分为多个维度并挑选出若干个指标，再与指标赋权方法、多属性决策方法等相结合。关于经济韧性维度划分和指标筛选，目前还没有统一的标准，部分学者基于经济韧性的概念框架从抵抗、适应、进化等维度构建指标体系，也有部分学者基于经济系统的组成部分，从金融、企业、创新、治理等维度构建指标体系。

就国外文献而言，相关研究成果包括：Briguglio 等（2008）从宏观经济平稳性、微观主体效率性、经济体制合理性和社会发展稳定性四个方面构建了评价指标体系，并基于该指标体系评价了超过 80 个国家或区域的经济韧性现状水平；另外 2 个认可度比较高的指标体系是洛克菲勒基金会的指标体系（CRF/CRI）和纽约州立大学区域研究所的指标体系（RCI）。CRF 体系和 RCI 体系主要用于对韧性进行评价，但均将经济韧性设置为主要维度之一并选择了相应的评价指标。例如，CRF 体系基于经济系统的 7 个关键属性构建了经济韧性的评价指标，从个人、企业、地方政府和知识网络等方面进行了经济韧性水平的评价；RCI 体系可分为三个评价维度，一共 12 个评价指标，分别是：经济能力、社会人口和社区连通力。RCI 对经济韧性水平的评价主要从收入公平程度、产业结构多样化程度、生活成本可负担程度和营商环境四个方面展开，并将经济韧性水平划分为极高、高、中等、低、极低五个层次。在这两个指标体系提出后，很多国际组织和智库，如地方经济战略中心（CLES）、奥雅纳工程顾问公司（ARUP）、IPPR North 都以 CRF 体系和 RCI 体系为基准，在此基础上进一步拓展了经济韧性的评价指标来量化国家或区域的经济韧性水平。

就国内文献而言，更多参考了国外研究机构提出的典型指标框架，并构建综合指标体系对城市群或城市的经济韧性进行评价。相关研究成果包括：齐昕（2019）提出区域经济韧性是动态变化的，且包含了三种能力，分别是抵御冲击能力、自适应能力和创新能力，基于这三种能力选择了相关的评价指标，由此形成了区域经济韧性的评价指标体系；陈奕玮和丁关良（2020）在参考经济韧性概念模型的基础上，从产业结构、经济发展水平、居民收入差距、产业高级度及经济脆弱性五个维度构建了指标体系并评价了全国 264 个地级市的经济韧性水平；丁建军等（2020）将经济韧性划分为抵抗能力、恢复调整能力、适应创新能力三个维度并构建了指标体系来评价中国 12 个连片特困区的经济韧性水平；杨雪等（2020）则从经济稳定性、产业多样性和经济活力三个维度构建了指标体系并对西部地区 12 个省份的经济韧性水平进行了评价；曾冰（2020）将经济韧性划分为抵抗力、恢复力和进化力三个一级维度和经济发展鲁棒性、经济脆弱性、经济稳定性、内部流通性、结构合理性、创新力和转型升级能力 7 个二级维度，构建了区域经济韧性水平的评价指标体系；刘淑淑等（2021）结合指标评价法、层次分析法和重心法对长三角城市群的经济韧性水平进行了量化。

除核心变量法和指标评价法以外，国内学者还采用了一些其他量化经济韧性的方法，部分国外学者采用了访谈、问卷调查、计量模型等方法来量化经济韧性水平，如 Oxborrow 和 Brindley（2012）基于问卷调研数据分析对比了中东地区各个国家的经济韧性情况；Fingleton 等（2012）

综合运用 SURE 估计和 VECM 模型来测算英国各个地区就业人数的变化服务，从而测算出这些地区的经济韧性水平；Slocum 和 Kline（2014）在北卡罗来纳西部地区发放问卷，并基于问卷调研数据评价了该地区的经济韧性水平。一些国内学者创新性地从金融风险视角对经济韧性水平进行测度，如刘晓星等（2021）基于117种金融指数来测度金融市场的系统性风险，并使用了151种宏观经济指标来估计时变脉冲响应，进而从风险吸收强度和吸收持续期两个方面来量化全国经济韧性水平。

（二）经济韧性影响因素识别

经济韧性影响因素识别分析代表了经济韧性实证研究的进一步深入。随着经济韧性与经济地理学理论结合的进一步紧密以及适应性、路径依赖等概念的出现，经济韧性的内涵被拓展为经济系统调整经济结构来谋求全新发展路径的能力。因此，经济学研究范式被引入了经济韧性领域，其影响因素的研究也从理论分析快速转变到统计、计量等实证分析。

就国外文献而言，国外学者最开始通过构建理论模型来分析经济韧性的影响因素，如 Martin 和 Sunley（2015）构建了区域经济韧性的理论模型，提出经济韧性受到了商业产业结构、劳动力、金融环境、治理、决策等多种因素的综合影响，具体包括产业多样性、知识基础、劳动力技能、贸易开放、企业文化、政策体制、商业信心等因素；之后，国外文献采用计量模型研究了产业结构、技术创新、社会指标、社会文化、制度安排等多个方面与经济韧性的关系，包括经济韧性的影响因素识别及经济系统新产业形成的动因识别等。概况而言，结合理论和实证研究现状，经济韧性的影响因素主要分为以下四个方面。

1. 产业结构

现有理论分析和实证研究从多个视角论述和证实了产业结构对经济韧性水平的重要影响，如 Martin 和 Sunley（2015）通过对经济韧性进行理论分析后发现，产业结构主要从多样性和支柱产业类型两个方面作用于经济韧性水平。就产业结构多样性而言，当冲击发生时，多样化的产业结构能够对冲击的影响进行缓冲和分散，从而表现出更好的韧性。而单一产业结构的系统则更容易发生衰退，因为单一产业遭受冲击后严重下滑，替代产业又很难快速成长，再加上劳动力由于技能单一再就业的能力较弱，因此经济韧性的水平也较低；就支柱产业类型而言，不同的支柱产业直接决定了经济系统不同的韧性水平。一般而言，以重工业作为支柱产业的地区经济韧性水平较低，因为重工业产业为了实现规模效应，会建设专业程度较高的基础设施网络和十分紧密的上下游企业关联，并且由于在纳税、就业方面的优势也往往能够得到当地政府的资源倾向，极容易形成路径依赖和文化锁闭，整个地区的自主创新水平都很低。一旦支柱产业受到严重冲击，不仅会引起整个地区经济的大幅度下滑，而且当地政府在更换支柱产业类型时也会受到高昂的沉没成本和退出壁垒的制约，在左右为难中导致地区经济一蹶不振，如 Glaeser（2011）的研究就提出，在1950年前后纽约曾是一个以纺织业作为主导产业的城市，但由于纺织业的规模并不是很庞大，因此发生危机时企业能够灵活退出，从而整个城市也能快速实现转型发展。

在实证分析上，产业结构多样性与经济韧性的关系通过计量模型得到了充分的验证，相关研究成果包括：Davies（2011）运用空间计量模型分析了欧洲国家产业结构与经济韧性的关系，发现以金融业为主导产业的地区经济韧性优于以建筑业、制造业为主导产业的地区；Evans 和 Karecha（2014）基于计量模型分析了德国慕尼黑城市经济韧性与产业结构多样性的关系，结论表明多样化的产业结构是促使慕尼黑在面对冲击时形成强大适应性和经济韧性的重要原因；Xu 和 Warner（2015）对比了美国各个地区的经济韧性水平，并指出制造业为主导产业的地区经济韧性较差；Martin 等（2016）分析了英国主要地区在面对过去40年的经济萧条冲击的表现，发现各个区域对冲击的抵抗力和恢复力具有很大差异，而产生差异的原因主要是产业结构的不同；Doran 和 Fingleton（2016）实证分析了美国各大都市圈应对2008年国际金融危机的表现，并提出多样化的产业结构是影响都市圈抵御冲击能力的首要因素；Brown 和 Greenbau（2017）选择就业率作为核心变量来测度俄亥俄州的经济韧性水平，在此基础上检验了产业结构多样性对经济韧性水平的影响。结果表明，产业多样性是影响经济韧性的显著因素，能够明显提升地区抵御冲击的能力。

2. 社会资本

社会资本是指在一定社会空间内部的关系网络，以及行为规范和准则（陆铭和李爽，2008），可以分为比较封闭的聚内型和比较开放的联外型两种类型（Adler，2002）。由于社会资本能够促进应急供应链的快速恢复,因此通常被视为经济韧性的重要影响因素。但是,社会资本对经济韧性存在正向或负向影响尚无定论,部分学者如 Agder(2009)提出社会资本能够明显提升地区适应能力和韧性水平。但部分学者却提出了完全相反的观点,如 Christoph 等(2007)认为,一个地区的社会资本积累过多,即关系网络过于紧密和复杂会导致行为主体的认知趋同,从而形成认知型锁定(Cognitive lock-in),阻碍了创新能力从而削弱了经济韧性;Crespo 等(2007)提出社会资本的关系网络类似于节点相连的拓扑学模型,且节点按照联结的多寡可以分为高级节点和低级节点。如果高级节点过多就容易形成认知型锁定,只有高级节点和低级节点保持一定的平衡才有利于经济韧性的提升。

总体来说,社会资本能够加快生产资料供求信息的传递从而加快应急物资的供应,对经济韧性具有比较积极的意义,尤其是在新冠疫情期间,社会资本更是发挥了较大的作用并引起了学术界的重视。综合以上学者的研究成果可以发现,社会资本应该促进行为主体认知的多元化,避免因认知趋同出现地区的认知型锁定。

3. 政策和制度环境

由于经济韧性关注不同经济主体的分散性决策制定及产生的行为,因此政策和制度环境通常也被认为是主要影响因素之一,因为当地政府进行政策引导或者创造特定的制度环境,很容易促进不同经济主体达到决策一致性,从而影响经济系统的动态演化及其经济韧性水平。Whitley(2000)将经济系统的发展模式分为三种类型,分别是企业主导模式、联合主导模式和政府主导模式。其中,企业主导模式是指经济系统的核心是企业,具有很强的创新活力,如美国就是典型的企业主导模式。联合主导模式是指经济系统的核心是政企联合,即政府会将部分权力下放到企业,以德国和北欧为代表。政府发展模式是指经济系统的核心是政府,主要通过经济规划的方式来主导经济系统的发展,以东亚国家为代表。通常而言,这 3 种类型的发展模式的经济韧性由强到弱依次递减;Swanstrom(2008)则认为,政策和制度环境对经济韧性的影响不能一概而论,政府主导的经济系统发展模式虽然会造成体制僵化,降低创新活动和经济韧性水平,但同样也会通过资源分配来创造机遇促使经济系统进行结构调整和优化升级,从而提升经济韧性水平;Bristow(2014)认为,政策和制度环境主要从两个方面对经济韧性水平产生影响:一是技术和产业的多样性,即发展多样化产业结构;二是经济系统开拓新发展路径的能力,即培育新的经济增长动能。总体而言,更多国外学者认为制度环境宽松的经济系统具有更强的经济韧性水平,政府的过多干预并不利于经济系统的调整和进化。

4. 风俗文化

风俗文化影响了经济系统的路径依赖,从而影响了经济韧性水平。Glaeser(2011)的研究发现,在美国一些老工业基地,当地居民更看重工作的稳定性,由此导致了地区文化保守锁闭,创新能力较低,经济韧性也较弱。相较之下,纽约具有更有活力的企业家精神(Entrepreneurial)和风俗文化,更有利于创新和经济系统的转型升级;Huggins 等(2015)通过计量模型研究了风俗文化类因素对经济韧性的影响,结论表明开放、宽松的文化环境有利于地区生产活动的快速恢复,进而表现出更强的经济韧性水平。

就国内文献而言,关于影响因素识别是目前经济韧性研究的热点,研究方法包括计量回归模型、地理探测器、GMM 模型等。根据文献整理结果,发现国内学者普遍认为以下四类因素对经济韧性的影响较强。

(1)产业结构

探究产业结构对经济韧性的解释关系及效果的国内文献所占比例最大(胡晓辉,2012)。相关成果包括:徐圆和张林玲(2019)建立了产业结构多样性与经济韧性之间的计量模型,研究前者对后者是否存在显著的影响。结论表明,在面对 2008 年国际金融危机时,不同城市的经济韧性水平出现了明显的差异,产业结构更加多样化的城市抵御危机和快速复苏的能力更强;林耿等(2020)进一步将产业多样化细分为相关多样化和非相关多样化,并以佛山市 30 个专业镇为样本研究产业多样化对经济韧性的影响。结论表明产业相关多样化抑制了经济韧性水平的提升,而产业非相关多样化则对经济韧性提升起到了促进作用;张明斗等(2021)在对中国 283 个地级市经济韧性水平进行测度的基础上,研究了产业结构变迁、要素生产率与经济韧性之间的关系。研究发现产业结构变迁对经济韧性提升具有正向促进作用,但如果要素市场发展落后或过度服务则会抑制产业结构变迁的促进作用。总体而言,国内学者普遍认为产业结构多样化的地区经济韧性更强,因为更多样化的产业结构意味着更强的风险分摊和吸收能力,重新组织资源并形成新的生产力的能力也就更强（胡树光，2019）。

（2）创新能力

创新能力通常被视为影响地区经济韧性的重要因素，且通常与产业结构的相关研究进行结合，属于产业结构与经济韧性的中介变量。相关研究成果包括：郭将和许泽庆（2019）基于门槛模型引入创新水平作为中介变量，研究了我国27个省份2005—2016年产业相关多样性与经济韧性之间的关系。研究结论表明，不同省份创新水平的差异促使产业相关多样性对经济韧性表现出显著的正向效应；杜志威等（2019）以珠三角城市群为研究对象，分析了2008年金融危机后产业结构多样性、创新水平与经济韧性之间的作用机制，结论发现产业结构多样性和创新水平均对区域经济韧性有正向促进作用；徐圆和邓胡艳（2020）将产业结构多样化进一步划分为相关多样化和无关多样化，并分别研究了两者对经济韧性的直接影响和通过创新对经济韧性的间接影响。结论表明，产业结构多样化对经济韧性水平起到了显著的提升作用，不仅能够分摊风险危机，起到"自动稳定器"的作用，更重要的是，产业结构多样化还能够增强经济系统的创新活力和创新水平，从而调整和优化现有的经济结构并实现经济系统的转型升级。总体而言，国内学者认可了创新能力对经济韧性的正向促进作用，且创新能力通常由地区产业驱动并作用于地区经济韧性。

（3）集聚效应

大量文献已经肯定了集聚效应对城市经济增长的正向作用，因为资源集聚能够促进生产分工以提高效率，并形成规模优势。尤其是知识、人才、技术等高端优势在城市内部的集聚，能显著提升城市的创新能力，并形成知识溢出效应、共享效应和资源配置效应等正外部效应（张国锋等，2017；张可云和何大梽，2020）。因此，国内学者探讨了多种集聚效应对经济韧性水平的影响，包括经济集聚效应、产业集聚效应、金融集聚效应、城市群产业集聚效应等。不同的集聚效应通常采用不同的指标进行衡量，如经济集聚多使用企业密度指标进行刻画（Ciccone，1996；张可和汪东芳，2014），产业集聚多通过HHI指数、EG指数或MS指数。相关研究成果包括：赵春燕和王世平（2021）以中国285个地级及以上城市为样本，研究这些城市在2004—2018年的经济集聚效应与经济韧性的关系。研究发现经济集聚效应对经济韧性的提升有促进作用，而多样化集聚的促进作用显著，专业化集聚的促进作用虽然是正向但并没有表现出显著；张振等（2021）研究了2003—2018年中国18个重点发展城市群的产业集聚效应与经济韧性的关系。研究发现，经济韧性与产业集聚水平存在正相关的关系，且产业集聚还表现出显著的空间溢出效应；张振和赵儒煜（2021）采用空间杜宾模型，研究了中国284个地级及以上城市在2003—2018年的金融集聚效应与城市经济韧性的关系，发现金融集聚效应能够显著促进经济韧性的提升，且表现出明显的空间溢出效应。

（4）数字经济

自2019年年底，数字经济、云经济对经济韧性的作用也开始受到了国内学者的关注。相关研究成果包括：陈丛波和叶阿忠（2021）基于半参数全局向量自回归模型和面板空间杜宾模型，对长三角城市群的数字经济与城市群经济韧性水平之间的关系展开了实证分析，结论发现无论是在区域层面还是城市层面，数字经济都对经济韧性起到了正向影响；崔耕瑞（2021）运用动态面板模型和递归效应模型，基于2011—2019年省际面板数据分析了数字经济与国家经济韧性之间的关系。结论发现，数字经济能够明显促进经济韧性水平的加强；张迪和温利华（2021）采用三阶段分析法研究了数字化转型对经济韧性的作用，并指出在双循环的发展背景下，要利用创新来驱动数字化转型，同时强化产业生态构建和商业模式变革，从而有效地提升经济韧性。

对比国内外文献对经济韧性影响因素的识别发现，国内学者对经济韧性影响因素的研究更多地从产业视角出发，无论是产业结构、创新能力、集聚效应还是数字经济，均与产业关联性较强，而关于社会资本、政策和制度环境、风俗文化等因素与经济韧性水平之间的关系的相关研究较少。仅叶堂林等（2021）研究了2001—2018年中国三个城市群的社会资本对经济韧性的影响。社会资本可分为基于空间邻近性形成的社会资本和基于行业商会协会形成的社会资本，而前者并没有对城市群经济韧性产生关键的影响，后者因为能够在更大的时空范围内组建出稳定性较强的生产关系网络，由此显著提升了城市群的经济韧性水平。

（三）经济韧性动态特征研究

关于经济韧性的动态特征研究，就国外文献而言，国外学者多参考了Holling在生态学领域提出的韧性四阶段适应性循环理论并展开了以理论分析为主的研究模式。例如，Simmie 等（2009）根据冲击发生后经济系统的演化路径来分析了经济韧性的演化规律（见图 2-6），包括回到冲击发生前的增长水平，如图 2-6（a）所示，经济韧性表现出对冲击较强的抵抗能力和恢复能力；维持原有结构和功能但变迁到次级稳定状态，如图 2-6（b）所示，此时经济韧性明显弱于上一种情况；难以恢复到原有增长路径反而出现持续衰退，如图 2-6（c）所示，经济韧性水平较低，抵抗力和恢复力均较弱，是所有情况中最差的一种；经济结构不断调整优化，并利用冲击识别机遇，开拓了新的发展路径，如图 2-6（d）所示，这种情况的经济韧性最强，不仅表现出强大的抵抗力和恢复力，还促进了经济系统的进化和升级。

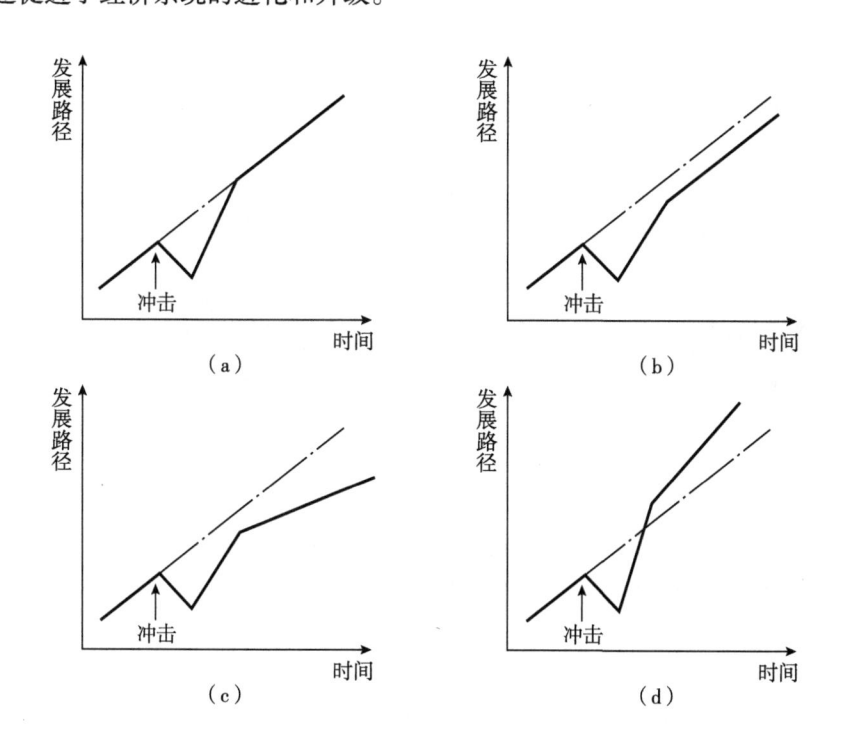

图 2-6　区域经济韧性发展态势

资料来源：Ron Martin, "Regional economic resilience, hysteresis and recessionary shocks", *Journal of Economic Geography*, Vol. 12, No. 1, 2012, p. 1-32.

之后，Simmie 与 Martin（2010）借鉴了复杂适应科学理论的体系内容，将经济系统的动态演化过程划分为四个相互嵌套的阶段，分别是再组织阶段（Reorganization Phase）、开发阶段（Exploitation Phase）、保守阶段（Conservation Phase）和释放阶段（Release Phase），经济系统将在这四个阶段内循环演化。而经济韧性作为核心属性之一（另外两个核心属性是潜在资源和要素关联度），也将随着经济系统的不断循环演化发生动态变化。如图 2-7 所示，从再组织阶段到释放阶段，经济韧性水平也经历了先下降再上升再下降的循环过程。

高 ←——————— 经济韧性 ———————→ 低

再组织阶段
潜在资源：高
要素关联度：低
经济韧性：高
经济要素和产业重构

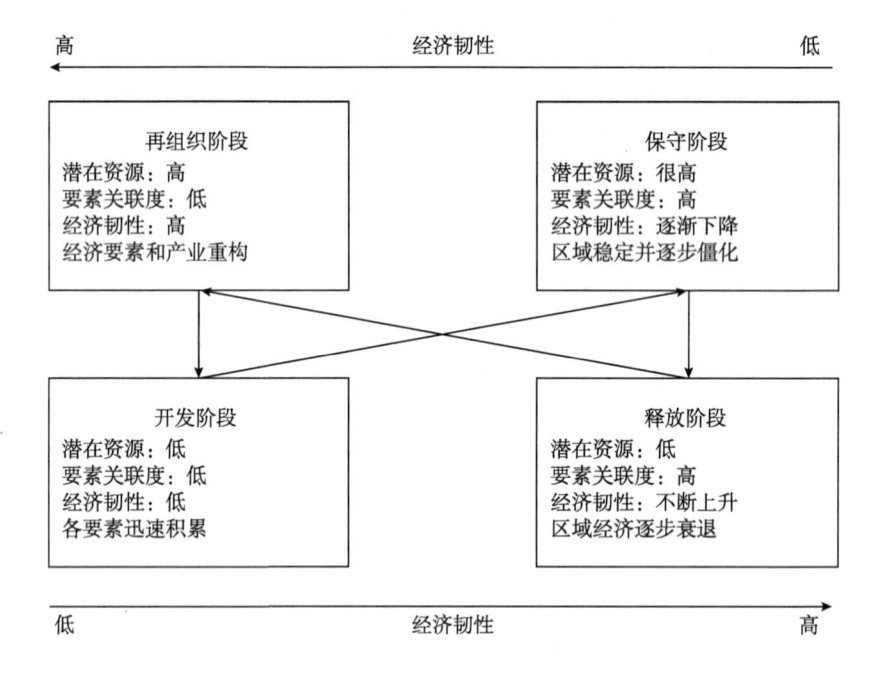

保守阶段
潜在资源：很高
要素关联度：高
经济韧性：逐渐下降
区域稳定并逐步僵化

开发阶段
潜在资源：低
要素关联度：低
经济韧性：低
各要素迅速积累

释放阶段
潜在资源：低
要素关联度：高
经济韧性：不断上升
区域经济逐步衰退

低 ←——————— 经济韧性 ———————→ 高

**图 2-7　区域经济系统的适应性循环演化模型**

资料来源：李彤玥、牛品一、顾朝林：《弹性城市研究框架综述》，《城市规划学刊》2014 年第 5 期。

就国内文献而言，国内学者多从城市群或区域层面进行经济韧性的空间分布性、收敛耦合性等时空关联特征分析，其中空间分布性多用空间计量模型实现，收敛耦合性则多采用 β 收敛函数和耦合协调性模型。相关研究包括：刘逸等（2020）研究了粤港澳大湾区各个城市经济韧性的耦合性，发现深圳市采用自主耦合形式表现出较好的经济韧性水平，而香港和澳门两个地区却利用依附耦合来融入世界经济网络中，因此表现出较低的经济韧性水平；王倩等（2020）在对 2010—2016 年中国旅游系统的经济韧性水平进行评价的基础上，对经济韧性进行了核密度估计、空间自相关指数等分析，从而刻画旅游系统经济韧性的关联特征；张秀艳等（2021）从金融、创新、经济发展三个维度对经济韧性进行评价，并通过对上述维度之间的耦合协调性进行分析，从而剖析区域经济韧性的动态变化特征。可以发现，国内学者在分析经济韧性的动态特征时，更多指的是经济韧性的空间分布特征或子系统间耦合特征。

总结前述国内外文献可以发现，经济韧性问题是当前的研究热点，尤其是疫情常态化的现实背景更进一步提高了经济韧性的关注度。国内外学者在经济韧性的理论与实践研究层面做出了卓越的贡献，包括经济韧性水平量化、经济韧性影响因素识别及经济韧性动态特征研究，对本书具有十分重要的参考价值，本书认为以下三个方面的研究内容还需要得到进一步的补充与完善。

第一，城市经济韧性层面的研究。目前国内外学者多以国家或区域为对象开展经济韧性研究，城市层面的研究内容较少。即使到城市层面也只是进行多样本的经济韧性水平测度，缺乏进一步地深入分析。就中国几大典型的城市群和经济圈而言（长三角城市群、珠三角城市群、京津冀城市群、成渝经济圈），基本都是中心城市通过辐射及引领来带动整个区域的经济发展，因此对城市层面经济韧性的深入研究是必不可少的。

第二，经济韧性水平量化方法的研究。目前国内外学者对经济韧性水平的量化主要采用核心变量法和指标评价法，这两种方法均还存在一定的缺陷。就核心变量法而言，需要满足两个前提方能使用：一是选择的核心变量能够设定基准状态，从而通过与基准状态比较来测度经济韧性；二是经济系统受到的冲击必须达到一定的强度，才能引起核心变量的变化从而进行计算。更重要的是，核心变量法测度的是经济韧性的抵抗力和恢复力，忽略了对经济韧性进化力的考量，而后者是普遍认可的演化论视角下的经济韧性概念解释的核心属性。就指标评价法而言，还存在无公认评价指标、指标层次性不清、指标因果混淆等缺陷，但指标体系更能体现出经济韧性的多维度内涵。经济韧性水平的量化是开展实证研究的基础，因此还需要对现有的两种方法进行进一步的完善。

第三，经济韧性动态特征依然缺少实证研究。经济韧性作为经济系统的固有属性，伴随着经济系统的循环演化表现出动态特征，这一观点已经得到了大量文献的证实。目前国外学者对经济韧性动态特征的研究多以理论分析或案例分析为主，国内学者则更多地从收敛耦合、空间分布等方面展开研究，对经济韧性自身的动态变化过程的实证分析较少，研究程度还不够深入。因此，需要对经济韧性动态特征的实证研究进行补充。

因此，基于国内外文献综述，本书将研究城市层面的经济韧性问题，一是改善指标评价法存在的缺陷，二是增加经济韧性演化机制的实证研究，三是制定经济韧性的提升策略，从而实现对现有经济韧性研究体系的完善。

# 第四节　小结

本章是对相关领域研究进展的一个梳理总结，总体内容分为以下三个部分。

首先，韧性思想起源于古典物理学领域，之后伴随着对系统认识的深入，先后经历了从工程韧性、生态韧性到演进韧性的延伸，其关注焦点从恢复唯一稳态、恢复多个稳态发展到跨尺度动态循环、适应创新变革。"适应性循环模型"和"多尺度嵌套适应性循环模型"是韧性领域的重要研究成果。

其次，城市韧性是韧性思想在城市研究领域的体现，由于不同城市内部结构特征、外部环境的差异性导致了城市韧性还没有统一的概念界定。目前国内外学者、研究机构和国际组织对城市韧性的概念界定主要从两个方面展开，一是在城市发展受到威胁的现实情况下提出的，强调城市对危机（自然灾害、气候变化、政治动荡）的抵抗、适应和改造的能力；二是基于城市可持续发展的愿景提出的，旨在提高城市对未来不确定危机的应对能力。本书采用的城市韧性概念为：城市系统及其子系统（社会、经济、基础设施、通信等），在面对突发冲击或慢性扰动时，缓解不良影响并维持或快速恢复正常功能的能力，以及在未来不确定风险中识别基于增强适应性进而实现城市可持续发展的能力。

城市韧性的研究现状可分为城市韧性理论框架、城市韧性水平评价和城市韧性建模仿真三个方面。其中，城市韧性理论框架主要从灾害应对、城市治理及城市复杂系统三个视角展开，城市韧性水平评价主要采用指标评价法、函数模型法、阈值法、社会网络模型、韧性城市度模型、情景分析法和图层叠置法等方法，城市韧性建模仿真主要分为对韧性过程和对韧性空间性进行模拟。

再次，经济韧性是韧性思想在经济学领域应用的产物。经济韧性通常被视为城市韧性的子维度之一，用于描述城市的经济系统在面对冲击或压力时的应对能力。经济韧性的概念认知也经历了均衡论视角和演化论视角，由于均衡论视角下的经济韧性认知提出的"唯一稳态"和"多重稳态"均有一定的局限性，因此目前多采用演化论视角下 Martin（2012）提出的经济韧性概念框架，即经济韧性应包括抵抗和吸收冲击的能力、冲击后恢复和调整的能力、冲击后整合资源调整结构的能力、冲击后创造新增长路径的能力。

在经济系统应对冲击的作用机制上，经济系统遭受的冲击主要分为四类：自然灾害等不可抗力造成的冲击、市场要素变化造成的冲击、政策制度变化造成的冲击和资源环境要素变化造成的冲击。将四类冲击与经济韧性的结构进行对应，无论是自然灾害、市场要素、政策制度还是资源环境，均主要对经济系统的供给系统造成冲击。在面对这些冲击时，经济系统的经济韧性受到了产业结构、资源禀赋、创新水平等多种因素的影响，从而表现出差异化的水平。

最后，从文献计量的结果来看，经济韧性的研究进展可分为起步阶段（2002—2012年）和深入阶段（2012年至今），研究内容主要包括经济韧性水平量化、经济韧性影响因素识别及经济韧性动态特征研究。其中，经济韧性水平量化的方法主要为核心变量法和指标评价法，研究尺度为欧盟尺度、国家尺度、城市尺度、乡村尺度等；在影响因素识别上，国外学者主要识别了产业结构、社会资本、政策和制度环境、风俗文化四个因素，国内学者则识别了产业结构、创新能力、集聚效应、数字经济四个因素；在经济韧性动态特征研究上，目前多参考韧性四阶段适应性循环理论并展开了以理论分析为主的研究模式，或者对经济韧性的空间分布性、收敛耦合性等时空关联特征展开分析。

从经济韧性的研究进展来看，还存在以下三个方面的内容有待补充：城市经济韧性层面的研究内容较少、经济韧性水平的量化方法有待完善和经济韧性动态特征的实证研究内容较少。

# 第三章 超大城市经济韧性评价的指标体系构建

分析经济韧性的研究进展发现，目前经济韧性的量化方法还有待完善。当前普遍使用的两种经济韧性量化方法均有缺陷。核心变量法主要测量的是经济韧性的抵抗力和恢复力维度，忽略了经济韧性的进化力维度，而进化力是演化论视角下经济韧性概念的核心观点，也是经济韧性理论与经济学领域研究范式紧密结合的重要体现。指标评价法则存在无公认评价指标、指标层次性不清、指标因果混淆等缺陷，但指标体系更能体现出经济韧性的多维度内涵。因此，本章的主要目的在于解决指标评价法存在的因果混淆、层次模糊等缺陷的基础上，并构建出用于中国超大城市经济韧性评价的综合指标体系。

## 第一节 评价框架设计

演化论视角下的经济韧性概念界定受到了广泛的认可，且基于演化经济地理学理论的分析发现，经济韧性强调外部扰动导致系统偏离当前发展轨迹并创造新发展路径的能力，依靠观测单个变量变化幅度来测度经济韧性水平的核心变量法难以体现上述观点，故本章将通过构建指标体系，从多个维度来评价超大城市的经济韧性水平。

在评价维度的划分上因学者而异，有依据子系统功能划分维度，如金融子系统、创新子系统等；有依据经济韧性概念来划分维度，如抵抗力维度、恢复力维度和进化力维度。本章在对相关文献进行梳理的前提下，借鉴了国内外学者的研究成果来确定经济韧性的评价维度。具体而言，在设计评价框架时，主要参考了以下3个有关经济韧性的经典理论框架。

Simmie 和 Martin（2010）参照韧性的适应性循环模型构建了经济韧性的适应性循环模型，将经济系统的发展周期分为重组（Reorganization）、开发（Exploitation）、维持（Conservation）和释放（Release）四个阶段，经济韧性水平在四个相互嵌套的子周期内发生此消彼长的动态变化。

Davies（2011）构建的经济韧性概念模型，将经济韧性分解为抵抗力、恢复力和进化力三个维度，分别代表经济系统抵抗外部扰动的能力、恢复到正常功能的能力及创造新发展路径的能力。

Martin（2012）界定的经济韧性概念及内涵特征，认为经济韧性应涵盖四个方面的维度，分别是：脆弱性（Vulnerability）、抵抗性（Resistance）、适应性（Adaptive）和恢复性（Recoverability）。

基于上述分析，本书将从抵抗力、恢复力和进化力三个方面设计超大城市经济韧性的评价框架，如图3-1所示：

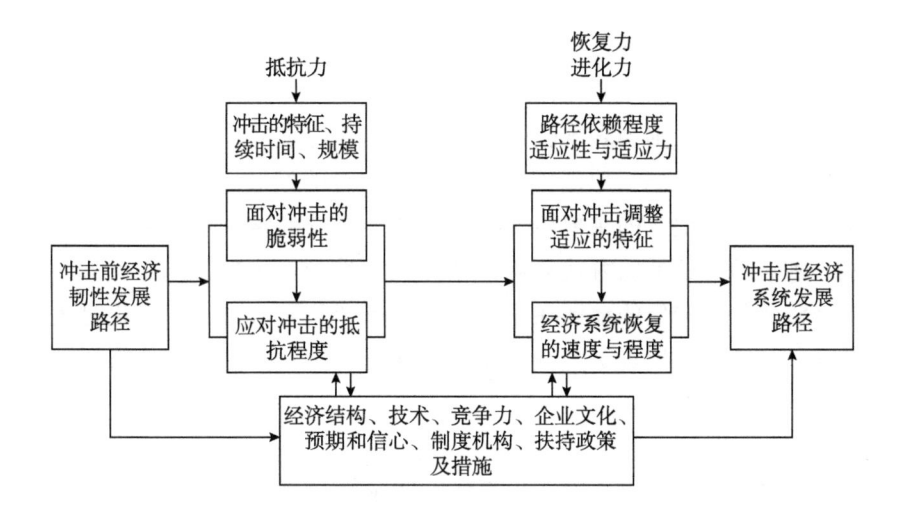

**图 3-1　经济系统在面对冲击的韧性过程**

资料来源：赵儒煜、肖茜文：《东北地区现代产业体系建设与全面振兴》，《经济纵横》2019年第9期。

从图3-1可以看出，经济韧性是经济系统的一种固有能力，并不是在发生外部扰动时才会产生，而是经济系统在日常运行中逐渐形成的。经济韧性的强弱依赖于经济系统的内部结构特征，能够帮助经济系统抵抗冲击并恢复正常功能，甚至是利用冲击改善经济结构从而走上更优的发展道路。经济韧性体现了经济系统在多个阶段的能力，分别是：面对冲击的脆弱性和敏感性、对冲击的抵抗能力（抵抗力）；从冲击中恢复正常功能的速度和能力（恢复力）；适应冲击、在冲击中学习并突破式发展的能力（进化力）。以上三个方面的能力也说明经济韧性不仅关注短期内对冲击的抵抗和恢复，还重视冲击对经济系统结构的调整及资源的重新配置，并在不断适应和自我学习中，打破经济系统在长期固化发展中形成的锁闭状态，形成长期的均衡式发展模式。换言之，经济韧性水平较强的系统，不仅能够缓解冲击产生的负面后果，还能将冲击作为发展的契机，通过创新来优化内部结构，提升资源的分配有效性并探寻新一轮的增长路径。以下对抵抗力、恢复力和进化力三个维度展开具体论述。

（一）抵抗力

经济韧性的抵抗力维度，是指经济系统在面对冲击时，不切断当前运行状态并保持既有发展轨迹的能力。抵抗力大小受到经济系统的外部环境和历史发展路径的影响，因此不同地区在遭受冲击时也会受到不同程度的影响并表现出差异化的应对反应。如果一个地区对冲击针对的元素的依赖性较低，则会表现较强的抵抗力，即这种冲击并没有切断地区的正常经济运行状态，地区仍然可以保持原有的发展路径；反之，如果冲击针对的是该地区的主要生产元素，甚至影响到整个经济系统的内部结构，那该地区的抵抗力就会弱一些，从而受到较大的影响。例如，对外贸经济依赖性较低的地区在面对国际市场产品需求或价格变化时表现出较强的抵抗力，但资源型城市在面对环境规制、资源产品价格下跌等冲击时抵抗力较差。

（二）恢复力

经济韧性的恢复力维度，是指经济系统在遭受冲击偏离既有发展路径后，能够通过自组织进行调整，并快速恢复到原有的发展轨迹和经济运行模式。其中，自组织包括对产业结构、劳动力市场、商品市场、治理制度的调整以应对冲击带来的负面影响；恢复主要指系统内部结构的调整适应及恢复到正常经济运行模式的速度和程度。

（三）进化力

经济韧性的进化力维度，是指经济系统遭受冲击后彻底偏离了正常发展轨迹，但却能够通过适应、学习和创新开拓新的发展路径，表现出更有效的增长态势。这类的冲击包括重大技术革新、政策或市场需求改变等。例如，东南沿海地区对外贸经济的依赖度较高，2008年国际金融危机导致该地区对外出口量严重下滑，经济一度陷入低谷。但随着供给侧结构性改革的深化和"一带一路"的持续推进，该地区实现了经济结构调整和升级，重新爆发出增长潜力，属于进化力较强的表现。但是，中西部地区在面对高新技术革命、市场需求变化等冲击时，却出现市场萎缩、经济下滑等情况，属于进化力较弱的表现（Hudson，2009）。

## 第二节 评价指标选取

### 一 选取原则

在评价框架的基础上，挑选指标来构建评价指标体系。指标选取原则包括可接受性（Acceptability）、适用性（Adjustment）、可评价性（Measurement）及可获得性（Availability）四个方面，以增强研究结论的真实性和合理性。

（一）可接受性

可接受性原则是指所选取的指标不仅要体现经济韧性的概念特征，还应包含在前述设计的评价框架中。除此之外，选取的指标还应该是超大城市复杂系统的重要组成部分，从而增强整个评价指标体系的科学性。

（二）适用性

适用性原则是指所选取的指标适用性较强，能够被应用于大部分超大城市经济韧性的评价，还能够反映出经济韧性的抵抗力、恢复力和进化力特征，具有实用性。

（三）可评价性

可评价性原则是指所选取的指标都能够被测量或者量化，或者能够进行定量描述或者表达，具有可操作性。

（四）可获得性

可获得性原则是指经济韧性的评价指标计算方法简便、数据容易获得且采集便利，数据来源真实可信，从而增强整个评价指标体系的易操作性。

### 二 选取依据

本书采用了文献研究法梳理经济韧性的主要影响因素，从而进行评价指标的选取。从文献综述来看，关于经济韧性影响因素研究可分为理论研究和实证研究两类，其中，理论研究主要是构建经济韧性的概念框架，实证研究则主要是构建测度模型和计量研究，以下展开具体论述。

## (一) 经济韧性理论研究

在理论研究上,本书主要借鉴了 1 个高被引的经济韧性概念框架和 2 个公信力较高的指标体系,在此基础上选择超大城市经济韧性的评价指标。

Martin 和 Sunley(2015)构建的经济韧性概念模型。选用该概念框架的主要原因在于:第一,学者 Martin 和 Sunley 是经济韧性领域的研究先驱,已发表的文献多具有较高的引用率;第二,该经济韧性概念模型是演化论视角下经济韧性概念的扩展,包含了产业结构、劳动力、制度治理、决策等多个方面的影响因素,涉及面较广。具体而言,该经济韧性模型将经济韧性的影响因素分为五个维度,分别是产业和商业结构、劳动力市场条件、财经制度、治理制度及机构和决策。其中,产业和商业结构包括多样化和专业化、市场主导、供应链等因素;劳动力市场条件包括劳动力技能、工人就业灵活性、工作机会、劳动力市场依赖性等因素;财经制度包括国家财经环境、金融机构贷款条件及态度、股票市场等因素;治理制度包括中央政府经济政策及支持措施、地方政府经济政策及策略、非国有企业和劳动力市场等因素;机构和决策包括感知、期望、条件等因素。具体如图 3-2 所示:

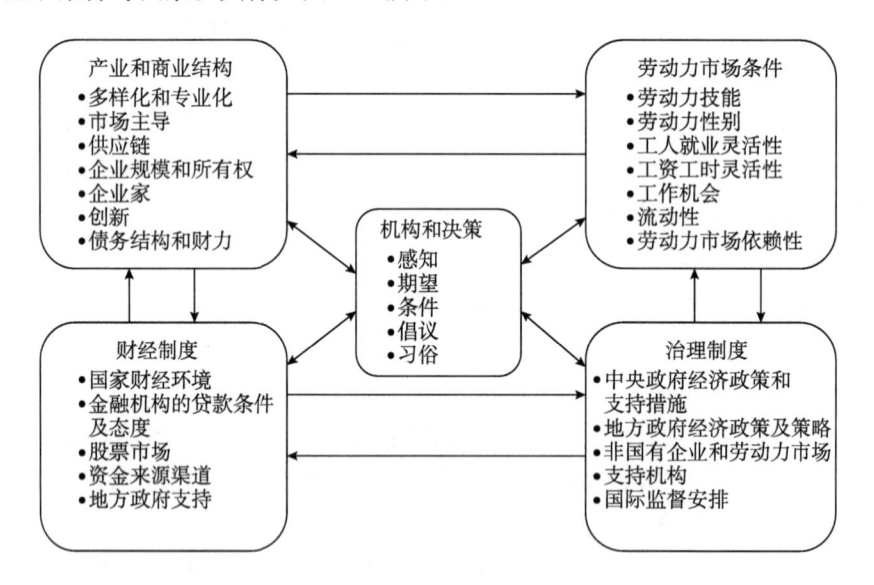

**图 3-2 经济韧性概念模型**

资料来源:Ron Martin and Peter Sunley, "On the notion of regional economic resilience: Conceptualization and explanation", *Journal of Economic Geography*, Vol. 15, No. 1, 2015, p. 1–43.

Cutter 等（2014）构建的社区基线韧性评价指标体系（BRIC）。选择该指标体系的主要原因在于：BRIC 指标体系自提出后受到了学术界和国际组织的广泛认可，其所包含的所有指标均通过因子分析法筛选得到，并且指标数据来源于政府或研究机构的公开报告，因此适用于多个地区的横向比较，"金砖四国"均使用了 BRIC 指标体系来对社区韧性进行了测量。BRIC 指标体系将经济韧性视为韧性的主要维度之一，并选择 4 个指标对其进行评价，即就业（Employment）、财产价值（Value of property）、财富创造（Wealth generation）以及市政财政/收入（Municipal finance/revenues）。

纽约州立大学区域研究所设计的大都市经济韧性指标评价体系（RCI）。选择该指标体系的主要原因在于：RCI 指标体系的提出是纽约州立大学区域研究所为了解决大都市人口规模快速增加、风险危机频发等问题，与本书的研究对象超大城市密切相关。RCI 指标体系就经济韧性提出了 4 个评价指标，分别是：收入平等、产业多样化、购买力和营商环境。

除此之外，本书还借鉴了国内曾冰、张秀艳等学者构建的经济韧性评价指标体系，不再进行一一赘述。

（二）经济韧性实证研究

经济韧性实证研究主要包括经济韧性的核心变量测度模型和经济韧性的影响因素计量分析。

1. 经济韧性的测度模型

如国内外文献综述所示，目前用于测量经济韧性的核心变量主要是地区生产总值（GDP）、就业或失业情况、固定资产投资和对外贸易总额。由于 GDP 变化受到宏观政策的影响较大，结合中国经济社会环境，国内学者多选用就业率和固定资产投资作为经济韧性的测量变量。

2. 经济韧性的影响因素计量分析

由于计量结果对所使用数据具有较高的依赖性，而本书评价的是中国超大城市的经济韧性水平，故仅统计了中国本土学者关于经济韧性的计量研究。以关键词"经济韧性"在知网数据库进行检索，选择北大核心、CSSCI 和 CSCD 数据库，检索时间为 2000 年至今，并去掉"城市韧性""心理韧性"及非城市类经济韧性（如旅游系统、体育竞技）等文献，共计得到 77 篇相关文献。其中，计量研究共有 16 篇，且多发表于 2018 年后，本书统计整理了 10% 水平上的显著性因素，所有因素出现的频次如表 3-1 所示：

**表 3-1　国内计量文献关于经济韧性显著性因素的出现频次**

| 因素名称 | 出现频次（次） | 因素名称 | 出现频次（次） |
| --- | --- | --- | --- |
| 产业结构多样化 | 7 | 创新水平 | 5 |
| 对外开放 | 5 | 财政支出 | 4 |
| 人力资本水平 | 4 | 金融发展水平 | 4 |
| 信息化水平 | 4 | 专利授权数 | 2 |
| 研发投入 | 2 | 经济集聚 | 2 |
| 金融集聚 | 2 | 地区 GDP | 1 |
| 教育经费支出 | 1 | 环境质量 | 1 |
| 国有产业规模 | 1 | 经济联系网络中心性 | 1 |
| 基尼系数 | 1 | 失业率 | 1 |
| 企业创新活力 | 1 | 人均 GDP | 1 |
| 人均消费品零售额 | 1 | 人口密度 | 1 |

资料来源：笔者自制。

如表 3-1 所示，关于经济韧性的计量研究中，高频且表现出显著相关性的影响因素包括产业结构多样化、创新水平、对外开放、财政支出、人力资本水平、金融发展水平及信息化水平等。

（三）超大城市发展规划

本书对 7 个超大城市的《"十四五"规划和 2035 年远景目标纲要》进行了分析，具体内容如下所述。

《北京市国民经济和社会发展第十五个五年规划和二〇三五年远景目标纲要》提出了 12 个领域重点任务，与经济韧性密切相关的任务包括：深化对外交流合作、聚力提升原始创新能力、强化企业创新主体地位、建设全球数字经济标杆城市、打造更具活力的高精尖产业、优化产业空间布局等。将以上内容凝结成关键词：对外开放、创新、产业结构。

《天津市国民经济和社会发展第十五个五年规划和二〇三五年远景目标纲要》中提出了 12 个领域重点任务，与经济韧性密切相关的任务包括：打造自主创新重要源头和原始创新主要策源地、建设制造强市构建现代工业产业体系、建设国际消费中心城市和区域商贸中心城市、深化改革扩大开放激发新发展活力。将以上内容凝结成关键词：自主创新、工业体系、消费中心和对外开放。

《上海市国民经济和社会发展第十四个五年规划和二〇三五年远景目标纲要》中专门提到了要持续增强经济发展韧性，具体任务包括：加快释放消费潜力，加大5G、物联网、工业互联网等新型基础设施投资、扩大战略性新兴产业投资。将以上内容凝结成关键词：消费潜力、基础设施投资、战略性新兴产业。

《广州市国民经济和社会发展第十四个五年规划和二〇三五年远景目标纲要》提出的重点任务中，与经济韧性相关的包括：大力实施创新驱动发展战略，加快建设科技创新强市；巩固壮大实体经济根基，建设更具竞争力的现代产业体系（发展壮大战略性新兴产业、推动先进制造业高质量发展）；加快数字化发展，建成国际一流智慧城市；扩大高水平对外开放，构建开放型经济新格局。将以上内容凝结成关键词：科技创新、实体经济、新兴产业、数字经济和对外开放。

《深圳市国民经济和社会发展第十四个五年规划和二〇三五年远景目标纲要》提出的重点任务中，与经济韧性相关的包括：建设具有全球影响力的科技和产业创新高地、构建高端高质高新的现代产业体系（加快发展战略性新兴产业、建设全球金融创新中心）、打造全球数字先锋城市。将以上内容凝结成关键词：科技创新、现代产业体系、数字经济。

《重庆市国民经济和社会发展第十四个五年规划和二〇三五年远景目标纲要》提出了11项重点任务，与经济韧性相关的包括：加快培育创新力量、激发人才创新活力、加快制造业高质量发展、推动数字经济和实体经济深度融合、推动基础设施高质量发展、全面促进消费。将以上内容凝结成关键词：创新、人才素质、制造业发展、数字经济、基础设施发展和消费。

《成都市国民经济和社会发展第十四个五年规划和二〇三五年远景目标纲要》提出的重点任务中，与经济韧性相关的包括：建设国际消费中心城市、合理扩大有效投资、加快构建多层次创新体系、加快打造创新生态链、加快建设具有全球显示度的产业生态圈和产业功能区、加快构建具有国际竞争力和区域带动力的现代产业体系、大力发展数字经济。将以上内容凝结成关键词：消费中心、投资、创新、产业体系。

可以发现，这7个超大城市的远景目标和重点任务中，创新、产业体系、消费、基础设施是共性发展目标，部分超大城市，如天津、广州还重点提到了对外开放。

## 第三节 初始评价指标体系构建

基于前述超大城市经济韧性评价框架、指标选取原则和指标选取依据，本书从抵抗力、恢复力和进化力三个维度构建超大城市经济韧性的初始评价指标体系，共包含了3个一级指标和18个二级指标。除采用高被引概念模型及指标体系、经济韧性测度变量以及经济韧性高频且显著影响因素之外，为了与超大城市的现实情况相结合，本书还根据超大城市的发展规划额外增加了一些指标，如创新水平及效率、固定资产投资、地区工业规模、财政自给水平、产业结构多样度和"新经济"部门发展水平。这些指标是各个超大城市的发展规划里重点强调的，能够使评价指标体系更好地应用于超大城市。初始评价指标体系如表3-2所示。

表3-2　　　　超大城市经济韧性初始评价指标体系

|  | 一级指标 | 二级指标 |
| --- | --- | --- |
| 超大城市经济韧性初始评价指标体系 | 抵抗力 | 经济发展水平 P1 |
|  |  | 就业水平 P2 |
|  |  | 对外开放度 P3 |
|  |  | 社会保障水平 P4 |
|  |  | 固定资产投资水平 P5 |
|  |  | 地区工业规模 P6 |
|  | 恢复力 | 经济集聚水平 P7 |
|  |  | 财政自给水平 P8 |
|  |  | 市场潜力 P9 |
|  |  | 金融发展水平 P10 |
|  |  | 产业结构多样度 P11 |
|  |  | 信息化发展水平 P12 |

续表

| | 一级指标 | 二级指标 |
|---|---|---|
| 超大城市经济韧性初始评价指标体系 | 进化力 | 研发投入力度 P13 |
| | | 创新产出水平 P14 |
| | | 创业活力 P15 |
| | | 人力资本素质 P16 |
| | | 产业结构高级度 P17 |
| | | "新经济"部门发展水平 P18 |

资料来源：笔者自制。

如表3-2所示，超大城市经济韧性初始评价指标体系共涵盖3个一级指标：抵抗力、恢复力和进化力，每个一级指标下包含6个二级指标，共计18个二级指标。其中，抵抗力维度下的二级指标包括经济发展水平、就业水平、对外开放度、社会保障水平、固定资产投资水平以及地区工业规模。恢复力维度下的二级指标包括经济集聚水平、财政自给水平、市场潜力、金融发展水平、产业结构多样度以及信息化发展水平。进化力维度下的二级指标包括研发投入力度、创新产出水平、创业活力、人力资本素质、产业结构高级度以及"新经济"部门发展水平。

基于表3-2所示的超大城市经济韧性初始评价指标体系，可以将所有指标按照数据采集方式分为统计类和计算类两个类别。其中，统计类指标是指该指标的数据可以通过查询国家、省份或地方政府已经公布的相关数据或资料直接获得；计算类指标是指该指标的数据需要通过数学计算才能获得。

（一）统计类指标

统计类指标的数据能够直接从国家、省份或地方公布的相关数据中直接提取。超大城市经济韧性的初级评价指标体系中共包括5个统计类指标，分别是经济发展水平、就业水平、地区工业规模、市场潜力和人力资本素质，其数据来源包括国民经济发展公报和经济统计年鉴、城市统计年鉴、中国基本单位统计年鉴等各类年鉴。这些指标的具体表征数据、单位和数据来源如表3-3所示：

表 3-3　　　　　　　　　　统计类度量指标数据获取来源

| 指标名称 | 表征数据 | 单位 | 来源 |
| --- | --- | --- | --- |
| 经济发展水平 | 人均 GDP | 元 | 《中国城市统计年鉴》 |
| 就业水平 | 从业人员数量 | 万人 | 《中国城市统计年鉴》 |
| 地区工业规模 | 规模以上工业总产值 | 亿元 | 《中国城市统计年鉴》 |
| 市场潜力 | 社会消费品零售总额 | 亿元 | 《中国城市统计年鉴》 |
| 人力资本素质 | 每万人在校大学生数 | 人 | 《中国城市统计年鉴》 |

资料来源：笔者自制。

(二) 计算类指标

计算类指标是指该指标的数据不能直接从已有资料中进行提取，需要通过数学方法进行计算。除以上 5 个统计类指标外，初级评价指标体系中的其他指标均为计算类指标，对这些指标的具体解释如下所述。

1. 对外开放度

超大城市的经济韧性水平与对外开放程度密切相关。一方面，外向型经济的城市更能利用外部资源和市场来促进自身经济发展，且在遭受冲击时也能够更快进行恢复和调整（张振等，2020）；另一方面，外向型经济的城市也意味着该城市对外部资源的依赖性较强，更容易在外部环境波动时受到影响。对外开放度的计算公式如式 (3-1)：

$$对外开放度 = 进出口总额/GDP \tag{3-1}$$

2. 社会保障水平

社会保障主要涵盖了居民的社保、医保和就业三个方面的保障，能够提升居民对抗风险的能力，从而提升整个城市的经济韧性水平。社会保障是城市发展的支撑性制度安排，与城市的财政状况息息相关，其计算公式如式 (3-2)：

$$社会保障水平 = 社会保障支出/地方政府预算支出 \tag{3-2}$$

3. 固定资产投资水平

固定资产投资是推动城市经济发展的主导力量之一，能够对城市内行业、产业提供支撑，从而提升城市的经济韧性水平。超大城市的固定资产投资多由政策带动，其计算如式 (3-3)：

$$固定资产投资水平 = 全社会固定资产投资/GDP \tag{3-3}$$

4. 经济集聚水平

经济集聚水平指代的是经济主体在单位空间内的密集程度，多采用企业密度来进行刻画，如 Ciccone 和 Hall（1996）、张可和汪东芳（2014）等学者的研究均采用企业密度来衡量城市的经济集聚水平。在所有类型的企业中，李晓萍等（2015）也采用工业企业的密度来衡量城市的经济水平。本书同样通过计算工业企业集中程度来表示经济集聚水平，具体计算如式（3-4）：

经济集聚水平=规模以上工业企业数量/城区面积　　　　　　　（3-4）

5. 财政自给水平

财政自给水平用于衡量地方政府的财政状况，即财政收入能否覆盖同年的财政支出，因此该指标通常用财政支出和财政收入的比率进行计算。财政状况比较健康的城市在面对冲击时，更有能力运用行政手段对城市的经济模式进行调节。财政自给水平的计算如式（3-5）：

财政自给水平=地方政府预算支出/地方政府预算收入　　　　　（3-5）

6. 金融发展水平

金融发展水平是指城市的金融部门发展情况。金融发展水平对经济韧性水平的影响具有双面性。一方面，金融部门在城市经济繁荣期时通常会过度信贷，提高杠杆率，从而放大冲击对实体经济的负面影响，甚至导致冲击迅速发展为系统性危机，提升了城市经济的脆弱性，降低了经济韧性水平；另一方面看，当城市在危机过后进行调整恢复时，无论是产业结构优化升级还是实体经济重新配置生产资源，都需要金融部门提供支撑作用。金融发展水平计算如式（3-6）：

金融发展水平=金融机构存贷款余额/GDP　　　　　　　　　　（3-6）

7. 产业结构多样度

产业结构多样化是影响城市经济韧性水平的主要因素之一。一方面，多样化的产业结构有助于分摊冲击对特定部门造成的影响，从而钝化冲击对整个城市经济系统的负面影响，帮助城市经济快速调整和恢复，起到自动稳定器的作用；另一方面，按照 Jacobs 外部性理论的分析表明，产业结构多样化所缔结的"知识关联"和"经济关联"对企业间知识技术的溢出至关重要，而这种知识技术溢出引发的创新活动又是城市资源重组、产业结构优化升级和经济发展路径更新的主要驱动力（Briguglio et al.，2009）。已有文献通常采用多样化指数来测度城市的产业结构多样度。多样化指数（DIV）主要以赫芬达尔—赫希曼指数（HHI）为基础，运用熵来计算，实际上就是计算城市内各个行业的就业人数占总就业人数的比例及这些比例的自然对数乘积的负总和。因此,如果城市内部只有1个行业,那DIV指数就等于0,即城市的产业结构多样度也为0。多样化指数(DIV)具体的计算如式(3-7):

$$DIV_i = -\sum_{s=1}^{s}(e_{is}/e_i)\ln(e_{is}/e_i) \tag{3-7}$$

其中,$e_{is}$代表第$s$个行业的总就业人数,$e_i$代表第$i$个城市的所有行业的总就业人数。根据《中国城市统计年鉴》的行业分类,本书共得到3个产业并对应了19个行业:

表3-4 产业类别及对应行业

| 产业类别 | | 行业 |
| --- | --- | --- |
| 第一产业 | | 农、林、牧、渔业 |
| 第二产业 | | 采矿业 |
| | | 制造业 |
| | | 电力、热力、燃气及水生产和供应业 |
| | | 建筑业 |
| 第三产业 | 流通性服务业 | 批发和零售业 |
| | | 交通运输、仓储和邮政业 |
| | | 信息传输、软件和信息技术服务业 |
| | 消费性服务业 | 住宿和餐饮业 |
| | | 居民服务、修理和其他服务业 |
| | | 文化、体育和娱乐业 |
| | 生产性服务业 | 金融业 |
| | | 房地产业 |
| | | 租赁和商务服务业 |
| | 社会性服务业 | 科学研究和技术服务业 |
| | | 水利、环境和公共设施管理业 |
| | | 教育业 |
| | | 卫生和社会工作业 |
| | | 公共管理、社会保障和社会组织 |

资料来源:国家统计局城市社会经济调查司主编:《中国城市统计年鉴2022》,中国统计出版社2021年版,第80页。

### 8. 信息化发展水平

信息化水平发展越高的城市，在面对冲击时更能做出快速的响应和应对措施，还能提升城市的应急管理能力，从而增强城市的经济韧性水平。信息化发展水平计算如式（3-8）：

信息化发展水平＝电信业务总量/GDP　　　　　　　　　　　（3-8）

### 9. 研发投入力度

研发投入能够为城市创新活动提供直接支撑，并有效提升城市的创新能力。在应对冲击时，高创新能力的城市更容易打破锁闭状态从而开拓新发展路径，这也是经济韧性进化力的体现。研发投入力度的计算如式（3-9）：

研发投入力度＝研究与试验发展经费/GDP　　　　　　　　　（3-9）

### 10. 创新产出水平

创新产出包括城市创新活动产出的专利、论文等，创新产出水平越高在一定程度上代表了城市的创新能力越强，更容易培育出高新技术产业（Wolfe and Bramwell，2008）。创新产出水平计算如式（3-10）：

创新产出水平＝发明专利申请量/GDP　　　　　　　　　　　（3-10）

### 11. 创业活力

创业活力越强的城市，对新思想、新文化的包容性也越强，这也是城市经济韧性提升的重要源泉（Bristow and Healy，2017）。由于创业活动的主体通常是私营、个体从业人员，他们有十分频繁的技术知识跨界搜寻活动（Boundary spanning），也更容易带动知识溢出和信息流动，是创新生态系统的重要组成部分。因此，本书用城镇私营及个体从业人员占城市常住人口的比重来衡量城市的创业活力，计算如式（3-11）：

创业活力＝城镇私营及个体从业人员/城市常住人口　　　　　（3-11）

### 12. 产业结构高级度

产业结构高级度是指第一、第二、第三产业所占总产值的比例分布。具体而言，高级的产业结构是指在现有生产力条件的制约下，通过生产要素的重新配置，促使产业结构向第一产业比重最大转变为第二、第三产业占优势比重，即通过转移重要产业来促进产业结构的优化升级。产业结构高级化能够提升整个产业的附加价值，从而增强整个产业体系的适应性和创新能力，促进经济韧性水平提升。按照上述分析，产业结构高级度的计算如式（3-12）：

产业结构高级度=一产比例×1+二产比例×2+三产比例×3　　（3-12）

13. "新经济"部门发展水平

"新经济"部门的形成是产业结构不断优化升级的重要体现，能够弥补劳动密集型产业竞争力不断削弱的缺陷。对"新经济"部门的划分还没有比较一致的认定方法，但普遍将涌现出新理念、新业态、新技术的部门称为"新经济"部门。本书主要参考了 Shen 等（2016）对"新经济"部门的范围界定，即"新经济"部门需要具有三个特征：第一，较高技术投入；第二，具有较强的增长潜力，产值实现持续增长；第三，受到国家政策的大力支持。因此，本书基于《中国城市统计年鉴》的产业目录将 7 个产业认定为"新经济"部门，分别是节能环保产业、新一代信息技术产业、生物产业、高端装备制造业、新能源企业、新材料企业和新能源汽车。"新经济"部门发展水平的计算如式（3-13）：

"新经济"部门发展水平=战略性新兴产业产值/工业总产值　（3-13）

## 第四节　二次评价指标体系构建

运用指标体系法来评价城市经济韧性水平时，存在的一个关键问题在于可能会混淆因果，即研究者选取的部分指标是城市经济韧性体现的结果，而不是形成经济韧性的原因。本节内容将对第三节构建的初始评价指标体系展开指标因果性划分，并根据研究结果去掉其中的结果性指标，以弥补指标体系法存在的因果不清缺陷。

本书选取决策与实验室方法（Decision Making Trial and Evaluation Laboratory, DEMATEL）对初始评价指标体系中的指标进行因果性划分。DEMATEL 方法在对评价指标间的相互影响程度进行量化的基础上，采用矩阵方法来计算每个指标的影响度和被影响度，从而得到每个指标的中心度和原因度，并进行原因性指标和结果性指标的区分（Bishop, 2012）。DEMATEL 方法不仅能量化两指标之间的直接影响关系，还能量化所有指标间的间接影响关系，是生成指标原因集和结果集的有效方法（Baki et al., 2018）。目前 DEMATEL 方法已经应用到判定城市韧性指标间相互作用关系的研究中（王文和，2020），且研究结果也表明该方法较为科学有效（陈为公等，2021）。

## 一 分析流程

基于 DEMATEL 方法来对超大城市经济韧性初始评价指标体系的指标因果性展开分析，具体流程如图 3-3 所示：

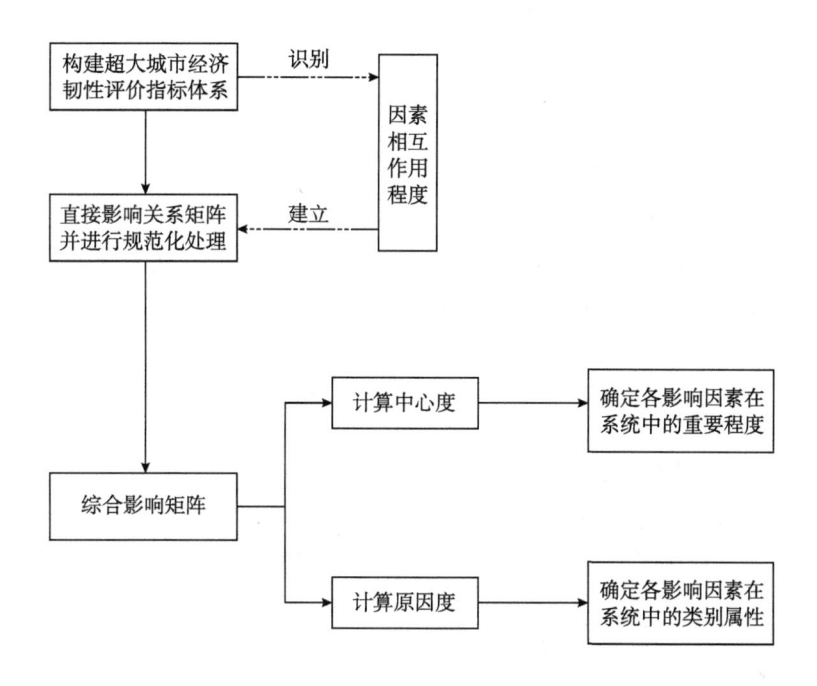

图 3-3 DEMATEL 方法应用流程

资料来源：笔者自绘。

（一）确定城市经济韧性指标之间的直接影响程度

首先，邀请城市管理、韧性研究领域内多名专家对超大城市经济韧性初始评价指标体系中的 18 个二级指标之间的影响关系进行两两判断，采用五级标度来量化指标间的影响层级，分别为：影响极强（4）、影响强（3）、影响中等（2）、影响弱（1）和无影响（0）。每两个指标之间需要比较 2 次。例如，指标 $P_i$ 跟指标 $P_j$ 要比较两次，分别是指标 $P_i$ 对指标 $P_j$ 的直接影响，以及指标 $P_j$ 对指标 $P_i$ 的直接影响。因此，对于 $n$ 个指标，则总共需要比较 $n(n-1)$ 次。

（二）构建直接影响矩阵

基于专家评价结果构建直接影响矩阵 $B$，$B = (b_{ij})_{n \times n}$，其中 $n$ 为指标个数，$k$ 为专家数量，$b_{ij}$ 为专家对两指标间影响层次的评分。由于直接影响矩阵的对角线值代表评价指标自己对自己的影响程度，因此均设置为 0。

$$B = \begin{bmatrix} 0 & b_{12} & \cdots & b_{1j} \\ b_{21} & 0 & \cdots & b_{21} \\ \vdots & \ddots & & \vdots \\ b_{i1} & b_{i2} & \cdots & 0 \end{bmatrix} \quad (3-14)$$

（三）构建规范影响矩阵

为了便于计算，对构建的直接影响矩阵 $M$ 采取归一化变化，由此生成规范化直接影响矩阵 $C=(c_{ij})_{n\times n}$，且满足 $0 \leqslant c_{ij} \leqslant 1$。

$$C = \frac{M}{\max\limits_{1 \leqslant i \leqslant n} \sum\limits_{j=1}^{n} c_{ij}} \quad (3-15)$$

（四）计算综合影响矩阵

综合影响矩阵 $T$ 可用于求解评价指标的影响度和被影响度，该矩阵是由规范化直接影响矩阵 $C$ 求解得出，具体计算如式（3-16）：

$$T = C + C^2 + \cdots + C^n = C \frac{I - C^{n-1}}{I - C} \quad (3-16)$$

在式（3-16）中，$I$ 表示单位矩阵，由于 $0 \leqslant c_{ij} \leqslant 1$，故当 $n \to \infty$ 时，$C^{n-1} \to 0$，由此可将式(3-16)转换为式(3-17)：

$$T = C(I - C)^{-1} \quad (3-17)$$

（五）计算指标之间的相互影响关系

求解出综合影响矩阵 $T$，用 $R$ 和 $C$ 表示。$R$ 代表指标对其他指标的影响度，包括直接影响和间接影响，计算如式(3-18)；$C$ 代表指标受到其他指标的影响度，同样包括直接影响和间接影响，计算如式（3-19）：

$$R = \sum_{j=1}^{n} t_{ij}, \ i = 1, 2, \cdots, n \quad (3-18)$$

$$C = \sum_{i=1}^{n} t_{ij}, \ j = 1, 2, \cdots, n \quad (3-19)$$

（六）计算中心度和原因度

中心度用 $M$ 表示，是指标影响度 $R$ 和被影响度 $C$ 的总和，计算如式（3-20）所示。中心度表示评价指标在指标体系中的重要性，其值越高则指标重要性越强。原因度用 $N$ 表示，由影响度 $R$ 减去被影响度 $C$ 计算得到，具体如式（3-21）所示。原因度表示指标的净影响程度，当该值为正，表明该指标对其他指标的影响大于受到的影响，则该指标体现为原因指标（Cause）；若原因度为负，则代表该指标造成的影响小于自身受到的影响，因此为原因结果指标（Effect）。

$$M = R + C \tag{3-20}$$
$$N = R - C \tag{3-21}$$

## 二　分析结果

本书运用专家问卷法来确定评价指标间影响关系，进而构建直接影响矩阵。因疫情的影响，问卷主要采取线上发放的方式。问卷发放时间为2021年6月，所邀请的相关领域专家包括政府工作人员、高校教师以及企事业管理人员。受访专家共15名，除去2份无效问卷，得到13份有效问卷，问卷具体信息已列在附录1中。所有专家均从事城市规划、城市韧性、经济发展等相关研究，具体信息如表3-5所示：

表3-5　　　　　参与指标影响关系评价的专家信息

| 基本特征 | | 人数（%） | 基本特征 | | 人数（%） |
| --- | --- | --- | --- | --- | --- |
| 性别 | 男 | 9（69） | 职称 | 正高级 | 5（38.4） |
| | 女 | 4（31） | | 副高级 | 2（15.4） |
| 从事年限 | 5年以上 | 8（61.5） | | 中级 | 2（15.4） |
| | 3—5年 | 2（15.4） | | 初级 | 0（0） |
| | 1—3年 | 3（23.1） | | 其他 | 3（23.1） |
| 职业 | 高校教师 | 6（46.2） | 学历 | 博士 | 7（53.8） |
| | 政府工作人员 | 2（15.4） | | 硕士 | 6（46.2） |
| | 企事业管理人员 | 5（38.4） | | 其他 | 0（0） |

资料来源：笔者自制。

对问卷数据进行统计整理，由于存在13份专家评分，故求取平均数来构建直接影响矩阵 $B$，并通过归一化得到规范化直接影响矩阵 $C$，从而计算得出综合影响矩阵 $T$。综合影响矩阵 $T$ 如表3-6所示：

表 3-6 初始评价指标体系的综合影响矩阵

|  | P1 | P2 | P3 | P4 | P5 | P6 | P7 | P8 | P9 | P10 | P11 | P12 | P13 | P14 | P15 | P16 | P17 | P18 |
|---|---|---|---|---|---|---|---|---|---|---|---|---|---|---|---|---|---|---|
| P1 | 0.26 | 0.15 | 0.20 | 0.19 | 0.16 | 0.20 | 0.19 | 0.20 | 0.19 | 0.18 | 0.19 | 0.20 | 0.19 | 0.18 | 0.19 | 0.20 | 0.19 | 0.17 |
| P2 | 0.26 | 0.19 | 0.17 | 0.16 | 0.16 | 0.20 | 0.20 | 0.22 | 0.20 | 0.21 | 0.21 | 0.20 | 0.20 | 0.20 | 0.20 | 0.21 | 0.22 | 0.19 |
| P3 | 0.23 | 0.17 | 0.18 | 0.11 | 0.13 | 0.17 | 0.17 | 0.20 | 0.16 | 0.17 | 0.17 | 0.16 | 0.16 | 0.15 | 0.15 | 0.17 | 0.16 | 0.19 |
| P4 | 0.21 | 0.17 | 0.16 | 0.12 | 0.10 | 0.17 | 0.15 | 0.19 | 0.15 | 0.15 | 0.15 | 0.15 | 0.16 | 0.15 | 0.14 | 0.15 | 0.15 | 0.17 |
| P5 | 0.24 | 0.19 | 0.21 | 0.15 | 0.16 | 0.15 | 0.17 | 0.21 | 0.18 | 0.18 | 0.19 | 0.18 | 0.21 | 0.20 | 0.16 | 0.21 | 0.21 | 0.14 |
| P6 | 0.24 | 0.19 | 0.19 | 0.16 | 0.15 | 0.18 | 0.13 | 0.18 | 0.17 | 0.18 | 0.19 | 0.17 | 0.20 | 0.19 | 0.18 | 0.19 | 0.21 | 0.20 |
| P7 | 0.26 | 0.20 | 0.22 | 0.16 | 0.18 | 0.20 | 0.18 | 0.16 | 0.20 | 0.18 | 0.22 | 0.19 | 0.20 | 0.20 | 0.19 | 0.20 | 0.20 | 0.19 |
| P8 | 0.21 | 0.15 | 0.19 | 0.13 | 0.14 | 0.14 | 0.14 | 0.15 | 0.11 | 0.16 | 0.17 | 0.15 | 0.16 | 0.15 | 0.14 | 0.15 | 0.16 | 0.14 |
| P9 | 0.23 | 0.18 | 0.21 | 0.14 | 0.15 | 0.18 | 0.17 | 0.21 | 0.17 | 0.18 | 0.19 | 0.19 | 0.20 | 0.19 | 0.18 | 0.19 | 0.19 | 0.19 |
| P10 | 0.25 | 0.20 | 0.22 | 0.16 | 0.15 | 0.19 | 0.18 | 0.18 | 0.19 | 0.20 | 0.20 | 0.13 | 0.21 | 0.20 | 0.19 | 0.20 | 0.21 | 0.18 |
| P11 | 0.22 | 0.18 | 0.18 | 0.15 | 0.15 | 0.17 | 0.17 | 0.22 | 0.16 | 0.18 | 0.22 | 0.18 | 0.21 | 0.19 | 0.17 | 0.19 | 0.20 | 0.21 |
| P12 | 0.26 | 0.20 | 0.22 | 0.16 | 0.16 | 0.21 | 0.21 | 0.20 | 0.19 | 0.20 | 0.21 | 0.17 | 0.17 | 0.24 | 0.22 | 0.22 | 0.22 | 0.21 |
| P13 | 0.25 | 0.19 | 0.21 | 0.15 | 0.15 | 0.20 | 0.19 | 0.18 | 0.17 | 0.19 | 0.19 | 0.18 | 0.23 | 0.16 | 0.21 | 0.21 | 0.21 | 0.21 |
| P14 | 0.22 | 0.17 | 0.19 | 0.15 | 0.15 | 0.19 | 0.17 | 0.20 | 0.17 | 0.18 | 0.20 | 0.19 | 0.19 | 0.18 | 0.13 | 0.18 | 0.19 | 0.20 |
| P15 | 0.25 | 0.21 | 0.22 | 0.17 | 0.15 | 0.20 | 0.18 | 0.18 | 0.17 | 0.19 | 0.20 | 0.18 | 0.22 | 0.21 | 0.19 | 0.16 | 0.21 | 0.20 |
| P16 | 0.24 | 0.20 | 0.20 | 0.17 | 0.15 | 0.19 | 0.18 | 0.20 | 0.16 | 0.18 | 0.20 | 0.15 | 0.22 | 0.21 | 0.20 | 0.21 | 0.16 | 0.20 |
| P17 | 0.19 | 0.15 | 0.17 | 0.13 | 0.12 | 0.18 | 0.14 | 0.15 | 0.19 | 0.16 | 0.18 | 0.15 | 0.19 | 0.18 | 0.15 | 0.17 | 0.18 | 0.13 |
| P18 | 0.26 | 0.15 | 0.20 | 0.19 | 0.16 | 0.20 | 0.19 | 0.20 | 0.19 | 0.18 | 0.19 | 0.20 | 0.19 | 0.18 | 0.19 | 0.20 | 0.19 | 0.17 |

资料来源：笔者自制。

由此可以计算各指标的相互影响关系、中心度以及原因度，如表 3-7 所示：

表 3-7　　　　　初始评价指标体系因果性分析结果

| 指标名称 | 影响度 | 被影响度 | 中心度 | 原因度 | 指标类型 |
| --- | --- | --- | --- | --- | --- |
| 经济发展水平 P1 | 4.3005 | 4.2860 | 8.5865 | 0.0145 | 原因指标 |
| 就业水平 P2 | 3.4181 | 3.3516 | 6.7697 | 0.0665 | 原因指标 |
| 对外开放度 P3 | 3.5968 | 3.5903 | 7.1871 | 0.0065 | 原因指标 |
| 社会保障水平 P4 | 2.9683 | 2.7542 | 5.7225 | 0.2141 | 原因指标 |
| 固定资产投资水平 P5 | 2.7869 | 2.6852 | 5.4721 | 0.1017 | 原因指标 |
| 地区工业规模 P6 | 3.4091 | 3.3559 | 6.7650 | 0.0533 | 原因指标 |
| 经济集聚水平 P7 | 3.2664 | 3.1280 | 6.3944 | 0.1383 | 原因指标 |
| 财政自给水平 P8 | 3.5399 | 3.5092 | 7.0491 | 0.0307 | 原因指标 |
| **市场潜力 P9** | **2.7344** | **3.1518** | **5.8862** | **−0.4174** | **结果指标** |
| 金融发展水平 P10 | 3.2806 | 3.2623 | 6.5429 | 0.0183 | 原因指标 |
| 产业结构多样度 P11 | 3.4938 | 3.4825 | 6.9763 | 0.0113 | 原因指标 |
| 信息化发展水平 P12 | 3.2068 | 3.1809 | 6.3877 | 0.0259 | 原因指标 |
| 研发投入力度 P13 | 3.7207 | 3.6000 | 7.3207 | 0.1207 | 原因指标 |
| 创新产出水平 P14 | 3.5034 | 3.4635 | 6.9669 | 0.0399 | 原因指标 |
| 创业活力 P15 | 3.2275 | 3.2147 | 6.4421 | 0.0128 | 原因指标 |
| 人力资本素质 P16 | 3.5147 | 3.4669 | 6.9816 | 0.0477 | 原因指标 |
| **产业结构高级度 P17** | **3.4506** | **3.4806** | **6.9312** | **−0.0300** | **结果指标** |
| **"新经济"部门发展水平 P18** | **2.8784** | **3.3331** | **6.2115** | **−0.4547** | **结果指标** |

资料来源：笔者自制。

从表 3-7 可知，超大城市经济韧性初始评价指标体系包含的 18 个指标中，存在 15 个原因指标，3 个结果指标，分别是市场潜力、产业结构高级度和"新经济"部门发展水平。分析现象背后的原因：当城市经济韧性较强时，居民对城市经济发展和经济政策的信心较强，才会减少储蓄倾向提高消费额度，从而提升市场潜力。除此之外，当城市经济韧性较强时，将有更大的潜力和能力去开拓新的发展路径和经济增长方式，从而提升产业结构高级度和"新经济"部门发展水平。因此，市场潜力、产业结构高级度和"新经济"部门发展水平体现为结果指标，是城市经济韧性体现的结果而非实现经济韧性的原因。

### 三 二次评价指标体系

经过对超大城市经济韧性初始评价指标体系的因果性分析后，剔除了结果指标市场潜力 P9、产业结构高级度 P17 和"新经济"部门发展水平 P18 后并进行重新编号，得到二次评价指标体系，如表 3-8 所示：

**表 3-8　　超大城市经济韧性二次评价指标体系**

| | 一级指标 | 二级指标 |
|---|---|---|
| 超大城市经济韧性二次评价指标体系 | 抵抗力 | 经济发展水平 S1 |
| | | 就业水平 S2 |
| | | 对外开放度 S3 |
| | | 社会保障水平 S4 |
| | | 固定资产投资水平 S5 |
| | | 地区工业规模 S6 |
| | 恢复力 | 经济集聚水平 S7 |
| | | 财政自给水平 S8 |
| | | 金融发展水平 S9 |
| | | 产业结构多样度 S10 |
| | | 信息化发展水平 S11 |
| | 进化力 | 研发投入力度 S12 |
| | | 创新产出水平 S13 |
| | | 创业活力 S14 |
| | | 人力资本素质 S15 |

资料来源：笔者自制。

## 第五节　最终评价指标体系构建

前述构建的二次评价指标体系中，一共有抵抗力、恢复力和进化力 3 个一级指标，每个一级指标下又涵盖了 5 个二级指标。但实际上，每个一级指标包含的二级指标个数并不一定相同，需要采用更加科学严谨的方式来进行指标归属划分。因此，本节将在因果性分析的基础上，继续深入展开对这些评价指标的层次性分析，并根据分析结果重新划分二次评价指标体系中 15 个评价指标的归属维度。

本书采用解释结构模型（Interpretative Structural Modeling，ISM）来对超大城市经济韧性的二次评价指标体系中的 15 个二级指标展开层次性分析和层次结构划分。ISM 属于系统工程的主要研究方法之一，最早由美国 Warfield 教授提出并将其用于对社会经济系统开展层次性分析（刘文波等，2018）。ISM 方法本质上是将一个复杂的系统分解为若干个子系统，再综合主观判断、实践经验和矩阵工具，推导出子系统间的连接结构，最终将复杂系统转化为一个简明、清晰的多层次递阶解释结构模型（Warfield，1976）。类似于 DEMATEL 方法，ISM 方法同样考虑指标间的相互联系，并通过构建和求解可达矩阵来划分层次结构，从而解释不同指标在系统中的顺序、方向和复杂关系。

## 一 分析流程

### （一）构建整体影响矩阵

ISM 方法的开发者 Warfield 教授提议通过专家讨论法或者德尔菲法来构建邻接矩阵。由于第三节在运用 DEMATEL 方法时，邀请了相关领域专家进行指标间影响关系评价，故在此节可以直接构建整体影响矩阵 $H$：

$$H = I + \overline{T} \quad (3-22)$$

$\overline{T}$ 由第三节表 3-16 所示的综合影响矩阵 $T$ 去掉了结果指标得到。在此基础上，引入阈值 $\lambda$，$\lambda \in [0,1]$，去除影响较小的指标以简化得到 $\overline{H}$，计算如式（3-23）：

$$\overline{H} \in \begin{cases} 1, & h_{ij} \geq \lambda \\ 0, & h_{ij} < \lambda \end{cases} \quad (3-23)$$

其中，$h_{ij}$ 代表指标间影响程度，$h_{ij} = 1$ 即指标 $Pi$ 与 $Pj$ 有直接影响，若 $h_{ij} = 0$ 则表示指标 $Pi$ 与 $Pj$ 没有直接影响。以往文献多根据专家经验选取 $\lambda$ 值，但这种方法客观性较差。本节通过计算基于统计分布的矩阵均值与标准差的和来降低阈值确定过程中的主观性影响（姜沁瑶和李洁，2016）。因此，$\lambda$ 的计算公式如下：

$$\lambda = \alpha + \beta \quad (3-24)$$

式（3-24）中，$\alpha$ 和 $\beta$ 分别为矩阵 $\overline{T}$ 的均值和标准差。

## （二）计算可达矩阵，呈现指向性因素矩阵

基于邻接矩阵求解可达矩阵 $M$，公式如下：

$$M = (\overline{H})^k = (\overline{H})^{k-1} \neq (\overline{H})^{k-2} \neq \cdots \neq \overline{H}, \quad k \leq n-1 \quad (3-25)$$

式（3-25）中，$I$ 表示单位矩阵，$k$ 是可达矩阵 $M$ 最终收敛的次数。由于邻接矩阵 $A$ 属于布尔矩阵，需要满足布尔运算法则。

## （三）对可达矩阵进行层次化处理得到各类集合

对可达矩阵 $M$ 采用层次化处理，依次得到可达集合 $R(S_i)$、先行集合 $A(S_i)$、共同集合 $C(S_i) = R(S_i) \cap A(S_i)$ 以及最高集要素集合 $L(S_i)$，$L(S_i)$ 计算公式如下：

$$L(S_i) = \{P_i \mid R(S_i) \cap A(S_i) = R(S_i), \quad i = 1, 2, \cdots, n\} \quad (3-26)$$

删除已经分层完毕的指标并再次重复式（3-26）的操作，直到所有指标全部分层完毕。

## （四）绘制多级递阶结构模型

根据指标分层结构，绘制多级递阶结构模型。其中，处于顶层的指标是直接影响因素，处于底层的指标是根本影响因素，中间层的指标为中级影响因素。底层指标发挥了决定性作用，中间层指标发挥了过渡作用，顶层指标是其余层指标的作用对象，由此可以得到整个指标体系的层次结构及指标间的影响传导路径。

## 二 分析结果

运用 MATLAB 软件实现矩阵 $\overline{T}$ 进行均值和方差的计算，得到 $\alpha$ 和 $\beta$ 的值，从而得出 $\lambda$ 值，具体如下所示：

$$\lambda = \alpha + \beta = 0.1848 + 0.0288 = 0.2136 \quad (3-27)$$

运用阈值 $\lambda$ 对综合影响矩阵 $H$ 进行化简，得到简化后的矩阵 $\overline{H}$。同时，运用 MATLAB 软件按照式（3-28）计算综合影响矩阵 $\overline{H}$ 并求解可达矩阵 $M$。计算结果得到收敛次数 $k=3$：

$$M = (\overline{H})^3 = (\overline{H})^2 \neq \overline{H} \quad (3-28)$$

表 3-9　　　　　　　　　可达矩阵 M

|    | S1 | S2 | S3 | S4 | S5 | S6 | S7 | S8 | S9 | S10 | S11 | S12 | S13 | S14 | S15 |
|----|----|----|----|----|----|----|----|----|----|----|----|----|----|----|----|
| S1 | 1 | 0 | 0 | 0 | 0 | 0 | 0 | 0 | 0 | 0 | 0 | 0 | 0 | 0 | 0 |

续表

|  | S1 | S2 | S3 | S4 | S5 | S6 | S7 | S8 | S9 | S10 | S11 | S12 | S13 | S14 | S15 |
|---|---|---|---|---|---|---|---|---|---|---|---|---|---|---|---|
| S2 | 1 | 1 | 0 | 0 | 0 | 0 | 0 | 1 | 0 | 0 | 0 | 0 | 0 | 0 | 0 |
| S3 | 1 | 0 | 1 | 0 | 0 | 0 | 0 | 0 | 0 | 0 | 0 | 0 | 0 | 0 | 0 |
| S4 | 0 | 0 | 0 | 1 | 0 | 0 | 0 | 0 | 0 | 0 | 0 | 0 | 0 | 0 | 0 |
| S5 | 1 | 0 | 0 | 0 | 1 | 0 | 0 | 0 | 0 | 0 | 0 | 0 | 0 | 0 | 0 |
| S6 | 1 | 0 | 0 | 0 | 0 | 1 | 0 | 0 | 0 | 0 | 0 | 0 | 0 | 0 | 0 |
| S7 | 1 | 0 | 1 | 0 | 0 | 0 | 1 | 0 | 0 | 1 | 0 | 0 | 0 | 0 | 0 |
| S8 | 0 | 0 | 0 | 0 | 0 | 0 | 0 | 1 | 0 | 0 | 0 | 0 | 0 | 0 | 0 |
| S9 | 1 | 0 | 1 | 0 | 0 | 0 | 0 | 0 | 1 | 0 | 0 | 0 | 0 | 0 | 0 |
| S10 | 1 | 0 | 0 | 0 | 0 | 0 | 0 | 0 | 0 | 1 | 0 | 0 | 0 | 0 | 0 |
| S11 | 1 | 0 | 1 | 0 | 0 | 0 | 0 | 1 | 0 | 1 | 1 | 0 | 1 | 1 | 1 |
| S12 | 1 | 0 | 0 | 0 | 0 | 0 | 0 | 0 | 0 | 0 | 0 | 1 | 0 | 0 | 0 |
| S13 | 1 | 0 | 0 | 0 | 0 | 0 | 0 | 0 | 0 | 0 | 0 | 0 | 1 | 0 | 0 |
| S14 | 1 | 0 | 1 | 0 | 0 | 0 | 0 | 0 | 0 | 0 | 0 | 1 | 0 | 1 | 0 |
| S15 | 1 | 0 | 0 | 0 | 0 | 0 | 0 | 0 | 0 | 0 | 0 | 0 | 0 | 0 | 1 |

资料来源：笔者自制。

由此，依次求解出可达矩阵 $M$ 的可达集合 $R(S_i)$、先行集合 $A(S_i)$、共同集合 $C(S_i)$ 以及最高集要素集合 $L(S_i)$，如表 3-10 所示：

表 3-10　可达集合 $R(S_i)$、先行集合 $A(S_i)$ 及共同集合 $C(S_i)$

| 节点号 | 可达集合 $R(S_i)$ | 先行集合 $A(S_i)$ | 共同集合 $C(S_i)$ |
|---|---|---|---|
| 1 | 1 | 1, 2, 3, 5, 6, 7, 9, 10, 11, 12, 13, 14, 15 | 1 |
| 2 | 1, 2, 8 | 2 | 2 |
| 3 | 1, 3 | 3, 7, 9, 11, 13 | 3 |
| 4 | 4 | 4 | 4 |
| 5 | 1, 5 | 5 | 5 |
| 6 | 1, 6 | 6 | 6 |
| 7 | 1, 3, 7, 10 | 7 | 7 |
| 8 | 8 | 2, 8, 11 | 8 |
| 9 | 1, 3, 9 | 9 | 9 |
| 10 | 1, 10 | 7, 10, 11 | 10 |

续表

| 节点号 | 可达集合 $R(S_i)$ | 先行集合 $A(S_i)$ | 共同集合 $C(S_i)$ |
|---|---|---|---|
| 11 | 1, 3, 8, 10, 11, 12, 13, 14, 15 | 11 | 11 |
| 12 | 1, 12 | 11, 12, 14, 15 | 12 |
| 13 | 1, 13 | 11, 13 | 13 |
| 14 | 1, 3, 12, 14 | 11, 14 | 14 |
| 15 | 1, 12, 15 | 11, 15 | 15 |

资料来源：笔者自制。

根据式（3-26）和表 3-10 内容，可以将超大城市经济韧性二次评价指标体系划分出四个层次，如表 3-11 所示：

表 3-11　　　　　　　二次评价指标体系层次结构

| 层次 | 节点 |
|---|---|
| L1 | S1、S4、S8 |
| L2 | S2、S3、S5、S6、S10、S12、S13 |
| L3 | S7、S9、S14、S15 |
| L4 | S11 |

资料来源：笔者自制。

### 三　最终评价指标体系

由表 3-11 可知，超大城市二次评价指标体系中的 15 个二级指标可以划分为四层。由于对应的一级指标只有三个：抵抗力、恢复力和进化力，且 L4 层仅包含一个指标，故将 L4 层和 L3 层进行合并。由此可得：

L1 层对应抵抗力维度，共包含 3 个二级指标：经济发展水平 S1、社会保障水平 S4 和财政自给水平 S8；

L2 层对应恢复力维度，共包含 7 个二级指标：就业水平 S2、对外开放度 S3、固定资产投资水平 S5、地区工业规模 S6、产业结构多样度 S10、研发投入力度 S12、创新产出水平 S13；

L3 层和 L4 层对应进化力，共包含 5 个指标：经济集聚水平 S7、金融发展水平 S9、信息化发展水平 S11、创业活力 S14 和人力资本素质 S15。

基于层次性划分结构，对二级指标体系中的 15 个二级指标进行重新编号和分类，从而构建超大城市经济韧性最终评价指标体系，如表 3-12 所示：

表 3-12　　　超大城市经济韧性最终评价指标体系

| | 一级指标 | 二级指标 |
| --- | --- | --- |
| 超大城市经济韧性最终评价指标体系 | 抵抗力 | 经济发展水平 Q1 |
| | | 社会保障水平 Q2 |
| | | 财政自给水平 Q3 |
| | 恢复力 | 就业水平 Q4 |
| | | 对外开放度 Q5 |
| | | 固定资产投资水平 Q6 |
| | | 地区工业规模 Q7 |
| | | 产业结构多样度 Q8 |
| | | 研发投入力度 Q9 |
| | | 创新产出水平 Q10 |
| | 进化力 | 经济集聚水平 Q11 |
| | | 金融发展水平 Q12 |
| | | 信息化发展水平 Q13 |
| | | 创业活力 Q14 |
| | | 人力资本素质 Q15 |

资料来源：笔者自制。

## 第六节　小结

本章旨在优化现有经济韧性的量化方法，即在解决指标评价法存在的因果混淆、层次模糊等缺陷的基础上，构建出用于中国超大城市经济韧性评价的综合指标体系。本章依次构建了初始评价指标体系、二次评价指标体系和最终评价指标体系，用于后续章节对超大城市的经济韧性现状水平进行量化。

经济韧性的概念表明，经济韧性体现了经济系统在多个阶段的能力，分别是：面对冲击的脆弱性和敏感性，对冲击的抵抗能力（抵抗力）；从冲击中恢复正常功能的速度和能力（恢复力）；适应冲击，在冲击中学习并突破式发展的能力（进化力）。因此，从抵抗力、恢复力和进化力3个维度设计了评价框架。

按照可接受性、适用性、可度量性和可获得性原则，结合文献研究法和超大城市发展规划对评价指标进行初选。具体而言，借鉴了经济韧性理论研究中的1个高被引的经济韧性概念框架和2个公信力较高的指标体系，借鉴了经济韧性核心变量测度模型中普遍使用的变量（地区生产总值、就业或失业情况、固定资产投资和对外贸易总额），借鉴了经济韧性影响因素计量研究中的高频次显著性因素（产业多样化、创新水平、对外开放、财政支出、人力资本支出、金融发展水平及信息化水平），以及借鉴了7个超大城市的《国民经济和社会发展第十五个五年规划和二〇三五年远景目标纲要》。在此基础上，构建了超大城市经济韧性初始评价指标体系，包括3个一级指标和18个二级指标，每个一级指标涵盖6个指标。

对初始评价指标体系依次进行因果性分析，剔除了3个结果性指标：市场潜力、产业结构高级度和"新经济"部门发展水平，由此形成了超大城市经济韧性二次评价指标体系，包括3个一级指标和15个二级指标，其中抵抗力维度涵盖6个二级指标，恢复力维度涵盖5个二级指标，进化力维度涵盖4个二级指标。

对二次评价指标体系进行层次性分析，共划分出4个层次，但由于第4层仅包含一个指标，故与第3层进行合并。根据层次性分析结果将所有二级指标进行重新编号和隶属划分，从而得到超大城市经济韧性最终评价指标体系，包括三个维度15个指标，抵抗力维度涵盖3个指标（经济发展水平、社会保障水平、财政自给水平），恢复力维度涵盖7个指标（就业水平、对外开放度、固定资产投资水平、地区工业规模、产业结构多样度、研发投入力度、创新产出水平），进化力维度涵盖5个指标（经济集聚水平、金融发展水平、信息化发展水平、创业活力、人力资本素质）。

# 第四章　中国超大城市经济韧性的水平评价

本章将采用上一章构建的超大城市经济韧性的最终评价指标体系，对中国 7 个超大城市的经济韧性进行客观、科学地量化以及对比。本章研究内容分为三个部分：首先，将对超大城市经济韧性的最终评价指标体系进行指标赋权，为了增强赋权结果的可靠性，选择了结合层次分析法和改进熵权法的博弈论组合赋权法求取评价指标的组合权重；其次，考虑到对各个超大城市经济韧性的水平进行评价，实质上是一个多属性决策问题，类似于对多个备择方案进行排序，因此基于多准则优化折中解方法构建了相对评价模型；最后，由于经济韧性是超大城市经济系统在长期演化中形成的属性，因此利用象限分析法分析了各个超大城市在研究区间内经济韧性的变动路径和差异。

## 第一节　评价对象及数据来源

《中国城市建设统计年鉴 2022》显示全国共有超大城市 10 个，分别为上海、北京、深圳、重庆、广州、成都、天津、东莞、武汉、杭州。本书选择的评价对象为北京、天津、上海、广州、深圳、重庆和成都这 7 个超大城市。评价时间区间为 2010—2019 年，数据来源于《中国城市统计年鉴》（2011—2020）、城市发展规划以及国民统计公报。除此之外，部分缺失的数据取自中国工业企业数据库及《中国城市建设统计年鉴》（2010—2019）。所有数据均能够通过查阅后获得，无须采用插值法等方法进行数据处理。所有指标的数据描述性统计如表 4-1 所示。

表 4-1　　　　　　　　　评价指标数据描述性统计

| 评价指标 | 最大值 | 最小值 | 均值 | 标准差 |
| --- | --- | --- | --- | --- |
| 经济发展水平（元） | 203489.0000 | 27800.0000 | 104859.5090 | 39954.4265 |
| 社会保障水平（%） | 18.15 | 2.20 | 9.19 | 4.22 |
| 财政自给水平（%） | 140.96 | 44.04 | 86.70 | 22.28 |
| 就业水平（万人） | 1717.5200 | 705.1698 | 1090.2845 | 299.0293 |
| 对外开放度（%） | 233.12 | 10.43 | 77.65 | 54.05 |
| 固定资产投资水平（%） | 96.51 | 16.18 | 46.72 | 25.36 |
| 地区工业规模（亿元） | 37326.1578 | 5809.7349 | 21619.23539 | 7982.1077 |
| 产业结构多样度（%） | 266.70 | 181.52 | 235.52 | 20.75 |
| 研发投入力度（%） | 6.31 | 0.95 | 3.14 | 1.29 |
| 创新产出水平（件/亿元） | 6.8668 | 0.5141 | 1.8674 | 1.0321 |
| 经济集聚水平（个/平方公里） | 5.1750 | 0.1104 | 1.0851 | 1.1585 |
| 金融发展水平（%） | 755.20 | 283.03 | 442.00 | 129.38 |
| 信息化发展水平（%） | 12.92 | 0.98 | 3.72 | 2.45 |
| 创业活力（%） | 69.38 | 25.09 | 43.26 | 14.08 |
| 人力资本素质（人/万人） | 1214.5800 | 64.9094 | 401.4857 | 334.4298 |

资料来源：笔者自制。

## 第二节　评价指标赋权

当前常用的评价指标赋权方法主要分为三类：主观赋权法、客观赋权法和组合赋权法。主观赋权法是指专家或决策者依赖于个人知识或经验来赋权评价指标，如德尔菲法（Delphi）、网络层次分析法（ANP）、层次分析法（AHP）等均是主观赋权法，缺陷是过于依赖专家的个人判断，容易出现较大偏差；客观赋权法是指利用数学工具来分析各个指标的数据信息从而得到各个评价指标的权重，如主成分分析法（PCA）、熵值法、多目标规划法、标准离差法、均方差法等均是客观赋权法，缺陷在于未考虑主观能动性，且权重结果依赖于选取的数学工具。组合赋权法能够解决单独使用主观赋权法和客观赋权方法产生的问题，是一种结合了主观赋权和客观赋权的赋权方法。

因此，本书选取博弈论组合赋权法得出超大城市经济韧性最终评价指标体系中的各个评价指标的组合权重。博弈论组合赋权法的本质是分别计算主观权重和客观权重后，在两者之间寻找一致或妥协解，由此得到评价指标的最优组合权重。

## 一　主观赋权

本书运用层次分析法得到超大城市经济韧性最终评价指标体系中各项评价指标的主观权重。层次分析法（Analytic Hierarchy Process，AHP）由美国匹茨堡大学的 Saaty 教授于 1970 年首次提出，其原理是把一个系统性的决策问题分解为若干层次的子目标、子准则或子约束，并采用模糊量化方法来求解各个层次的单排序以及子目标/准则/约束的总排序。具体来说，层次分析法就是将一个多目标决策问题分解为目标层、准则层和方案层，并采用专家评分法确定方案层指标的重要性排序，从而得到判断矩阵并通过计算矩阵特征值和特征向量来求解出方案层所有指标的主观权重，并采用递阶归并的加权方法依次得到准则层和目标层的指标权重。主观赋权法具体流程如下所述。

### （一）构建递阶层次结构模型

递阶层次结构模型是在分析决策问题实际背景的前提下，将决策问题从上而下分解为目标层、准则层和方案层三个层次。其中，目标层为最高层，对下面的中间层产生影响；准则层为中间层，隶属于目标层，在受到目标层的影响同时又对方案层产生影响；方案层是最底层，隶属于准则层且受到准则层的影响。

根据第三章构建的超大城市经济韧性评价指标体系，形成超大城市经济韧性的递阶层次结构模型，如图 4-1 所示。

### （二）构建判断矩阵

由于目标层和准则层的指标权重通过递阶归并的方式获得，故只需要对方案层的指标进行赋权。通过对方案层指标的重要性进行两两判断从而量化各个指标的相对重要程度，进而构建出判断矩阵。判断矩阵具体形式如下：

$$C_u = (c_{ij})_{n\times n} = \begin{pmatrix} c_{11} & \cdots & c_{1n} \\ \vdots & \ddots & \vdots \\ c_{n1} & \cdots & c_{nn} \end{pmatrix} \quad (4-1)$$

式（4-1）中，$c_{ij}$ 代表指标 $i$ 和指标 $j$ 之间的相对重要性比较值。两两

90 / 中国超大城市经济韧性的系统分析

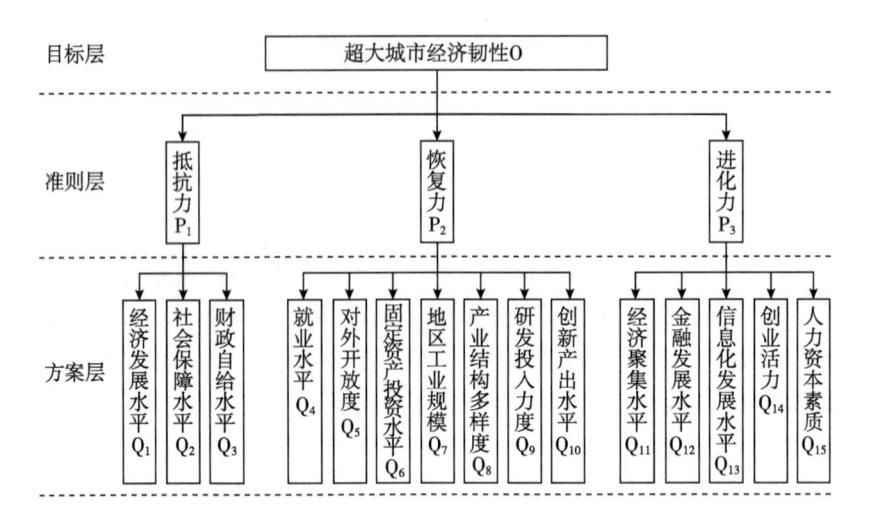

**图 4-1　超大城市经济韧性评价指标体系的递阶层次结构模型**

资料来源：笔者自绘。

指标间的重要性比较值主要采用 1—9 标度法中的标准进行判定，如表 4-2 所示。例如，指标 $i$ 和指标 $j$ 同等重要，则 $c_{ij}$ 等于 1；若指标 $i$ 比指标 $j$ 稍微重要，则 $c_{ij}$ 等于 3；若指标 $i$ 比指标 $j$ 显然重要，则 $c_{ij}$ 等于 5。

表 4-2　　　　　　　　　层次分析法 1—9 标度法

| 重要性比较 | 量化值 |
| --- | --- |
| 指标 $i$ 与 $j$ 同样重要 | 1 |
| 指标 $i$ 比 $j$ 稍微重要 | 3 |
| 指标 $i$ 比 $j$ 显然重要 | 5 |
| 指标 $i$ 比 $j$ 强烈重要 | 7 |
| 指标 $i$ 比 $j$ 极度重要 | 9 |
| 介于两个相邻判断结果的中间值 | 2, 4, 6, 8 |
| 指标 $j$ 比 $i$ 的重要性判断 | 倒数 |

资料来源：门业堃、钱梦迪、于钊等：《基于博弈论组合赋权的电力设备供应商模糊综合评价》，《电力系统保护与控制》2020 年第 21 期。

本书运用专家问卷法得出超大城市经济韧性最终评价指标体系中的指标间相对重要性比值，并基于上述结果形成判断矩阵。于 2021 年 8 月对专家发放调查问卷，所邀请的相关领域专家包括政府部门管理人员、高等学校教授、企业管理人员等共11人,具体调查问卷见附录1。11位参与超大城市经济韧性评价指标的权重确定的专家信息如表4-3所示:

表4-3　　　　　　　参与评价指标权重确定的专家信息

| 基本特征 | | 人数（%） | 基本特征 | | 人数（%） |
| --- | --- | --- | --- | --- | --- |
| 性别 | 男 | 7（63.64） | 职称 | 正高级 | 6（54.55） |
| | 女 | 4（36.36） | | 副高级 | 4（36.36） |
| 从事年限 | 5年以上 | 7（63.64） | | 中级 | 1（9.09） |
| | 3—5年 | 3（27.27） | 学历 | 博士 | 6（54.55） |
| | 3年以下 | 1（9.09） | | 硕士 | 3（27.27） |
| 职业 | 高校教师 | 6（54.55） | | 本科 | 2（18.18） |
| | 政府工作人员 | 2（18.18） | | | |
| | 企事业管理人员 | 3（27.27） | | | |

资料来源:笔者自制。

（三）计算判断矩阵最大特征值并进行一致性检验

运用MATLAB求解11名专家分别给出的判断矩阵的最大特征值,并分别进行一致性检验,若计算一致性比例$CR<0.1$,则代表该判断矩阵可用于计算指标权重。一致性比例$CR$计算公式如式（4-2）所示:

$$CR = \frac{CI}{RI} \tag{4-2}$$

其中,$CI$代表一致性指标,通过判断矩阵的特征值求解得到,计算如式（4-3）所示:

$$CI = \frac{\lambda_{\max} - n}{n - 1} \tag{4-3}$$

$RI$代表平均随机一致性指标,主要通过查表所得。平均随机一致性指标$RI$的取值参考如表4-4所示:

表4-4　　　　　　　平均随机一致性指标$RI$取值参考

| $n$ | 1 | 2 | 3 | 4 | 5 | 6 | 7 | 8 | 9 | 10 | 11 | 12 | 13 | 14 | 15 |
| --- | --- | --- | --- | --- | --- | --- | --- | --- | --- | --- | --- | --- | --- | --- | --- |
| $RI$ | 0 | 0 | 0.52 | 0.89 | 1.12 | 1.26 | 1.36 | 1.41 | 1.46 | 1.49 | 1.52 | 1.54 | 1.56 | 1.58 | 1.59 |

资料来源:邓雪、李家铭、曾浩健等:《层次分析法权重计算方法分析及其应用研究》,《数学的实践与认识》2012年第7期。

11个判断矩阵的最大特征值分别为(16.09, 19.24, 16.60, 15.38, 16.15, 17.94, 16.56, 16.47, 18.27, 18.35, 16.05), 故对应的一致性比例 $CR$ 为：(0.05, 0.19, 0.07, 0.02, 0.05, 0.13, 0.07, 0.07, 0.15, 0.15, 0.05)。按照 $CR<0.1$ 的标准，故有7个判断矩阵符合条件，其对应的最大特征值为(16.09, 16.60, 15.38, 16.15, 16.56, 16.47, 16.05)。

（四）求解指标权重

通过一致性检验后，归一化处理判断矩阵的特征向量，即可得到指标的主观权重，如式（4-4）：

$$\xi_k = (I_{1k}, I_{2k}, \cdots, I_{nk})^T \tag{4-4}$$

式（4-4）中，$k=7$，$n=15$，分别代表判断矩阵个数和指标个数。由于存在7个通过一致性检验的判断矩阵，需要对7个判断矩阵的特征向量取算术平均值，从而得到方案层各评价指标的主观权重：

$$w = \frac{\sum_1^k \xi_k}{k} \tag{4-5}$$

按照式（4-4）和式（4-5），得出方案层15个指标的主观权重，并通过递阶归并得到准则层3个指标的主观权重，从而得到超大城市经济韧性评价指标体系的主观权重，如表4-5所示：

表4-5　超大城市经济韧性评价指标的主观权重

| | 一级指标 | 二级指标 | 主观权重 | 排序 |
| --- | --- | --- | --- | --- |
| 超大城市经济韧性评价指标体系 | 抵抗力 (0.491) | 经济发展水平 Q1 | 0.260 | 1 |
| | | 社会保障水平 Q2 | 0.075 | 5 |
| | | 财政自给水平 Q3 | 0.156 | 2 |
| | 恢复力 (0.393) | 就业水平 Q4 | 0.069 | 7 |
| | | 对外开放度 Q5 | 0.079 | 3 |
| | | 固定资产投资水平 Q6 | 0.077 | 4 |
| | | 地区工业规模 Q7 | 0.071 | 6 |
| | | 产业结构多样度 Q8 | 0.028 | 10 |
| | | 研发投入力度 Q9 | 0.042 | 8 |
| | | 创新产出水平 Q10 | 0.027 | 11 |

续表

| 一级指标 | 二级指标 | 主观权重 | 排序 |
|---|---|---|---|
| | 经济集聚水平 Q11 | 0.020 | 13 |
| 超大城市经济韧性评价指标体系 | 金融发展水平 Q12 | 0.038 | 9 |
| 进化力(0.114) | 信息化发展水平 Q13 | 0.023 | 12 |
| | 创业活力 Q14 | 0.019 | 14 |
| | 人力资本素质 Q15 | 0.014 | 15 |

资料来源：笔者自制。

## 二 客观赋权

本书采用熵值法来确定超大城市经济韧性最终评价指标体系的客观权重。熵值法的本质是信息熵原理，即计算不同评价指标数据的差异和离散程度作为这些指标的权重。熵值法能够全面反映评价指标所有的数据信息，因此在求解客观权重时比较科学合理。熵值法多应用于时间序列数据，而本书对超大城市经济韧性进行评价时需要使用面板数据，因此，参考杨丽和孙之淳（2014）、方大春和马为彪（2019）等学者的研究方法，将传统熵值法中增加时间变量，也被称为改进后的熵值法。运用改进后的熵值法进行客观赋权的具体流程如下。

（一）指标设定

从研究对象来看，共有 10 个年份（2010—2019 年），7 个超大城市，15 个指标，故设 $Q_{\alpha ij}$ 表示第 $\alpha$ 年第 $i$ 城市的第 $j$ 项指标，且满足：$\alpha \in [1, 10]$，$i \in [1, 7]$，$j \in [1, 15]$。

（二）指标标准化处理

为了消除不同评价指标量纲单位对计算结果造成的影响，需要先进行标准化处理来统一量纲。本书将指标细分为效益型和成本型，并利用功效系数法来消除所有评价指标的量纲单位，即：

对于效益型（正向）指标：

$$Q'_{\alpha ij} = \frac{Q_{\alpha ij}}{Q_{\max}} \tag{4-6}$$

对于成本型（负向）指标：

$$Q'_{\alpha ij} = \frac{Q_{\min}}{Q_{\alpha ij}} \tag{4-7}$$

式（4-6）和式（4-7）中，$Q_{max}$ 和 $Q_{min}$ 分别代表第 $j$ 项指标的最大值和最小值；$Q_{\alpha ij}$ 和 $Q'_{\alpha ij}$ 则分别代表第 $j$ 项指标标准化处理前和处理后的值。

（三）指标归一化处理

对标准化后的评价指标数据采用归一化处理，如式（4-8）所示：

$$P_{\alpha ij} = \frac{Q'_{\alpha ij}}{\sum_{\alpha=1}^{10}\sum_{i=1}^{7} Q'_{\alpha ij}} \tag{4-8}$$

（四）计算指标熵值

计算归一化后的评价指标数据的信息效用值 $E_j$，计算方法如式（4-9）和式（4-10）所示：

$$E_j = -k \sum_{\alpha=1}^{10}\sum_{i=1}^{7} P_{\alpha ij} \ln(P_{\alpha ij}) \tag{4-9}$$

$$k = \ln(m \times k) = \ln 70 \tag{4-10}$$

（五）计算冗余度和权重

基于信息效用值计算该评价指标对应的冗余度，从而得到该评价指标的权重，如式（4-11）和式（4-12）所示：

$$D_j = 1 - E_j \tag{4-11}$$

$$W_j = \frac{D_j}{\sum_{j=1}^{n} D_j} \tag{4-12}$$

按照式（4-6）到式（4-12）对 7 个超大城市的原始数据进行处理，得到各个指标的信息熵、冗余度和权重，结果如表4-6所示：

表 4-6　　　　　评价指标的信息熵、冗余度和权重

| | 一级指标 | 二级指标 | 信息熵 | 冗余度 | 客观权重 | 排序 |
|---|---|---|---|---|---|---|
| 超大城市经济韧性评价指标体系 | 抵抗力（0.196） | 经济发展水平 Q1 | 20.597 | -19.597 | 0.044 | 12 |
| | | 社会保障水平 Q2 | 46.234 | -45.234 | 0.101 | 2 |
| | | 财政自给水平 Q3 | 23.948 | -22.948 | 0.051 | 10 |
| | 恢复力（0.501） | 就业水平 Q4 | 45.843 | -44.843 | 0.101 | 2 |
| | | 对外开放度 Q5 | 15.660 | -14.660 | 0.033 | 14 |
| | | 固定资产投资水平 Q6 | 55.741 | -54.741 | 0.123 | 1 |

续表

| 一级指标 | | 二级指标 | 信息熵 | 冗余度 | 客观权重 | 排序 |
|---|---|---|---|---|---|---|
| 超大城市经济韧性评价指标体系 | 恢复力 (0.501) | 地区工业规模 Q7 | 36.166 | -35.166 | 0.079 | 5 |
| | | 产业结构多样度 Q8 | 34.149 | -33.149 | 0.074 | 8 |
| | | 研发投入力度 Q9 | 19.280 | -18.280 | 0.041 | 13 |
| | | 创新产出水平 Q10 | 23.461 | -22.461 | 0.050 | 11 |
| | 进化力 (0.303) | 经济集聚水平 Q11 | 5.809 | -4.809 | 0.011 | 15 |
| | | 金融发展水平 Q12 | 26.813 | -25.813 | 0.058 | 9 |
| | | 信息化发展水平 Q13 | 35.286 | -34.286 | 0.077 | 6 |
| | | 创业活力 Q14 | 34.355 | -33.355 | 0.075 | 7 |
| | | 人力资本素质 Q15 | 37.467 | -36.467 | 0.082 | 4 |

资料来源：笔者自制。

### 三 组合赋权

本书选用博弈论组合赋权法得到超大城市经济韧性评价指标体系的组合权重，即在主观权重和客观权重之间寻找一个妥协解。博弈论组合赋权法流程如下：

假设评价指标的组合权重为 $w=(w_1, w_2, \cdots, w_n)^T$，则需要满足：

$$w_j = t_1\alpha_j + t_2\beta_j \quad (j=1, 2, \cdots, n) \tag{4-13}$$

式（4-13）中，$t_1$、$t_2$ 为权重组合系数，$w$ 即 $\left(\dfrac{w}{w_j}=t_1\alpha_j+t_2\beta_j, \ t_p>0, \ p=1, 2\right)$ 为各评价指标的组合权重向量集。

基于矩阵的微分性质，能够求解上述权重向量优化模型的最优一阶导数条件，需要满足：

$$\begin{pmatrix}\alpha\alpha^T \\ \alpha\beta^T\end{pmatrix}\begin{pmatrix}t_1 \\ t_2\end{pmatrix} = \begin{pmatrix}\alpha\alpha^T \\ \beta\beta^T\end{pmatrix} \tag{4-14}$$

由式（4-14）计算可得 $(t_1, t_2)$，对线性组合系数 $t_1$、$t_2$ 做归一化处理后：

$$t_p^* = \dfrac{t_p}{\sum\limits_{p=1}^{2} t_p} \tag{4-15}$$

从而得到评价指标的最优组合权重：

$$w^* = t_1^* \alpha_j + t_2^* \beta_j \tag{4-16}$$

将表4-5和表4-6所示的主观、客观权重代入式（4-14）中，运用MATLAB进行计算并按照式（4-15）进行归一化处理（结果保留3位小数），得到结果为 $t_1^* = 0.518$, $t_2^* = 0.482$。

将 $t_1^*$ 和 $t_2^*$ 的值代入式（4-16）中，得到超大城市经济韧性评价指标的最优组合权重如表4-7所示：

**表4-7　超大城市经济韧性评价指标的最优组合权重**

| 一级指标 | 二级指标 | 组合权重 | 排序 |
|---|---|---|---|
| 抵抗力<br>(0.349) | 经济发展水平 Q1 | 0.156 | 1 |
|  | 社会保障水平 Q2 | 0.088 | 4 |
|  | 财政自给水平 Q3 | 0.105 | 2 |
| 恢复力<br>(0.445) | 就业水平 Q4 | 0.084 | 5 |
|  | 对外开放度 Q5 | 0.057 | 7 |
|  | 固定资产投资水平 Q6 | 0.099 | 3 |
|  | 地区工业规模 Q7 | 0.075 | 6 |
|  | 产业结构多样度 Q8 | 0.050 | 8 |
|  | 研发投入力度 Q9 | 0.042 | 13 |
|  | 创新产出水平 Q10 | 0.038 | 14 |
| 进化力<br>(0.206) | 经济集聚水平 Q11 | 0.016 | 15 |
|  | 金融发展水平 Q12 | 0.048 | 10 |
|  | 信息化发展水平 Q13 | 0.049 | 9 |
|  | 创业活力 Q14 | 0.046 | 12 |
|  | 人力资本素质 Q15 | 0.047 | 11 |

（一级指标列合并项：超大城市经济韧性评价指标体系）

资料来源：笔者自制。

## 第三节　经济韧性水平评价

目前用于评价的方法有主成分分析法、神经网络法、优劣解距离法（TOPSIS）、数据包络分析法（DEA）以及多属性决策技术方法（MCDM）

等。由于对7个超大城市的经济韧性水平进行评价，主旨在于对各个超大城市所处的经济韧性水平层次进行划分，这涉及各个超大城市之间的相对比较，类似于解决具有多个属性的有限备选方案的排序问题，因此本书选择多准则优化折中解方法（VIKOR）作为研究方法。VIKOR方法是MCDM方法的一种，通过求解最优化妥协解来实现评价。并且，相较于TOPSIS方法，VIKOR方法的数据处理技术更加先进，求出的解也更接近理想解。

VIKOR方法最早由Opricovic教授于1998年提出，是一种基于理想解的多属性决策方法。VIKOR方法的主要原理在于分别求出所有候选方案的正理想解（基于评价准则的表现最优者）和负理想解（基于评价准则的表现最劣者），并在正理想解和负理想解之间进行取定。然后通过比较各个候选方案的评价值与理想解的差异程度来进行候选方案的排序。因此，VIKOR方法是在折中规划中以 $L_p$-metric 为基础发展起来的聚合函数，如式（4-17）所示：

$$L_{pj} = \left\{ \sum_{i=1}^{n} [W_j(f_i^+ - f_{ij})(f_i^+ - f_i^-)]^p \right\}^{1/p} \quad (4-17)$$

式（4-17）中，$L_{pj}$代表各个候选方案到理想解的距离，$f_{ij}$代表各个评价指标值，$f_i^+$和$f_i^-$分别代表正理想解和负理想解，$p$代表聚合函数的距离参数，一般为1，2或∞，$W_j$代表评价指标的权重。

## 一 评价流程

运用VIKOR方法进行超大城市经济韧性评价的具体流程如下。

### （一）指标设定

由于有7个超大城市和15个评价指标，令$f_{ij}$表示第$i$个超大城市的第$j$项指标，且满足$i \in [1, 7]$，$j \in [1, 15]$。

### （二）数据标准化处理

数据标准化处理结果与熵值法客观赋权中的数据标准化处理结果一致，此处不再进行赘述。

### （三）求解指标正负理想解

确定各个超大城市的各个评价指标对应的正理想解($f_j^+$)与负理想解($f_j^-$)，如式（4-18）和式（4-19）所示：

$$f_j^+ = [(\max_i f_{ij} | j \in I_1), (\min_i f_{ij} | j \in I_2)] \, \forall j \quad (4-18)$$

$$f_j^- = [(\min_i f_{ij} | j \in I_1), (\max_i f_{ij} | j \in I_2)] \, \forall j \quad (4-19)$$

式(4-18)和式(4-19)中，$I_1$ 表示效益型指标集合，$I_2$ 表示成本型指标集合。

（四）计算群体效用值和个体遗憾值

计算样本城市对应指标的群体效用值（Group utility valve）$S_i$ 和个体遗憾值（Individual regret valve）$R_i$，如式（4-20）和式（4-21）所示：

$$S_i = \sum_{j=1}^{n} w_j \frac{(f_j^+ - f_{ij})}{(f_j^+ - f_j^-)} \tag{4-20}$$

$$R_i = \max_j w_j \frac{(f_j^+ - f_{ij})}{(f_j^+ - f_j^-)} \tag{4-21}$$

式（4-20）和式（4-21）中，$w_j$ 表示指标权重，为前一节中的组合赋权结果。群体效用值 $S_i$ 越小，代表群体效用越大，个体遗憾值 $R_i$ 越小，代表个体遗憾越小。

（五）计算折中值

计算各个超大城市的折中值 $V_i$，如式（4-22）所示：

$$V_i = \nu \frac{S_i - S^*}{S^* - S^-} + (1 - \nu) \frac{R_i - R^*}{R^* - R^-} \tag{4-22}$$

其中，$S^* = \min_i S_i$，$S^- = \max_i S_i$，$R^* = \min_i R_i$，$R^- = \max_i R_i$。$\nu$ 表示群体效用和个体遗憾之间的调节系数。如果 $\nu$ 大于 0.5，代表更加重视群体满意度，如果 $\nu$ 小于 0.5，代表更加重视个体遗憾度。在具体实践中通常假设 $\nu$ 等于 0.5，表明将按照均衡折中方式展开评价，从而强化群体效用并减少负面影响。

（六）确定折中值排序

先根据第 5 步得到折中值大小进行初次排序，如 $A^{(1)}$，$A^{(2)}$，$A^{(3)}$，$A^{(4)}$，$A^{(5)}$。之后进行二次排序，根据以下两个排序准则：

判定准则 1：可接受的优势

可接受的优势准则的数学表达式为：

$$V[A^{(i)}] - V[A^{(i-1)}] \geqslant 1/(n-1) \tag{4-23}$$

式(4-23)中，$n$ 为指标个数。换言之，可接受的优势准则是指排序仅差一位的两个候选方案的折中值差值必须超过 $1/(n-1)$ 的门槛值。

判定准则 2：可接受的稳定性

可接受的稳定性准则是指 $A^{(1)}$ 的群体效用值 $S_i$ 或个体遗憾值 $R_i$

最小。

综合以上两个判断准则，若同时满足条件1和条件2，则 $A^{(1)}$ 排序第一；若仅满足条件1，则 $A^{(1)}$ 和 $A^{(2)}$ 共同排序第一；若仅满足条件2，则得到妥协解方案为：$A^{(1)}$，$A^{(2)}$，…，$A^{(r)}$，并由 $V[A^{(r)}]-V[A^{(1)}]<1/(n-1)$ 确定最大化的 $r$ 值，且将 $A^{(1)}$，$A^{(2)}$，…，$A^{(r)}$ 均视为统一排序。

（七）计算超大城市经济韧性系数

设 $U_{ER}$ 表示超大城市经济韧性系数，由于折中值越小表明该候选方案更优，因此令折中值越小的超大城市经济韧性水平越高，$U_{ER}$ 的表达式设置为：

$$U_{ER}=1-V \tag{4-24}$$

## 二 评价结果及对比

结合评价流程，运用7个超大城市2010—2019年相关指标数据，可以计算出每一年7个超大城市经济韧性的群体效用值 $S$、个体遗憾值 $R$、折中值 $V$ 以及经济韧性系数 $U_{ER}$，并进行排序。其中群体效用值和个体遗憾值之间的调节系数 $v$ 取0.5。以2019年为例进行详细说明，如表4-8所示：

表4-8　　　　　　　2019年超大城市经济韧性评价结果

| 城市 | 群体效用值 $S$ | 个体遗憾值 $R$ | 折中值 $V$ | 经济韧性系数 $U_{ER}$ |
| --- | --- | --- | --- | --- |
| 北京 | 0.4850 | 0.0969 | 0.1965 | 0.8035 |
| 天津 | 0.5742 | 0.1382 | 0.7020 | 0.2980 |
| 上海 | 0.4665 | 0.0990 | 0.1681 | 0.8319 |
| 广州 | 0.6239 | 0.0861 | 0.4460 | 0.5540 |
| 深圳 | 0.4344 | 0.0956 | 0.0681 | 0.9319 |
| 重庆 | 0.5868 | 0.1560 | 0.8587 | 0.1413 |
| 成都 | 0.6468 | 0.1223 | 0.7592 | 0.2408 |

资料来源：笔者自制。

2019年评价结果显示，深圳经济韧性系数达到0.9319，表明深圳在应对经济波动和恢复能力方面表现较为突出。上海和北京分别达到0.8319和0.8035的经济韧性系数，这两个城市的经济韧性同样表现良好。广州的经济韧性系数为0.5540，表明其在经济韧性方面表现中等。

天津和成都的经济韧性系数较低，分别为 0.2980 和 0.2408。重庆的经济韧性系数较低，仅为 0.1413。

以下继续对 2010—2018 年 7 个超大城市的经济韧性情况进行展示，如表 4-9 至表 4-17 所示：

表 4-9　　　　　　　　2010 年超大城市经济韧性评价结果

| 城市 | 群体效用值 S | 个体遗憾值 R | 折中值 V | 经济韧性系数 $U_{ER}$ |
| --- | --- | --- | --- | --- |
| 北京 | 0.4305 | 0.0732 | 0.0000 | 1.0000 |
| 天津 | 0.5842 | 0.0816 | 0.3579 | 0.6421 |
| 上海 | 0.4581 | 0.0836 | 0.1182 | 0.8818 |
| 广州 | 0.5647 | 0.0834 | 0.3297 | 0.6703 |
| 深圳 | 0.5630 | 0.0990 | 0.4205 | 0.5795 |
| 重庆 | 0.6810 | 0.1560 | 1.0000 | 0.0000 |
| 成都 | 0.6340 | 0.1287 | 0.7413 | 0.2587 |

资料来源：笔者自制。

2010 年超大城市经济韧性评估显示，北京的经济韧性较强，得益于较高的群体效用值和较低的折中值。上海也表现出较高的经济活力。天津、广州、深圳的经济韧性受个体遗憾值和折中值影响，表现中等。重庆和成都尽管群体效用值较高，但由于折中值过高，经济韧性显著受限。

表 4-10　　　　　　　　2011 年超大城市经济韧性评价结果

| 城市 | 群体效用值 S | 个体遗憾值 R | 折中值 V | 经济韧性系数 $U_{ER}$ |
| --- | --- | --- | --- | --- |
| 北京 | 0.4440 | 0.0700 | 0.0000 | 1.0000 |
| 天津 | 0.6030 | 0.0840 | 0.4562 | 0.5438 |
| 上海 | 0.4811 | 0.0854 | 0.1769 | 0.8231 |
| 广州 | 0.5801 | 0.0839 | 0.4014 | 0.5986 |
| 深圳 | 0.5343 | 0.0990 | 0.3814 | 0.6186 |
| 重庆 | 0.6437 | 0.1560 | 0.9705 | 0.0295 |
| 成都 | 0.6562 | 0.1290 | 0.8430 | 0.1570 |

资料来源：笔者自制。

2011年超大城市经济韧性评估显示，北京依然展现出强劲的经济韧性。上海也表现出较高的经济韧性。天津、广州和深圳的经济韧性表现出一定的波动。重庆和成都的经济韧性明显低于其他超大城市。

表4-11　　　　　　2012年超大城市经济韧性评价结果

| 城市 | 群体效用值 $S$ | 个体遗憾值 $R$ | 折中值 $V$ | 经济韧性系数 $U_{ER}$ |
| --- | --- | --- | --- | --- |
| 北京 | 0.4468 | 0.0740 | 0.0000 | 1.0000 |
| 天津 | 0.6084 | 0.0809 | 0.3951 | 0.6049 |
| 上海 | 0.5143 | 0.0873 | 0.2289 | 0.7711 |
| 广州 | 0.5960 | 0.0817 | 0.3731 | 0.6269 |
| 深圳 | 0.5106 | 0.0990 | 0.2919 | 0.7081 |
| 重庆 | 0.6489 | 0.1560 | 0.9413 | 0.0587 |
| 成都 | 0.6758 | 0.1253 | 0.8131 | 0.1869 |

资料来源：笔者自制。

2012年超大城市经济韧性评估显示，各城市的经济韧性表现差异明显。北京继续保持较稳定的经济韧性。其他城市如天津、上海、广州和深圳，经济韧性系数有所波动。重庆和成都的经济韧性水平仍然显著偏低。

表4-12　　　　　　2013年超大城市经济韧性评价结果

| 城市 | 群体效用值 $S$ | 个体遗憾值 $R$ | 折中值 $V$ | 经济韧性系数 $U_{ER}$ |
| --- | --- | --- | --- | --- |
| 北京 | 0.4709 | 0.0749 | 0.0000 | 1.0000 |
| 天津 | 0.5999 | 0.0814 | 0.3586 | 0.6414 |
| 上海 | 0.5216 | 0.0876 | 0.2035 | 0.7965 |
| 广州 | 0.6104 | 0.0836 | 0.3979 | 0.6021 |
| 深圳 | 0.5014 | 0.0990 | 0.2238 | 0.7762 |
| 重庆 | 0.6371 | 0.1560 | 0.9104 | 0.0896 |
| 成都 | 0.6734 | 0.1276 | 0.8251 | 0.1749 |

资料来源：笔者自制。

2013年超大城市经济韧性评估结果显示，各城市在群体效用值和个体遗憾值上表现各异。北京继续保持其经济韧性的优势。天津、上海、广州、深圳等城市在群体效用方面表现较为强劲。重庆和成都的经济韧性系数偏低。

表 4-13　　　　　　　2014 年超大城市经济韧性评价结果

| 城市 | 群体效用值 $S$ | 个体遗憾值 $R$ | 折中值 $V$ | 经济韧性系数 $U_{ER}$ |
| --- | --- | --- | --- | --- |
| 北京 | 0.4878 | 0.0766 | 0.0000 | 1.0000 |
| 天津 | 0.6090 | 0.0786 | 0.3490 | 0.6510 |
| 上海 | 0.5062 | 0.0888 | 0.1280 | 0.8720 |
| 广州 | 0.6235 | 0.0802 | 0.3995 | 0.6005 |
| 深圳 | 0.5177 | 0.0990 | 0.2241 | 0.7759 |
| 重庆 | 0.6192 | 0.1560 | 0.8650 | 0.1350 |
| 成都 | 0.6678 | 0.1287 | 0.8282 | 0.1718 |

资料来源：笔者自制。

2014 年，各超大城市的经济韧性评估结果反映出城市间在应对经济挑战方面的差异性。北京继续表现出强劲的经济韧性。其他城市如天津、广州、深圳和上海在群体效用上表现出色。重庆的经济韧性系数有一定提升，成都经济韧性系数变化较小。

表 4-14　　　　　　　2015 年超大城市经济韧性评价结果

| 城市 | 群体效用值 $S$ | 个体遗憾值 $R$ | 折中值 $V$ | 经济韧性系数 $U_{ER}$ |
| --- | --- | --- | --- | --- |
| 北京 | 0.4761 | 0.0809 | 0.0188 | 0.9812 |
| 天津 | 0.5980 | 0.0780 | 0.3775 | 0.6225 |
| 上海 | 0.5117 | 0.0918 | 0.1986 | 0.8014 |
| 广州 | 0.6089 | 0.0823 | 0.4387 | 0.5613 |
| 深圳 | 0.5484 | 0.0990 | 0.3587 | 0.6413 |
| 重庆 | 0.5894 | 0.1560 | 0.8509 | 0.1491 |
| 成都 | 0.6375 | 0.1346 | 0.8631 | 0.1369 |

资料来源：笔者自制。

2015 年超大城市经济韧性评估显示，北京表现出较高的经济韧性，上海的经济韧性表现出一定的稳定性，深圳的经济韧性略有下降。天津和广州的经济韧性在群体效用上表现良好。而重庆和成都的高折中值仍然是限制其进一步发展的关键因素。

表 4-15　　　　　2016 年超大城市经济韧性评价结果

| 城市 | 群体效用值 $S$ | 个体遗憾值 $R$ | 折中值 $V$ | 经济韧性系数 $U_{ER}$ |
| --- | --- | --- | --- | --- |
| 北京 | 0.4950 | 0.0840 | 0.0302 | 0.9698 |
| 天津 | 0.6282 | 0.0832 | 0.5000 | 0.5000 |
| 上海 | 0.4882 | 0.0953 | 0.0830 | 0.9170 |
| 广州 | 0.6212 | 0.0848 | 0.4861 | 0.5139 |
| 深圳 | 0.5252 | 0.0990 | 0.2407 | 0.7593 |
| 重庆 | 0.5890 | 0.1560 | 0.8600 | 0.1400 |
| 成都 | 0.6136 | 0.1343 | 0.7986 | 0.2014 |

资料来源：笔者自制。

2016 年超大城市经济韧性评估显示，北京的经济韧性依然较高，上海和深圳表现稳定，但上海的个体遗憾值略有上升，影响了整体韧性。天津和广州尽管在群体效用方面表现优异，但较高的折中值削弱了其经济适应力。重庆和成都的折中值依然较高。

表 4-16　　　　　2017 年超大城市经济韧性评价结果

| 城市 | 群体效用值 $S$ | 个体遗憾值 $R$ | 折中值 $V$ | 经济韧性系数 $U_{ER}$ |
| --- | --- | --- | --- | --- |
| 北京 | 0.5239 | 0.0867 | 0.1054 | 0.8946 |
| 天津 | 0.6304 | 0.0878 | 0.4464 | 0.5536 |
| 上海 | 0.4902 | 0.0990 | 0.0887 | 0.9113 |
| 广州 | 0.6334 | 0.0871 | 0.4514 | 0.5486 |
| 深圳 | 0.5093 | 0.0988 | 0.1471 | 0.8529 |
| 重庆 | 0.6108 | 0.1560 | 0.8776 | 0.1224 |
| 成都 | 0.6499 | 0.1270 | 0.7907 | 0.2093 |

资料来源：笔者自制。

2017 年超大城市经济韧性评估反映北京的经济韧性表现依旧稳健，上海和深圳的经济韧性相对较强。天津和广州尽管效用值较高，但较大的折中值限制了其韧性提升。重庆和成都的经济韧性仍然偏低。

表 4-17　　　　　　　　2018 年超大城市经济韧性评价结果

| 城市 | 群体效用值 $S$ | 个体遗憾值 $R$ | 折中值 $V$ | 经济韧性系数 $U_{ER}$ |
|---|---|---|---|---|
| 北京 | 0.5320 | 0.0935 | 0.1790 | 0.8210 |
| 天津 | 0.6169 | 0.0940 | 0.4251 | 0.5749 |
| 上海 | 0.5088 | 0.0984 | 0.1488 | 0.8512 |
| 广州 | 0.6593 | 0.0877 | 0.5000 | 0.5000 |
| 深圳 | 0.4841 | 0.0990 | 0.0826 | 0.9174 |
| 重庆 | 0.5952 | 0.1560 | 0.8170 | 0.1830 |
| 成都 | 0.6297 | 0.1230 | 0.6735 | 0.3265 |

资料来源：笔者自制。

2018 年，各超大城市的经济韧性系数表现出不同的特点。北京的经济韧性系数较高，上海和深圳同样表现出较强的韧性，说明它们在应对经济波动时具备良好的适应力。天津和广州的经济韧性系数相对较低，重庆和成都的高折中值显著降低了它们的经济韧性系数。

前述研究表明，采用 VIKOR 方法评价后得到的超大城市经济韧性值均处于 0—1 的区间内，因此对超大城市经济韧性水平进行划分。基于文献研究，对经济韧性水平划分标准如表 4-18 所示：

表 4-18　　　　　　　　超大城市经济韧性水平划分标准

| 经济韧性等级 | 经济韧性系数取值范围 |
|---|---|
| 高韧性（H） | $0.80 < U_{ER} \leq 1.00$ |
| 较高韧性（VH） | $0.60 < U_{ER} \leq 0.80$ |
| 中等韧性（M） | $0.40 < U_{ER} \leq 0.60$ |
| 较低韧性（VL） | $0.20 < U_{ER} \leq 0.40$ |
| 低韧性（L） | $0.00 < U_{ER} \leq 0.20$ |

资料来源：笔者自制。

表 4-18 中，经济韧性水平划分出了 5 个等级，分别是高韧性、较高韧性、中等韧性、较低韧性和低韧性，对应的经济韧性取值范围为（0.80，1.00］、（0.60，0.80］、（0.40，0.60］、（0.20，0.40］、（0.00，0.20］。对前述 2010—2019 年 7 个超大城市经济韧性水平评价结果统一进行总结，结果如表 4-19 所示：

表 4-19　　　　2010—2019 年超大城市经济韧性评价结果

| 年份<br>城市 | 2010<br>$U_{ER}$ | 2011<br>$U_{ER}$ | 2012<br>$U_{ER}$ | 2013<br>$U_{ER}$ | 2014<br>$U_{ER}$ |
| --- | --- | --- | --- | --- | --- |
| 北京 | 1.0000 | 1.0000 | 1.0000 | 1.0000 | 1.0000 |
| 天津 | 0.6421 | 0.5438 | 0.6049 | 0.6414 | 0.6510 |
| 上海 | 0.8818 | 0.8231 | 0.7711 | 0.7965 | 0.8720 |
| 广州 | 0.6703 | 0.5986 | 0.6269 | 0.6021 | 0.6005 |
| 深圳 | 0.5795 | 0.6186 | 0.7081 | 0.7762 | 0.7759 |
| 重庆 | 0.0000 | 0.0295 | 0.0587 | 0.0896 | 0.1350 |
| 成都 | 0.2587 | 0.1570 | 0.1869 | 0.1749 | 0.1718 |

| 年份<br>城市 | 2015<br>$U_{ER}$ | 2016<br>$U_{ER}$ | 2017<br>$U_{ER}$ | 2018<br>$U_{ER}$ | 2019<br>$U_{ER}$ |
| --- | --- | --- | --- | --- | --- |
| 北京 | 0.9812 | 0.9698 | 0.8946 | 0.8210 | 0.8035 |
| 天津 | 0.6225 | 0.5000 | 0.5536 | 0.5749 | 0.2980 |
| 上海 | 0.8014 | 0.9170 | 0.9113 | 0.8512 | 0.8319 |
| 广州 | 0.5613 | 0.5139 | 0.5486 | 0.5000 | 0.5540 |
| 深圳 | 0.6413 | 0.7593 | 0.8529 | 0.9174 | 0.9319 |
| 重庆 | 0.1491 | 0.1400 | 0.1224 | 0.1830 | 0.1413 |
| 成都 | 0.1369 | 0.2014 | 0.2093 | 0.3265 | 0.2408 |

资料来源：笔者自制。

从表 4-19 来看，7 个超大城市的经济韧性水平在过去十年里发生了明显的变化。

2010—2011 年，北京的经济韧性水平保持较高，上海次之，天津、广州、深圳的经济韧性水平相当，成都和重庆的经济韧性水平相对较低。

2012—2013 年，北京的经济韧性水平依然保持较高，深圳的经济韧性水平有所提升，并与上海接近。天津与广州的经济韧性相当，成都和重庆的经济韧性水平稍逊。

2013—2014 年，北京的经济韧性水平继续保持较高，深圳的经济韧性水平有所降低，重庆的经济韧性水平有所上升。2014 年，深圳的经济韧性水平有所变化，天津和广州的经济韧性水平相近，成都和重庆的经济韧性水平相当。2015 年，天津、广州和深圳的经济韧性水平相似，成都和重庆的经济韧性水平继续保持一致。

2016年，上海的经济韧性水平开始上升且与北京逐渐接近，其次是深圳、广州和天津，成都和重庆的经济韧性水平仍然偏低。

2017—2018年，深圳的经济韧性水平再次上升，并不断接近北京和上海，其次是天津、广州、成都和重庆。

2019年，深圳的经济韧性水平继续保持上升且超过北京和上海，成都的经济韧性水平有所上升，与天津经济韧性水平接近，重庆的经济韧性水平较低。

按照表4-19给出的经济韧性分类等级，可以发现在7个超大城市中：北京在2010—2019年始终属于较高经济韧性等级；天津在2010年、2012—2015年属于高经济韧性等级，在2011年、2016—2018年属于中经济韧性等级，但在2019年跌入低经济韧性等级；上海只有在2012年和2013年属于高经济韧性等级，其余年份均属于较高经济韧性等级；广州在2010年、2012—2014年进入了高经济韧性等级，其余年份仍保持在中等经济韧性等级；深圳从2011年起进入了高经济韧性等级，自2017年起进入了较高经济韧性等级；重庆在2010—2019年始终处于较低经济韧性等级；成都在2010年、2016—2019年处于低经济韧性等级，其余年份处于较低经济韧性等级。具体如图4-2所示：

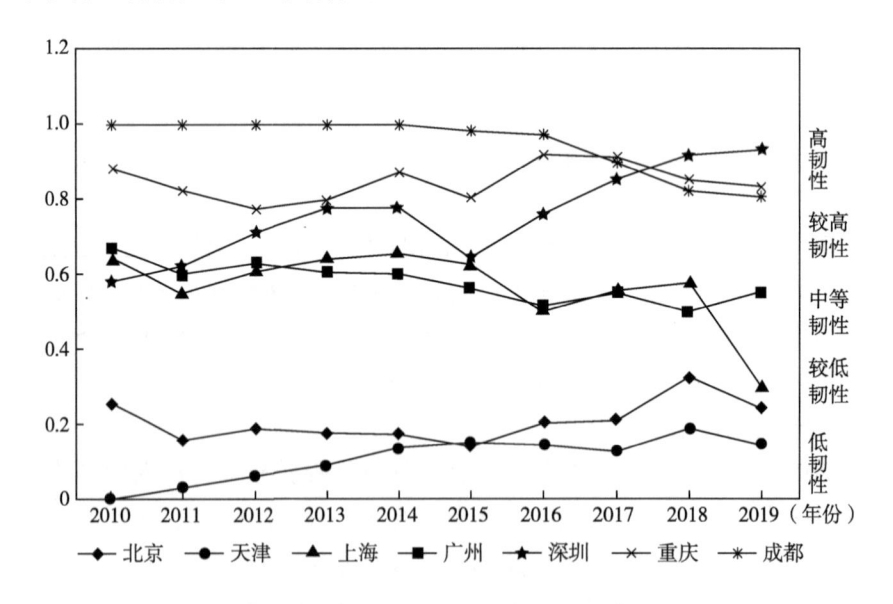

图4-2 超大城市经济韧性评价结果

资料来源：笔者自绘。

由此可得到 2010—2019 年每年度不同经济韧性等级的超大城市个数，如表 4-20 所示：

表 4-20　　　2010—2019 年超大城市经济韧性等级分布　　　单位：个

| 经济韧性等级＼年份 | 2010 | 2011 | 2012 | 2013 | 2014 |
| --- | --- | --- | --- | --- | --- |
| 高韧性 | 2 | 2 | 1 | 1 | 2 |
| 较高韧性 | 2 | 1 | 4 | 4 | 3 |
| 中等韧性 | 1 | 2 | 0 | 0 | 0 |
| 较低韧性 | 1 | 0 | 0 | 0 | 0 |
| 低韧性 | 1 | 2 | 2 | 2 | 2 |
| 较高韧性以上城市比例（%） | 57.14 | 42.86 | 71.43 | 71.43 | 71.43 |

| 经济韧性等级＼年份 | 2015 | 2016 | 2017 | 2018 | 2019 |
| --- | --- | --- | --- | --- | --- |
| 高韧性 | 2 | 2 | 3 | 3 | 3 |
| 较高韧性 | 2 | 1 | 0 | 0 | 0 |
| 中等韧性 | 1 | 2 | 2 | 2 | 1 |
| 较低韧性 | 0 | 1 | 1 | 1 | 2 |
| 低韧性 | 2 | 1 | 1 | 1 | 1 |
| 较高韧性以上城市比例（%） | 57.14 | 42.86 | 42.86 | 42.86 | 42.86 |

资料来源：笔者自制。

从表 4-20 也能看出，高经济韧性和较高经济韧性的超大城市比例正在逐年减少，自 2016 年起，该比例下降到了 42.86%，即 3 个超大城市。

## 第四节　经济韧性子维度水平评价

按照第三节的评价流程，同样采用 VIKOR 方法对超大城市经济韧性的三个子维度进行评价，分别是：抵抗力韧性、恢复力韧性和进化力韧性。超大城市 2010—2019 年经济韧性三个子维度的评价结果如表 4-21 所示：

表 4-21　超大城市 2010—2019 年经济韧性子维度评价结果

| 城市 | 年份 | 2010 | 2011 | 2012 | 2013 | 2014 | 2015 | 2016 | 2017 | 2018 | 2019 |
|---|---|---|---|---|---|---|---|---|---|---|---|
| 北京 | 抵抗力 | 0.9285 | 1 | 0.998 | 0.8705 | 0.897 | 0.9369 | 0.8278 | 0.8482 | 0.8837 | 0.9665 |
| | 恢复力 | 0.8786 | 0.8871 | 0.8101 | 0.7864 | 0.75 | 0.6114 | 0.5923 | 0.5547 | 0.4325 | 0.4451 |
| | 进化力 | 0.6493 | 0.4596 | 0.4189 | 0.6146 | 0.454 | 0.6777 | 0.5596 | 0.4827 | 0.4042 | 0.2762 |
| 天津 | 抵抗力 | 0.7639 | 0.8127 | 0.829 | 0.7699 | 0.783 | 0.7828 | 0.6744 | 0.6966 | 0.6898 | 0.2163 |
| | 恢复力 | 0.5527 | 0.5301 | 0.5402 | 0.5963 | 0.6203 | 0.6071 | 0.5271 | 0.4348 | 0.4569 | 0.6579 |
| | 进化力 | 0.2138 | 0 | 0 | 0 | 0 | 0 | 0 | 0 | 0.1461 | 0.5 |
| 上海 | 抵抗力 | 0.9633 | 0.9383 | 0.8744 | 0.8003 | 0.8526 | 0.8105 | 1 | 1 | 0.9539 | 0.9871 |
| | 恢复力 | 0.7 | 0.6549 | 0.5534 | 0.5434 | 0.5868 | 0.4937 | 0.4775 | 0.4392 | 0.4268 | 0.4522 |
| | 进化力 | 0.8235 | 0.6513 | 0.5424 | 0.5951 | 0.6214 | 0.8834 | 0.6194 | 0.7329 | 0.6889 | 0.5975 |
| 广州 | 抵抗力 | 1 | 0.8799 | 0.8833 | 0.8498 | 0.8578 | 1 | 0.7604 | 0.6808 | 0.6842 | 0.7034 |
| | 恢复力 | 0.2285 | 0.2019 | 0.214 | 0.1831 | 0.2103 | 0.187 | 0.169 | 0.1413 | 0.1343 | 0.1539 |
| | 进化力 | 0.6545 | 1 | 1 | 1 | 0.997 | 0.5622 | 0.9649 | 0.5081 | 0.418 | 0.3676 |
| 深圳 | 抵抗力 | 0.8108 | 0.7724 | 0.8914 | 0.9231 | 0.8921 | 0.8297 | 0.7782 | 0.7822 | 0.8569 | 0.8258 |
| | 恢复力 | 0.2284 | 0.242 | 0.2075 | 0.2674 | 0.2237 | 0.1926 | 0.2285 | 0.2503 | 0.325 | 0.4941 |
| | 进化力 | 0.3159 | 0.4683 | 0.52 | 0.4753 | 0.5906 | 0.6333 | 0.5994 | 0.66 | 0.6151 | 0.5945 |
| 重庆 | 抵抗力 | 0 | 0 | 0 | 0 | 0 | 0 | 0 | 0 | 0 | 0 |
| | 恢复力 | 0.9115 | 0.9386 | 0.9092 | 0.954 | 1 | 1 | 1 | 1 | 1 | 1 |
| | 进化力 | 0 | 0.2055 | 0.2432 | 0.3095 | 0.3446 | 0.4037 | 0.3149 | 0.205 | 0.2225 | 0.144 |
| 成都 | 抵抗力 | 0.2703 | 0.2964 | 0.3408 | 0.3116 | 0.3458 | 0.38 | 0.4129 | 0.3659 | 0.4219 | 0.4147 |
| | 恢复力 | 0.4607 | 0.4089 | 0.3606 | 0.3681 | 0.3082 | 0.2693 | 0.3065 | 0.3392 | 0.4248 | 0.3304 |
| | 进化力 | 0.7882 | 0.5954 | 0.3009 | 0.2804 | 0.4353 | 0.6949 | 0.5346 | 0.5831 | 0.7156 | 0.4922 |

资料来源：笔者自制。

将 2010—2019 年 7 个超大城市子维度韧性变化情况绘制成折线图，如图 4-3 所示：

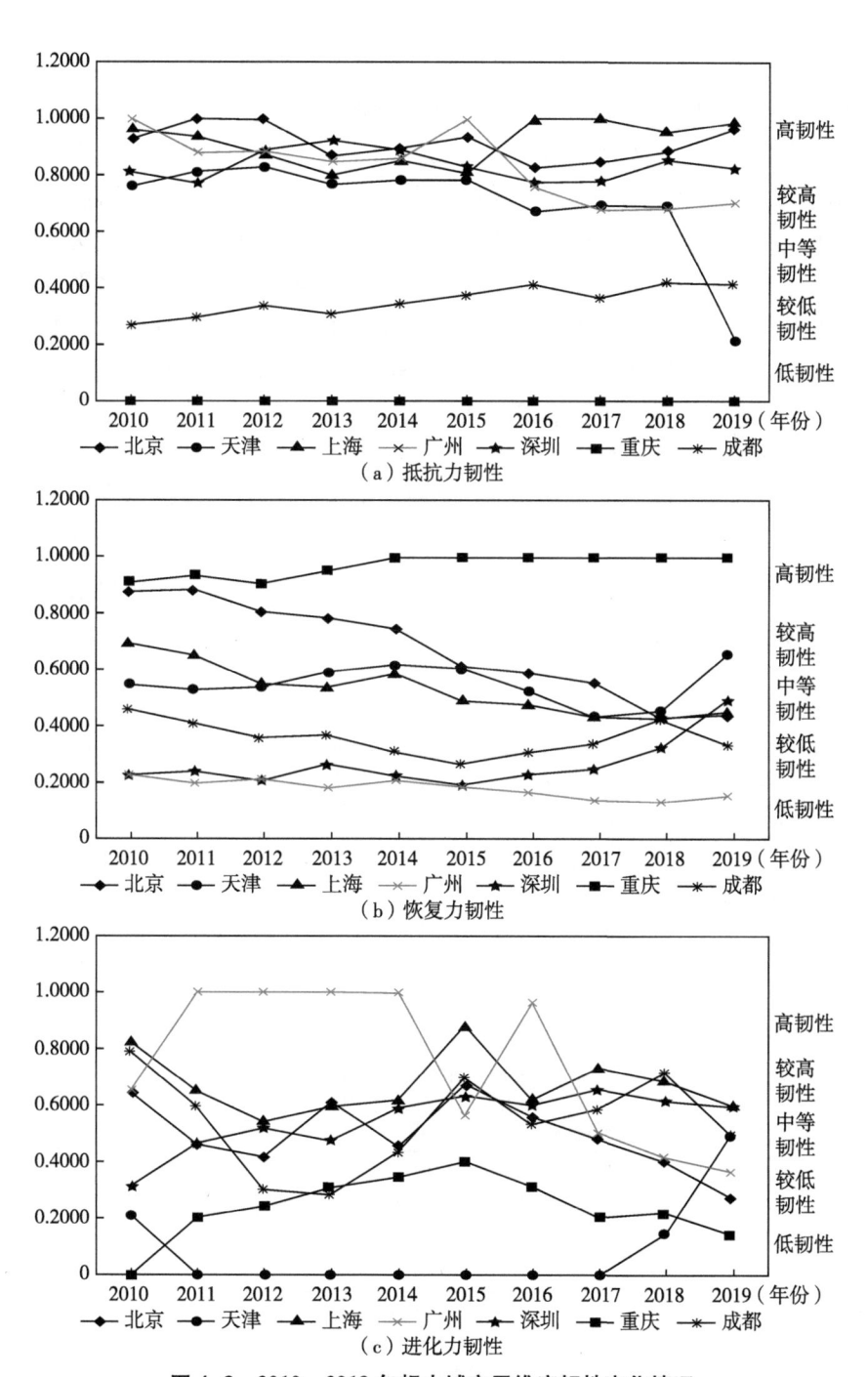

图 4-3 2010—2019 年超大城市子维度韧性变化情况

资料来源：笔者自绘。

结合图4-3和表4-18给出的划分标准可以发现,在2010—2019年各个超大城市的抵抗力韧性水平基本保持稳定,恢复力韧性水平出现了一些波动,而进化力韧性水平则波动剧烈。其中,在抵抗力韧性上,除重庆市外,其余城市的抵抗力韧性基本在中等韧性水平之上,且北京、广州、深圳具有高水平的抵抗力韧性;在恢复力韧性上,只有重庆市的恢复力韧性位于高韧性水平,其余超大城市基本处于中等韧性水平及以下水平的区间;在进化力韧性上,各个超大城市的进化力韧性变动幅度较大,只有广州市在2011—2014年内连续处于高韧性水平区间内,相较而言,上海市和深圳市具有较高水平的进化力韧性,天津市和重庆市具有较低水平的进化力韧性。

为进一步明确超大城市在经济韧性"抵抗—恢复—进化"三个维度的水平差异,运用象限分析法(Quadrant Method),对经济韧性的抵抗力韧性、恢复力韧性和进化力韧性评价结果进行两两对比,按照象限分析图,对超大城市经济韧性具体划分为12个小类,如图4-4所示:

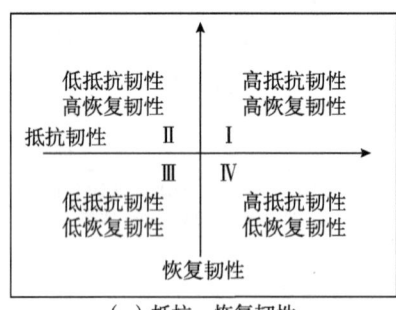

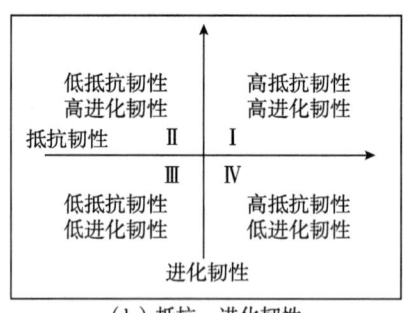

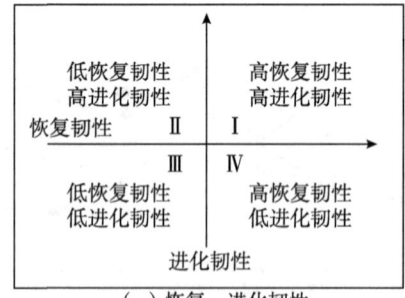

图4-4 经济韧性象限分析

资料来源:笔者自绘。

其中，象限Ⅰ代表该超大城市的经济韧性两个子维度水平都比较强，象限Ⅲ代表该超大城市的经济韧性两个子维度水平都比较弱，象限Ⅱ和Ⅳ中代表该超大城市的经济韧性一个维度水平比较强，另一个维度水平比较弱。

基于表4-21的评价结果，结合图4-4所示的超大城市经济韧性象限划分，可以绘制出超大城市经济韧性两两维度对比的象限分析图。选取2010年、2013年、2016年和2019年评价数据展开分析，以显示各个超大城市的经济韧性子维度韧性水平的变化情况。

（一）抵抗—恢复韧性对比分析

超大城市的抵抗—恢复韧性对比分析如图4-5所示：

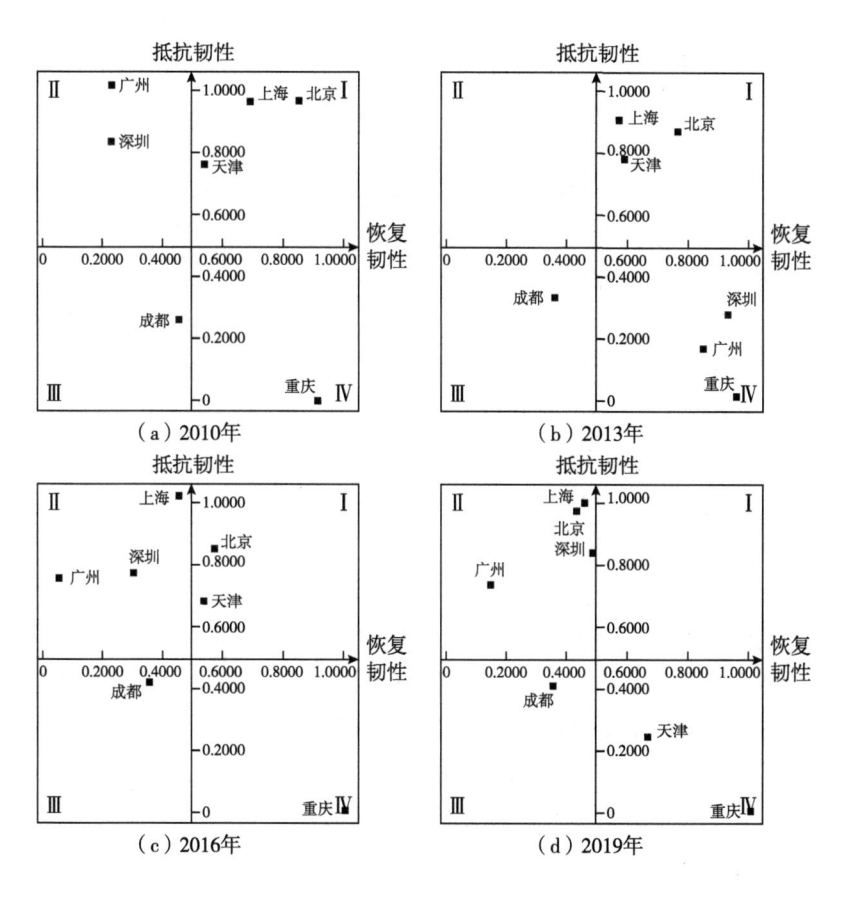

（a）2010年

（b）2013年

（c）2016年

（d）2019年

**图4-5 超大城市的抵抗—恢复韧性象限分析**

资料来源：笔者自绘。

从图 4-5 可以看出：

在 2010 年时，北京、上海和天津均处于第Ⅰ象限，表明这 3 个超大城市在经济韧性的抵抗维度和恢复维度均表现较好；广州、深圳处于第Ⅱ象限，表明这 2 个超大城市在经济韧性的抵抗维度表现较好，在恢复维度表现较弱；成都处于第Ⅲ象限，表明该超大城市在经济韧性的抵抗维度和恢复维度均表现较弱；重庆处于第Ⅳ象限，表明该超大城市在经济韧性的恢复维度表现较好，在抵抗维度表现较弱。

2013 年后，北京、上海和天津仍然处于第Ⅰ象限，但广州和深圳因抵抗韧性上升且恢复韧性下降，从第Ⅱ象限变动到了第Ⅳ象限，成都和重庆仍然分别位于第Ⅲ象限和于第Ⅳ象限。

到 2016 年后，北京和天津仍然位于第Ⅰ象限，上海因恢复韧性下降，从第Ⅰ象限变动到第Ⅱ象限，广州和深圳因恢复韧性上升且抵抗韧性下降，再次回到第Ⅱ象限，成都和重庆仍然分别位于第Ⅲ象限和第Ⅳ象限。

到 2019 年，北京因恢复韧性下降与上海、广州和深圳位于第Ⅱ象限，天津因抵抗韧性下降，从第Ⅰ象限变动到第Ⅳ象限，成都和重庆仍然分别位于第Ⅲ象限和第Ⅳ象限。

概括而言，在抵抗—恢复韧性维度上，北京市和上海市逐渐从经济韧性抵抗—恢复双维度较强区域移动到经济韧性抵抗维度较强区域；而天津市、深圳市、重庆市及成都市则没有发生象限的变化。

（二）恢复—进化韧性对比分析

超大城市的恢复—进化韧性对比分析如图 4-6 所示：

从图 4-6 可以看出：

在 2010 年时，北京和上海处于第Ⅰ象限，表明这 2 个超大城市在经济韧性的恢复维度和进化维度均表现较好；天津和重庆处于第Ⅱ象限，表明这 2 个超大城市在经济韧性的恢复维度表现较好，在进化维度表现较弱；深圳处于第Ⅲ象限，表明该超大城市在经济韧性的恢复维度和进化维度均表现较弱；广州和成都处于第Ⅳ象限，表明该超大城市在经济韧性的进化维度表现较好，在恢复维度表现较弱。

到 2013 年后，除成都因进化韧性下降从第Ⅳ象限变动到第Ⅲ象限，其余超大城市所处象限保持不变。

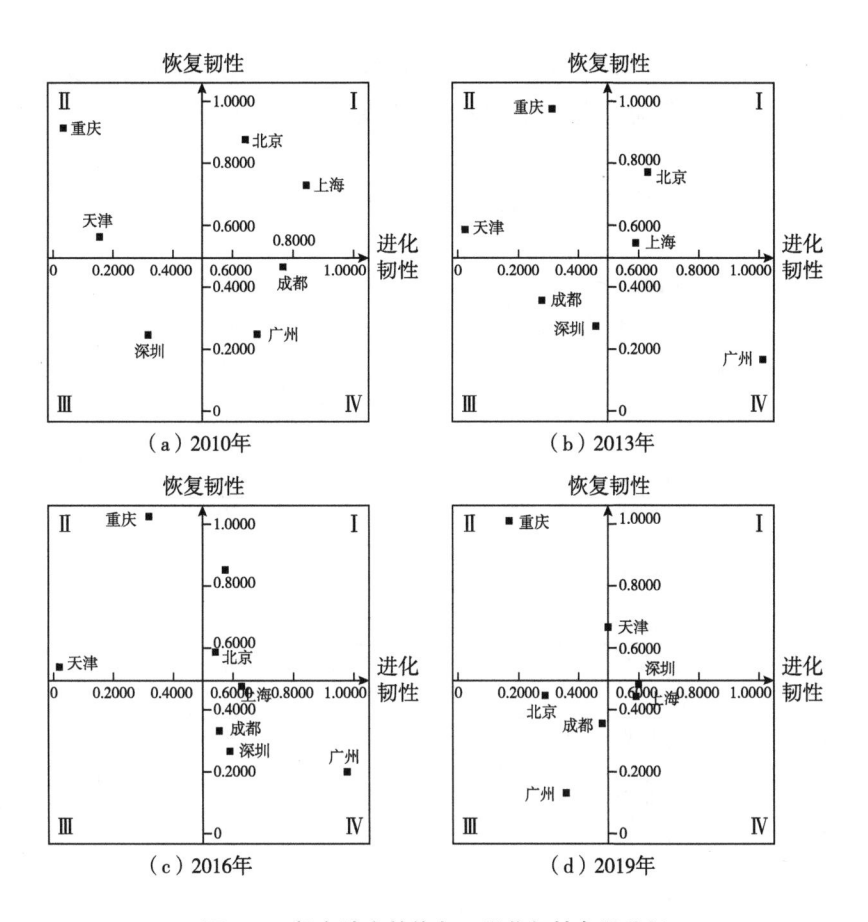

图 4-6 超大城市的恢复—进化韧性象限分析

资料来源：笔者自绘。

到 2016 年，上海因恢复韧性下降从第Ⅰ象限变动到第Ⅳ象限，成都和深圳因进化韧性上升从第Ⅲ象限变动到第Ⅳ象限，其余超大城市所处象限保持不变。

到 2019 年，北京因恢复韧性和进化韧性下降从第Ⅰ象限变动到第Ⅲ象限，成都和广州因进化韧性下降从第Ⅳ象限变动到第Ⅲ象限，天津和深圳分别位于第Ⅰ、第Ⅱ象限交界处和第Ⅰ、第Ⅲ象限交界处，上海所处象限保持不变。

概况而言，北京市和上海市逐渐从经济韧性恢复—进化维度较强区域分别移动到经济韧性恢复—进化维度均较弱区域和经济韧性进化维度较强区域；广州市和成都市从经济韧性进化维度较强区域移动到经济韧性恢复—进化维度较弱区域；天津市和深圳市正在向经济韧性恢复—进化维度较强区域移动；重庆市未发生太大变动。

（三）抵抗—进化维度韧性对比分析

超大城市的抵抗—进化韧性对比分析如图 4-7 所示：

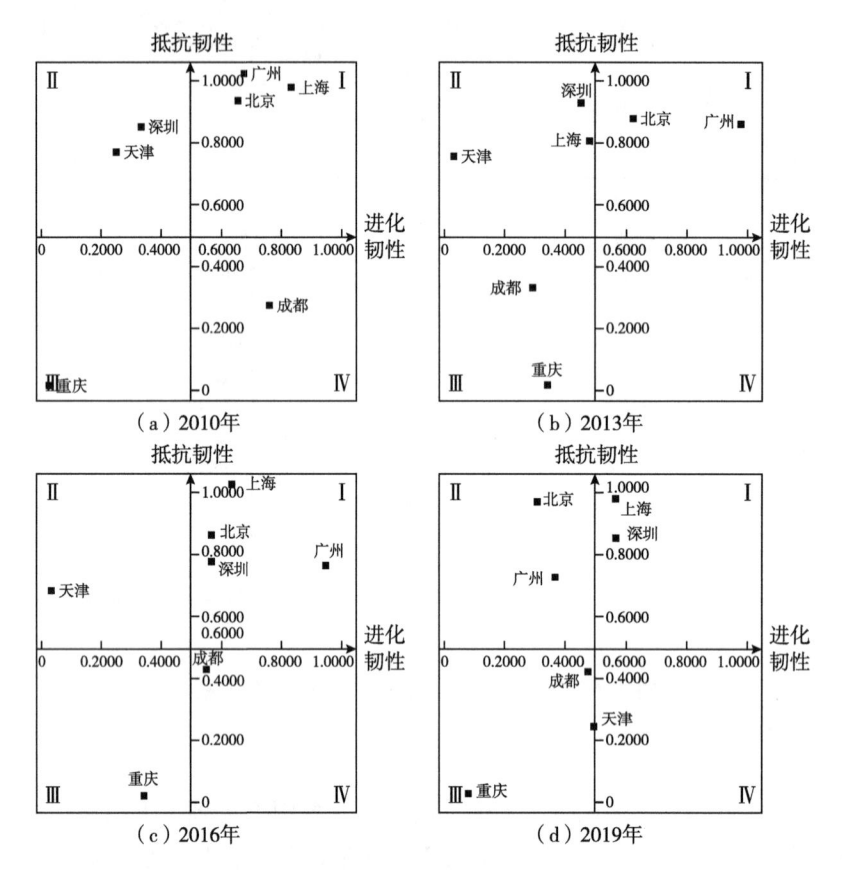

**图 4-7 超大城市的抵抗—进化韧性象限分析**

资料来源：笔者自绘。

从图 4-7 可以看出：

在 2010 年时，北京、上海和广州处于第Ⅰ象限，表明这 3 个超大城市在经济韧性的抵抗维度和进化维度均表现较好；天津和深圳处于第Ⅱ象限，表明这 2 个超大城市在经济韧性的抵抗维度表现较好，在进化维度表现较弱；重庆处于第Ⅲ象限，表明该超大城市在经济韧性的抵抗维度和进化维度均表现较弱；成都处于第Ⅳ象限，表明该超大城市在经济韧性的进化维度表现较好，在抵抗维度表现较弱。

到达2013年后，上海因进化韧性下降，从第Ⅰ象限变动到第Ⅱ象限，成都因进化韧性下降，从第Ⅳ象限变动到第Ⅲ象限，其余超大城市所处象限保持不变。

到达2016年后，上海因进化韧性上升，从第Ⅱ象限回到第Ⅰ象限，深圳因进化韧性上升，从第Ⅱ象限变动第Ⅰ象限，成都因进化韧性上升，从第Ⅲ象限再次回到第Ⅳ象限，其余超大城市所处象限保持不变。

到达2019年后，北京和广州因进化韧性下降从第Ⅰ象限变动到第Ⅱ象限，天津因进化韧性上升但抵抗韧性下降，从第Ⅱ象限变动到第Ⅲ、第Ⅳ象限的交界处，成都因进化韧性下降，从第Ⅳ象限变动到第Ⅲ象限，其余超大城市所处象限保持不变。

概括而言，北京和广州逐渐从经济韧性抵抗—进化强区域进入经济韧性抵抗维度较强区域；天津从经济韧性抵抗维度较强区域进入进化维度较强区域；成都从经济韧性进化维度较强区域进入经济韧性抵抗—进化维度较弱领域；上海和重庆基本没有发生太大的变化；只有深圳从经济韧性抵抗维度较强区域进入经济韧性抵抗—进化维度强区域。

## 第五节　中国超大城市经济韧性的现状水平总结

首先，对中国目前7个超大城市的经济韧性水平进行评价后发现，在2010—2019年，虽然各个超大城市的经济韧性值出现了一定程度上的波动，但总体上处于比较稳定的区间范围内。由此可以根据经济韧性值将7个超大城市划分为四个层次，分别是：北京、上海和深圳3个超大城市隶属于高经济韧性水平，广州和天津这2个超大城市隶属于中等经济韧性水平，成都隶属于较低经济韧性水平，重庆隶属于低经济韧性水平。

其次，从经济韧性发展趋势来看，相比于高、中等经济韧性水平，经济韧性水平较低的超大城市表现出了更加明显的上升趋势，如成都市和重庆市。而处于高经济韧性水平层次的超大城市中仅有深圳市表现出了上升趋势。

最后，从经济韧性子维度变化趋势来看，不同超大城市表现出了明显的差异。但通过对比可以发现，高经济韧性水平超大城市的抵抗力维度始终表现较为突出，如北京市、上海市，尽管个别年份其恢复力和进化力有所减弱，但始终处于抵抗力维度较强的象限内，而深圳市经济韧性由于3个子维度都有所增强，导致深圳市的经济韧性水平逐渐超过了其他两个高经济韧性水平超大城市。相较之下，中等及低经济韧性水平的超大城市的抵抗力韧性并没有占据主导地位，但表现出进化力韧性增强的特征。由此可以发现，抵抗力维度可能是超大城市经济韧性水平的核心因素，这一点还需要通过分析经济韧性三个子维度之间的作用机制来进一步证实。

## 第六节　小结

本章首先运用了层次分析法、改进熵权法以及博弈论组合赋权法对超大城市经济韧性最终评价指标体系进行指标赋权，其次运用了VIKOR方法对中国7个超大城市的经济韧性水平进行了量化和横向对比，最后运用象限分析法分析了7个超大城市经济韧性的历史路径及差异化表现的原因。

评价对象为中国7个超大城市，分别是：北京市、天津市、上海市、广州市、深圳市、重庆市和成都市。

结合了层次分析法、改进熵权法以及博弈论组合赋权法，权重排名前三的指标依次为经济发展水平、财政自给水平和固定资产投资水平，权重排名后三的指标依次为研发投入力度、创新产出水平和经济集聚水平。排名前三的3个指标中2个隶属于抵抗力纬度，表明了抵抗力对城市经济韧性的重要性。

运用了VIKOR方法进行相对评价后发现，北京、上海和深圳处于高经济韧性等级，广州和天津处于中等经济韧性等级，成都处于较低经济韧性等级，重庆处于低经济韧性等级。但是，经济韧性水平较低的超大城市表现出了更加明显的上升趋势，处于高经济韧性水平层次的超大城市中仅有深圳市表现出了上升趋势。

运用象限分析法结果显示，高经济韧性水平超大城市的抵抗力维度始终表现得较为突出，中等及低经济韧性水平的超大城市的抵抗力韧性并没有占据主导地位，但表现出进化力韧性增强的特征。因此，抵抗力维度是超大城市经济韧性水平的核心因素。

# 第五章　中国超大城市经济韧性的演化特征

上一章构建了超大城市经济韧性的评价模型，并对中国7个超大城市的经济韧性水平进行了评价和横向对比，有助于了解超大城市经济韧性的现状水平，且评价结果也显示出较大地区差异。为了进一步厘清超大城市经济韧性的发展及变化特点，需要明晰其演化特征。本章属于超大城市经济韧性演化机制研究内容的第一部分，主要是基于2010—2019年7个超大城市经济韧性的评价结果，从收敛性分析、耦合协调性分析、影响因子解释分析三个方面展开超大城市经济韧性演化特征研究。其中，收敛性分析主要研究超大城市经济韧性的时序演化特征，耦合协调性分析主要研究超大城市经济韧性及子维度韧性的耦合协调特征，影响因子解释分析则主要研究超大城市经济韧性影响因子的作用机制。

## 第一节　收敛性分析

收敛性分析的主要目的是检验不同超大城市的经济韧性水平在样本期内是趋同还是发散。目前常用的收敛型检验可以包括3个类别（孙红霞和张强，2011），分别是 $\alpha$ 收敛、绝对 $\beta$ 收敛以及条件 $\beta$ 收敛。且 $\alpha$ 收敛和绝对 $\beta$ 收敛是绝对收敛检验，条件 $\beta$ 收敛为条件收敛检验。这3种检验均可以分析不同超大城市经济韧性的增长速度是否会随时间推移而趋于相同，区别在于 $\alpha$ 收敛不考虑各个超大城市的初始要素结构，但 $\beta$ 收敛则假设各个超大城市具有相同的初始要素结构。

### 一　$\alpha$ 收敛分析

$\alpha$ 收敛分析用于检验不同超大城市经济韧性水平的差值是否会随着时间变化而出现不断缩小的趋势。用于衡量 $\alpha$ 收敛水平的指标有很多，包括变异系数、泰勒指数、基尼系数等，这些指标有各自的计算方式且各具优势，但基本原理是相同的。其中，变异系数（Coefficient of variation）通常也被称为标准差率，是描述观测值变异程度的统计量，通过比较观测值、变异值和平均值来反映观测值相对于平均值的离散程度。本书在对超大城市经济韧性水平进行描述性统计分析的基础上，使用变异系数对超大城市经济韧性的 α 收敛水平进行测度，从而探究超大城市经济韧性的地区差异情况。

本书首先通过最大值、最小值、平均值、偏度系数及峰度系数来对超大城市经济韧性水平进行描述性统计分析。最大值、最小值与平均值均用来描述超大城市经济韧性的变化趋势；偏度系数用于刻画超大城市经济韧性分布的不对称性，能够反映经济韧性水平分布的不对称程度与偏离方向；峰值系数用于分析超大城市经济韧性的分布情况，主要是判断经济韧性系数相对于标准正态分布而言是更加陡峭还是更加平缓。超大城市经济韧性的偏度系数和峰值系数的计算如式（5-1）和式（5-2）所示：

$$Skew(X) = E\left[\left(\frac{X-\mu}{\sigma}\right)^3\right] \quad (5-1)$$

$$Kurt(X) = E\left[\left(\frac{X-\mu}{\sigma}\right)^4\right] \quad (5-2)$$

其中，$\mu$ 表示超大城市经济韧性的均值，$\sigma$ 表示超大城市经济韧性的标准差。

超大城市经济韧性的第 $t$ 年变异系数 $CV_t$ 计算如下：

$$CV_t = S_t / EU_t \quad (5-3)$$

其中，$S_t$ 表示第 $t$ 年超大城市经济韧性系数的标准差，$EU_t$ 表示第 $t$ 年超大城市经济韧性系数的均值。

超大城市经济韧性水平的统计性分析以及求解出的变异系数 $CV_t$ 值，见表 5-1 所示：

表 5-1　　超大城市经济韧性描述性统计分析和变异系数

| 年份 | 最大值 | 最小值 | 平均值 | 大于平均值城市个数 | 偏度系数 | 峰度系数 | 变异系数 |
| --- | --- | --- | --- | --- | --- | --- | --- |
| 2010 | 1.0000 | 0.0000 | 0.5761 | 5 | 1.8367 | 0.0007 | 1.6641 |
| 2011 | 1.0000 | 0.0295 | 0.5387 | 5 | 2.4190 | 0.0000 | 1.5674 |

续表

| 年份 | 最大值 | 最小值 | 平均值 | 大于平均值城市个数 | 偏度系数 | 峰度系数 | 变异系数 |
|---|---|---|---|---|---|---|---|
| 2012 | 1.0000 | 0.0587 | 0.5652 | 5 | 2.2686 | 0.0002 | 1.7082 |
| 2013 | 1.0000 | 0.0896 | 0.5830 | 5 | 1.9414 | 0.0006 | 1.7438 |
| 2014 | 1.0000 | 0.1350 | 0.6009 | 4 | 1.7149 | 0.0012 | 1.8021 |
| 2015 | 0.9812 | 0.1369 | 0.5562 | 5 | 2.4640 | 0.0002 | 1.7679 |
| 2016 | 0.9698 | 0.1400 | 0.5716 | 3 | 1.7915 | 0.0001 | 1.7436 |
| 2017 | 0.9113 | 0.1224 | 0.5847 | 3 | 0.8718 | 0.0048 | 1.8021 |
| 2018 | 0.9174 | 0.1830 | 0.5963 | 3 | 0.5144 | 0.1073 | 2.1262 |
| 2019 | 0.9319 | 0.1413 | 0.5431 | 4 | 0.5378 | 0.0000 | 1.6957 |

资料来源：笔者自制。

根据表5-1所示结果依次进行分析：

从最大值和最小值来看，2010—2019年7个超大城市经济韧性的最大值表现出波动下降的特征，而最小值则表示出波动上升的特征；从平均值来看，7个超大城市的经济韧性平均值保持在0.5—0.6，且2013—2014年、2017—2018年两个阶段的经济韧性平均值明显高于其他年份，但总体上并未呈现出上升或下降的趋势。从数量来看，大于平均值的超大城市个数有所减少。

偏度系数的计算结果显示，2010—2019年7个超大城市经济韧性的偏度系数均大于0，呈现出右偏态分布且不断递减趋势，表明经济韧性水平较高和较低的超大城市所占比例趋于相同，表现出对称的分布特征；峰值系数的计算结果显示，2010—2019年7个超大城市经济韧性的峰值系数均为正，且除2018年以外，其余年份峰值系数均近似为0。这表明超大城市的经济韧性水平分布相对于标准正态分布更陡峭一些，但陡峭的程度并不高。

对变异系数计算的结果发现，2010—2019年7个超大城市经济韧性的变异系数均在1.5以上，2018年变异系数甚至超过了2，并且变异系数没有出现下降的趋势。结果表明各个超大城市在经济韧性水平上表现出明显的差异，且空间差异并未随着时间进程呈现缩小的驱动现象，间接反映了超大城市经济韧性的不均衡性。

## 二 绝对 β 收敛分析

绝对 β 收敛用于检验在不考虑不同超大城市存在的经济发展水平、对外开放水平、金融业发展程度等一系列因素影响的情况下，随着时间的推移，不同超大城市经济韧性水平是否呈现出收敛趋势。参考周五七和聂鸣（2013）相关研究，将绝对 β 收敛的计量模型设置如式（5-4）所示：

$$\ln\left(\frac{Q_{i,t+1}}{Q_{i,t}}\right) = \alpha + \beta \ln Q_{i,t} + \varepsilon_t \tag{5-4}$$

其中，$Q_{i,t+1}$ 表示第 $i$ 个超大城市在第 $t+1$ 年的经济韧性值，$Q_{i,t}$ 表示第 $i$ 个超大城市在第 $t$ 年的经济韧性值，$\ln\left(\frac{Q_{i,t+1}}{Q_{i,t}}\right)$ 表示超大城市 $i$ 的经济韧性水平在 $t$—$t+1$ 时期的年增长率；$\alpha$ 为常数项，$\beta$ 为待估计参数，$\varepsilon_t$ 代表随机扰动项且满足独立同分布假设。

若 $\beta<0$ 且通过显著性水平检验，则表明超大城市经济韧性初始值与其增长率之间呈负相关关系，绝对收敛 β 现象存在，且收敛速度满足 $v=\ln(1+\beta)/T$。反之，则表明不存在绝对收敛 β 现象，不同超大城市的经济韧性水平随着时间推移表现出发散趋势。

运用 Stata 软件对 2010—2019 年 7 个超大城市的面板数据进行绝对 β 收敛分析。首先进行计量模型的选择，即取 T 等于 1，分别依次运行固定效应模型和随机效应模型。两次模型运行结果求解出 Hausman 统计量检验 Prob>chi2=0.0433，因此对超大城市经济韧性的绝对 β 收敛更适合固定效应模型。模型估计结果如表 5-2 所示：

表 5-2　　　　　　　　　绝对收敛估计结果

| 变量 | 系数 |
| --- | --- |
| β | -0.3350*** <br> (-3.68) |
| 常数项 | -0.2893*** <br> (-3.45) |
| $R^2$ | 0.4310 |

注：***代表在 1%的置信水平上显著。
资料来源：笔者自制。

从表 5-2 可知，对超大城市经济韧性进行绝对 β 收敛的估计效果较好，系数估计结果均在1%的置信水平上显著，且 $\beta$ 值均小于0。结果表明，7个超大城市的经济韧性存在共同收敛的趋势。

### 三 条件 $\beta$ 收敛分析

为了提高对超大城市经济韧性收敛趋势分析的精确性，在绝对 $\beta$ 收敛模型中加入一些对其有较大影响的控制变量构建条件 $\beta$ 收敛模型，如式（5-5）所示：

$$\ln\left(\frac{Q_{i,\,t+1}}{Q_{i,\,t}}\right) = \alpha + \beta \ln Q_{i,\,t} + \lambda \sum_{j}^{n} \ln Control_{i,\,t}^{j} + \varepsilon_{t} \tag{5-5}$$

其中，$Control$ 表示控制变量，$\lambda$ 为控制变量待估计参数，$j$ 表示第 $j$ 个控制变量，$n$ 表示控制变量总数。其余变量含义与式(5-4)相同。根据前述超大城市经济韧性最终评价指标体系的权重计算结果，本书选择权重排行前7的指标作为控制变量（共15个评价指标）。因此，条件 $\beta$ 收敛中选择的控制变量为：经济发展水平（$Control_t^1$）、财政自给水平（$Control_t^2$）、固定资产投资水平（$Control_t^3$）、社会保障水平（$Control_t^4$）、就业水平（$Control_t^5$）、地区工业规模（$Control_t^6$）和对外开放度（$Control_t^7$），故将式(5-5)化简为式(5-6)：

$$\ln\left(\frac{Q_{i,\,t+1}}{Q_{i,\,t}}\right) = \alpha + \beta \ln Q_{i,\,t} + \lambda \sum_{j}^{7} \ln Control_{i,\,t}^{j} + \varepsilon_{t} \tag{5-6}$$

同样，若 $\beta<0$ 且通过显著性水平检验，则表明超大城市经济韧性初始值与其增长率之间呈负相关关系，条件 $\beta$ 收敛现象存在，且收敛速度为 $v=\ln(1+\beta)/T$。反之，则表明不存在条件收敛 $\beta$ 现象，不同超大城市的经济韧性水平随着时间推移表现出发散趋势。

同样运用 Stata 软件对2010—2019年7个超大城市的面板数据进行条件 $\beta$ 收敛回归。同样先进行计量模型的选择，即取 $T$ 等于1，分别依次运行固定效应模型和随机效应模型。两次模型运行结果求解出 Hausman 统计量检验 Prob>chi2=0.3151，因此对超大城市经济韧性的条件 $\beta$ 收敛更适合随机效应模型。模型估计结果如表5-3所示：

表 5-3　　　　　　　　　条件收敛估计结果

| 变量 | 系数 |
| --- | --- |
| $\beta$ | -0.2831*** <br> (-3.34) |

续表

| 变量 | 系数 |
| --- | --- |
| $\lambda_1$ | 0.5423** |
|  | (0.84) |
| $\lambda_2$ | 0.5359* |
|  | (1.21) |
| $\lambda_3$ | 0.2655*** |
|  | (0.92) |
| $\lambda_4$ | 0.5909** |
|  | (1.92) |
| $\lambda_5$ | 0.1057* |
|  | (-0.17) |
| $\lambda_6$ | 0.005* |
|  | (-0.02) |
| $\lambda_7$ | 0.6116* |
|  | (1.91) |
| 常数项 | -1.6762 |
|  | (-1.57) |
| $R^2$ | 0.4612 |

注：***代表在1%的置信水平上显著、**代表在5%的置信水平上显著、*代表在10%的置信水平上显著。

资料来源：笔者自制。

从表5-3结果来看，β估计值在加入控制变量后仍然为小于0且显著，表明超大城市的经济韧性水平是条件收敛的，即7个超大城市经济韧性的空间差异随着时间推移呈现逐渐缩小的趋势，存在落后城市的"追赶效应"。就各个控制变量对经济韧性的影响而言：

经济发展水平与经济韧性之间在5%置信水平上表现出显著的正向关系。由于本书利用年度比值来表征经济韧性的年际变化，所以随着经济发展水平的提升，对于经济韧性水平不断升高的超大城市，其升高幅度会不断增大，升高速度会不断加快；而对于经济韧性水平不断降低的超大城市，其降低幅度会不断缩小，降低速度会有所放慢，简而言之，经济发展水平的提升促进了经济韧性的提高，进而加快经济韧性的收敛过程，促使超大城市之间空间差异的不断缩小。

财政自给水平的系数大于0且在10%置信水平上表现显著，表明财政自给水平的提高能够直接促进经济韧性水平的提高，即财政自给水平的提高对经济韧性改善有正向推动作用，对超大城市间经济韧性的收敛具有促进作用。

就固定资产投资水平而言，其系数大于0且在1%的置信水平上表现显著，表明固定资产投资水平的提升对经济韧性的提高具有正向的促进作用，进一步加快了超大城市间经济韧性的收敛过程。

就社会保障水平而言，其系数大于0且在5%的置信水平上表现显著，且为正。表明社会保障水平的提升对经济韧性的提高具有正向的促进作用，进而促进了超大城市间经济韧性的收敛。

从就业水平而言，其系数同样大于0且在10%的置信水平上表现显著，这表明就业水平的提升在一定程度上促进了经济韧性的改善，进一步促进了超大城市间经济韧性的收敛。

就地区工业规模而言，其系数大于0且在10%的置信水平上表现显著，表明地区工业规模的扩大促进了经济韧性水平的提升，进而促进了超大城市间经济韧性的收敛过程。

就对外开放度而言，其系数大于0且在10%的置信水平上表现显著，表明对外开放度的提升同样促进了经济韧性水平的提升，进而加快了超大城市间经济韧性的收敛过程。

## 第二节　耦合协调性分析

耦合协调度用于描述系统内部各个组成部分的发展和谐程度，以及系统在内部外多重因素的共同作用下，逐渐从无序到有序、从低级到高级的动态发展过程。耦合协调度可进一步分为耦合度和协调度，其中，耦合度是指系统内各个对象之间相互依存、彼此依赖的关系，协调度则用于描述系统内各个对象协调一致、互相配合的良性关系（张子龙等，2015）。基于文献梳理结果发现，耦合协调度理论已被大量用于探究不同系统之间的耦合协调关系，如城镇化进程与生态环境之间的耦合协调程度，城市水—能源—粮食3个子系统之间的和谐发展关系（杨秀平等，2020），城市韧性与城镇化水平之间的耦合协调发展关系（王凯等，2020）等。

前述研究表明，超大城市经济韧性可分为三个维度，分别是：抵抗力、恢复力和进化力。因此，测算超大城市经济韧性的耦合协调度，就是测算抵抗力韧性、恢复力韧性和进化力韧性之间的和谐发展程度,并刻画三个维度不断从无序变化为有序并形成相互作用、相互依赖和相互配合的良性循环的动态过程。之所以要将耦合度和协调度放在一起进行测算,是因为耦合度只能反映经济韧性的整体情况但无法反映各个子维度的具体情况。换言之,可能出现3个子维度韧性评价值均较低但耦合性却较高的情况,即3个子维度间并不存在相互的作用反馈,而这也就是所谓的"伪协调"现象。因此,通过对超大城市经济韧性的耦合度和协调度一起进行测算,可以明晰经济韧性及其3个子维度之间的具体作用效果。

以上分析表明,超大城市经济韧性及子维度之间的和谐程度同时取决于耦合度和协调度两个指标。为清晰反映抵抗力韧性、恢复力韧性与进化力韧性之间的耦合协调程度,本书借鉴了已有研究成果并得出了阶段划分标准,对超大城市经济韧性的耦合度、协调度以及耦合协调度进行阶段划分,具体如表5-4所示:

**表 5-4　　超大城市经济韧性的耦合协调阶段划分**

| 耦合阶段 | 耦合度 | 耦合协调度 | 耦合协调水平 |
| --- | --- | --- | --- |
| 低水平耦合 | [0, 0.3] | [0.00, 0.20] | 严重失调 |
|  |  | (0.20, 0.30] | 中度失调 |
| 拮抗状态 | (0.3, 0.5] | (0.30, 0.40] | 轻度失调 |
|  |  | (0.40, 0.50] | 濒临失调 |
| 磨合阶段 | (0.5, 0.8] | (0.50, 0.60] | 勉强协调 |
|  |  | (0.60, 0.70] | 初级协调 |
|  |  | (0.70, 0.80] | 中级协调 |
| 高水平耦合 | (0.8, 1] | (0.80, 1.00] | 高级协调 |

资料来源:周倩、刘德林:《长三角城市群城市韧性与城镇化水平耦合协调发展研究》,《水土保持研究》2020年第4期;汪永生、李宇航、揭晓蒙等:《中国海洋科技—经济—环境系统耦合协调的时空演化》,《中国人口·资源与环境》2020年第8期。

如表5-4所示,耦合度可划分为四个阶段,分别对应低水平耦合、拮抗状态、磨合阶段和高水平耦合;耦合协调水平可进一步细分为8种水平,分别对应严重失调、中度失调、轻度失调、濒临失调、勉强协调、初级协调、中级协调和高级协调。

## 一 耦合性测度

从概念定义上来看，耦合度可以刻画若干个子系统或子维度之间的相互关联关系。借鉴已有参考文献（罗福周和张诺楠，2020），提出耦合度的计算公式，如式（5-7）：

$$C_n = \left\{ \frac{(u_1 \times u_2 \times \cdots \times u_n)}{\left(\frac{1}{n}\sum_{i=1}^{n} u_i\right)^n} \right\}^{\frac{1}{n}} \tag{5-7}$$

其中，$C_n$ 表示 n 个子系统或子维度之间的耦合度，且耦合度 $C_n$ 的值越大，这 n 个系统之间的耦合程度就越高，满足 $0 \leq C_n \leq 1$。当 $C_n = 1$ 时，表明子系统或子维度之间的耦合性达到最强，实现了完全耦合；当 $C_n = 0$ 时，表明子系统或子维度之间的耦合性达到最弱，即完全没有互动和相互作用。

因此，本书将 $C_r$ 设定为超大城市经济韧性耦合度，$U_{res}$ 代表抵抗力子系统韧性指数，$U_{rec}$ 代表恢复力子系统韧性指数，$U_{evo}$ 代表进化力子系统韧性指数，故经济韧性的耦合度 $C_r$ 可表示为：

$$C_r = \left\{ \frac{(U_{res} \times U_{rec} \times U_{evo})}{\left(\frac{U_{res}+U_{rec}+U_{evo}}{3}\right)^3} \right\}^{\frac{1}{3}} \tag{5-8}$$

再对经济韧性的 3 个子维度韧性两两之间的耦合度进行计算，如式（5-9）、式（5-10）和式（5-11）所示：

抵抗力—恢复力韧性耦合度：

$$C_{res-rec} = \left\{ \frac{(U_{res} \times U_{rec})}{\left(\frac{U_{res}+U_{rec}}{2}\right)^2} \right\}^{\frac{1}{2}} \tag{5-9}$$

抵抗力—进化力韧性耦合度：

$$C_{res-evo} = \left\{ \frac{(U_{res} \times U_{evo})}{\left(\frac{U_{res}+U_{evo}}{2}\right)^2} \right\}^{\frac{1}{2}} \tag{5-10}$$

恢复力—进化力韧性耦合度：

$$C_{rec-evo} = \left\{ \frac{(U_{rec} \times U_{evo})}{\left(\frac{U_{rec}+U_{evo}}{2}\right)^2} \right\}^{\frac{1}{2}} \tag{5-11}$$

根据以上公式并结合第四章的经济韧性评价结果，可以得到2010—2019年中国7个超大城市经济韧性及两两子维度间耦合度，如表5-5至表5-8所示：

表5-5 经济韧性耦合度计算结果

| 年份<br>城市 | 2010 | 2011 | 2012 | 2013 | 2014 | 2015 | 2016 | 2017 | 2018 | 2019 |
|---|---|---|---|---|---|---|---|---|---|---|
| 北京 | 0.3216 | 0.2839 | 0.2760 | 0.3231 | 0.2964 | 0.3168 | 0.3183 | 0.3049 | 0.2730 | 0.2224 |
| 天津 | 0.2267 | 0.0000 | 0.0000 | 0.0000 | 0.0000 | 0.0000 | 0.0000 | 0.0000 | 0.1918 | 0.2468 |
| 上海 | 0.3250 | 0.3186 | 0.3089 | 0.3196 | 0.3197 | 0.3039 | 0.2887 | 0.2827 | 0.2848 | 0.2841 |
| 广州 | 0.2016 | 0.1772 | 0.1844 | 0.1667 | 0.1838 | 0.1768 | 0.1642 | 0.1869 | 0.1829 | 0.1949 |
| 深圳 | 0.2116 | 0.2417 | 0.2040 | 0.2284 | 0.2135 | 0.2007 | 0.2315 | 0.2399 | 0.2657 | 0.3112 |
| 重庆 | 0.0000 | 0.0000 | 0.0000 | 0.0000 | 0.0000 | 0.0000 | 0.0000 | 0.0000 | 0.0000 | 0.0000 |
| 成都 | 0.2519 | 0.2951 | 0.3305 | 0.3271 | 0.3230 | 0.2635 | 0.3088 | 0.3047 | 0.3027 | 0.3204 |

资料来源：笔者自制。

表5-6 抵抗力—恢复力耦合度计算结果

| 年份<br>城市 | 2010 | 2011 | 2012 | 2013 | 2014 | 2015 | 2016 | 2017 | 2018 | 2019 |
|---|---|---|---|---|---|---|---|---|---|---|
| 北京 | 0.4996 | 0.4982 | 0.4946 | 0.4987 | 0.4960 | 0.4779 | 0.4862 | 0.4781 | 0.4412 | 0.4318 |
| 天津 | 0.4871 | 0.4779 | 0.4778 | 0.4919 | 0.4933 | 0.4920 | 0.4925 | 0.4732 | 0.4794 | 0.3724 |
| 上海 | 0.4875 | 0.4842 | 0.4747 | 0.4817 | 0.4830 | 0.4705 | 0.4375 | 0.4241 | 0.4271 | 0.4309 |
| 广州 | 0.3028 | 0.3036 | 0.3140 | 0.2917 | 0.3163 | 0.2654 | 0.2975 | 0.2847 | 0.2743 | 0.2946 |
| 深圳 | 0.3430 | 0.3633 | 0.3063 | 0.3483 | 0.3206 | 0.3058 | 0.3509 | 0.3673 | 0.3987 | 0.4684 |
| 重庆 | 0.0000 | 0.0000 | 0.0000 | 0.0000 | 0.0000 | 0.0000 | 0.0000 | 0.0000 | 0.0000 | 0.0000 |
| 成都 | 0.4661 | 0.4873 | 0.4996 | 0.4965 | 0.4983 | 0.4855 | 0.4891 | 0.4993 | 0.5000 | 0.4936 |

资料来源：笔者自制。

表5-7 抵抗力—进化力耦合度计算结果

| 年份<br>城市 | 2010 | 2011 | 2012 | 2013 | 2014 | 2015 | 2016 | 2017 | 2018 | 2019 |
|---|---|---|---|---|---|---|---|---|---|---|
| 北京 | 0.4843 | 0.4315 | 0.4165 | 0.4852 | 0.4462 | 0.4871 | 0.4813 | 0.4623 | 0.4307 | 0.3457 |
| 天津 | 0.3417 | 0.0000 | 0.0000 | 0.0000 | 0.0000 | 0.0000 | 0.0000 | 0.0000 | 0.2885 | 0.4216 |

续表

| 年份<br>城市 | 2010 | 2011 | 2012 | 2013 | 2014 | 2015 | 2016 | 2017 | 2018 | 2019 |
|---|---|---|---|---|---|---|---|---|---|---|
| 上海 | 0.4969 | 0.4837 | 0.4725 | 0.4892 | 0.4877 | 0.4991 | 0.4724 | 0.4881 | 0.4870 | 0.4698 |
| 广州 | 0.4782 | 0.4980 | 0.4981 | 0.4967 | 0.4972 | 0.4607 | 0.4930 | 0.4894 | 0.4708 | 0.4508 |
| 深圳 | 0.4035 | 0.4700 | 0.4654 | 0.4487 | 0.4793 | 0.4910 | 0.4916 | 0.4964 | 0.4865 | 0.4867 |
| 重庆 | 0.0000 | 0.0000 | 0.0000 | 0.0000 | 0.0000 | 0.0000 | 0.0000 | 0.0000 | 0.0000 | 0.0000 |
| 成都 | 0.3803 | 0.4438 | 0.4981 | 0.4986 | 0.4934 | 0.4571 | 0.4918 | 0.4738 | 0.4667 | 0.4963 |

资料来源：笔者自制。

**表 5-8　　　　恢复力—进化力耦合度计算结果**

| 年份<br>城市 | 2010 | 2011 | 2012 | 2013 | 2014 | 2015 | 2016 | 2017 | 2018 | 2019 |
|---|---|---|---|---|---|---|---|---|---|---|
| 北京 | 0.4887 | 0.4496 | 0.4493 | 0.4925 | 0.4698 | 0.4987 | 0.4996 | 0.4976 | 0.4994 | 0.4726 |
| 天津 | 0.4023 | 0.0000 | 0.0000 | 0.0000 | 0.0000 | 0.0000 | 0.0000 | 0.0000 | 0.3672 | 0.4907 |
| 上海 | 0.4967 | 0.5000 | 0.4999 | 0.4990 | 0.4996 | 0.4600 | 0.4916 | 0.4686 | 0.4724 | 0.4904 |
| 广州 | 0.3836 | 0.2795 | 0.2904 | 0.2616 | 0.2877 | 0.3746 | 0.2537 | 0.3405 | 0.3681 | 0.4160 |
| 深圳 | 0.4871 | 0.4492 | 0.4077 | 0.4608 | 0.3985 | 0.3576 | 0.3996 | 0.3987 | 0.4524 | 0.4957 |
| 重庆 | 0.0000 | 0.2947 | 0.3330 | 0.3699 | 0.3812 | 0.4098 | 0.3643 | 0.2824 | 0.2978 | 0.2201 |
| 成都 | 0.4656 | 0.4828 | 0.4959 | 0.4909 | 0.4854 | 0.4026 | 0.4632 | 0.4650 | 0.4675 | 0.4807 |

资料来源：笔者自制。

从表 5-5 来看，2010—2019 年，7 个超大城市的经济韧性耦合度均较低，处于低水平耦合或拮抗状态，未能达到磨合阶段或高水平耦合。其中，北京市、上海市和广州市的经济韧性耦合度呈现出下降趋势，且前两者从拮抗状态下降到了低水平耦合；深圳市和成都市的经济韧性耦合度呈现出上升趋势，均从低水平耦合上升到了拮抗状态；天津市和重庆市始终处于低水平耦合。

从表 5-6 来看，在 2010 年时，除重庆市在抵抗力—恢复力耦合度上处于低水平耦合，其余 6 个城市均处于拮抗状态。不同之处在于，北京市、上海市、天津市、广州市的抵抗力—恢复力耦合度出现下降趋势，且广州市从拮抗状态降低到低水平耦合；而深圳市和成都市的抵抗力—恢复力耦合度则出现上升趋势，尤其是成都市在 2019 年时耦合度达到了

0.4936，很快就要进入更高一级的磨合阶段。

从表5-7来看，2010—2019年，在抵抗力—进化力耦合度上，唯有重庆市处于低水平耦合，其余6个城市均处于拮抗状态。深入分析发现，北京市、上海市和广州市的耦合度表现出下降趋势，且北京市的降幅最为明显；而深圳市和成都市的抵抗力—进化力耦合度则表现出上升趋势，成都市很快会进入磨合阶段；天津市的情况最为特殊，从2011年起其耦合度剧烈下降，从拮抗状态下降到低水平耦合，但从2018年起其耦合度开始回升，再次回到拮抗状态。

从表5-8来看，在恢复力—进化力耦合度上，天津市、广州市和重庆市的耦合度变化在拮抗状态和低水平耦合两个区域里波动；其余4个城市均处于拮抗状态，且深圳市和成都市的恢复力—进化力耦合度表现出上升趋势，北京市和上海市的恢复力—进化力耦合度表现出下降趋势，但变化幅度都较小。

为了使上述分析更加清晰，故将7个超大城市的4种耦合度绘制成折线图，如图5-1所示：

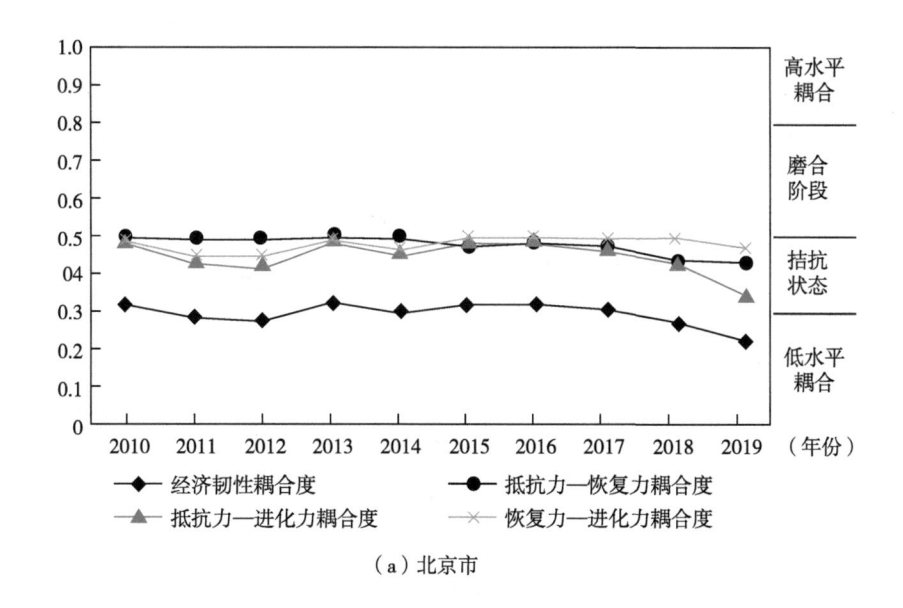

(a) 北京市

图5-1 超大城市经济韧性四种耦合度折线图

（b）天津市

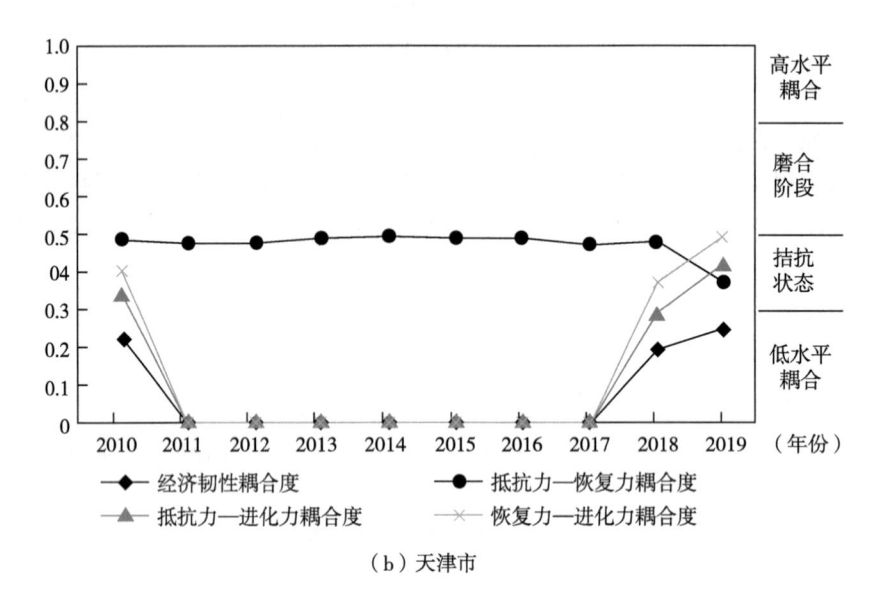

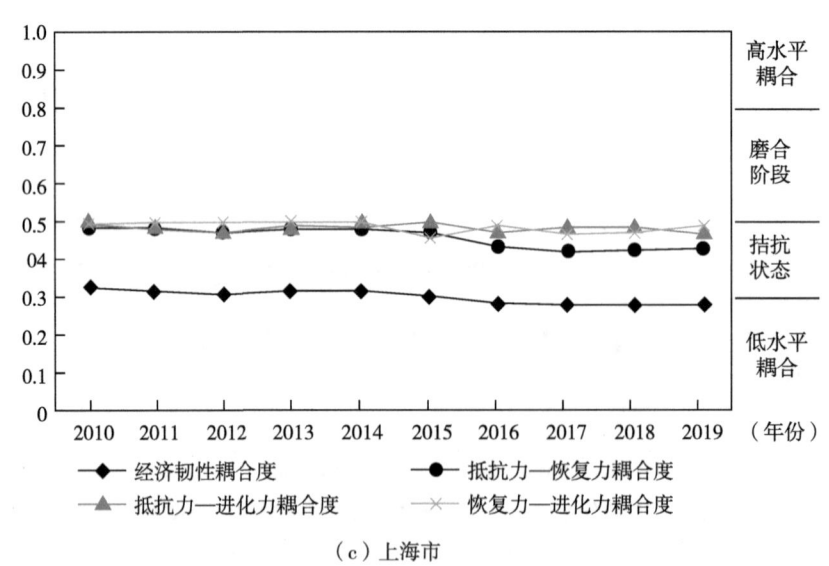

（c）上海市

图 5-1　超大城市经济韧性四种耦合度折线图（续）

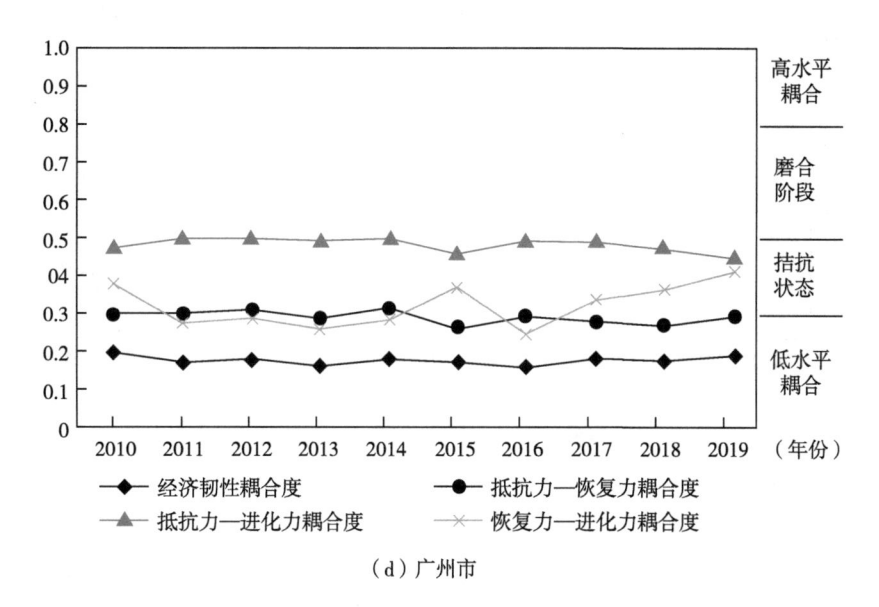

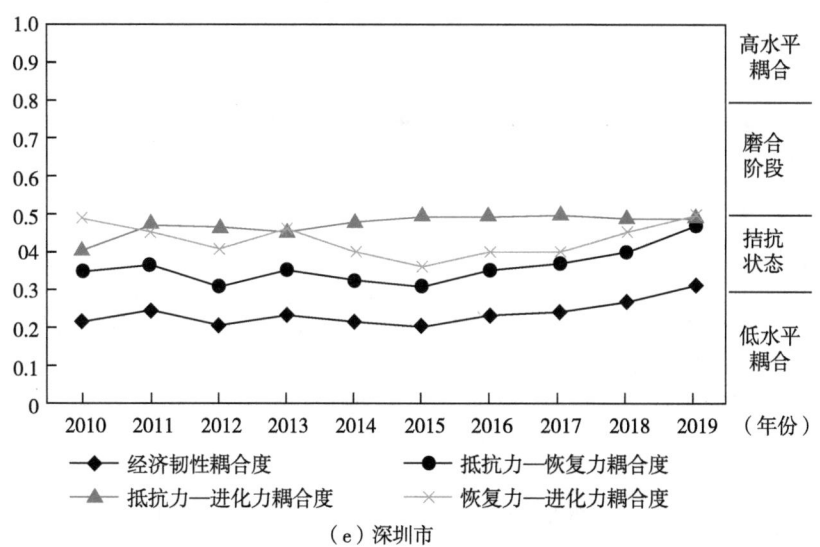

第五章 中国超大城市经济韧性的演化特征 / 131

（d）广州市

（e）深圳市

图 5-1 超大城市经济韧性四种耦合度折线图（续）

(f) 重庆市

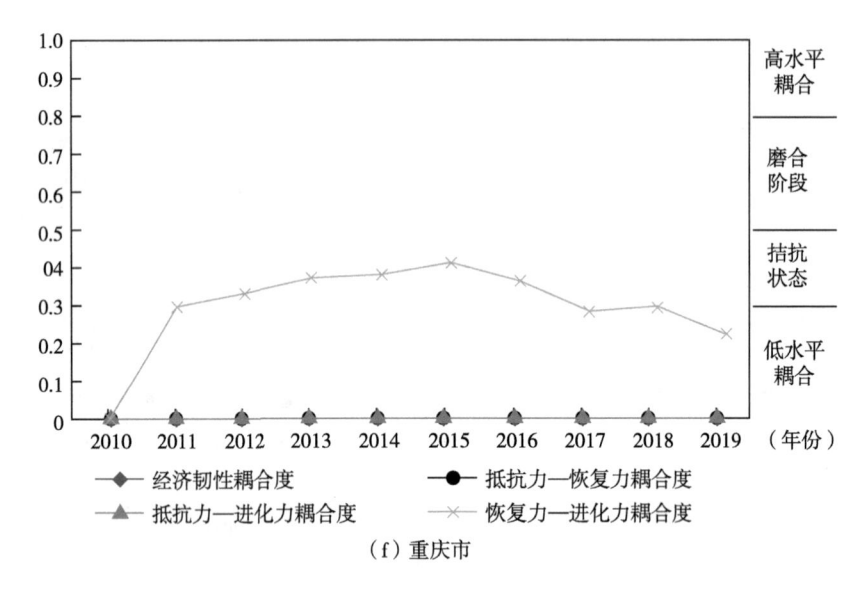

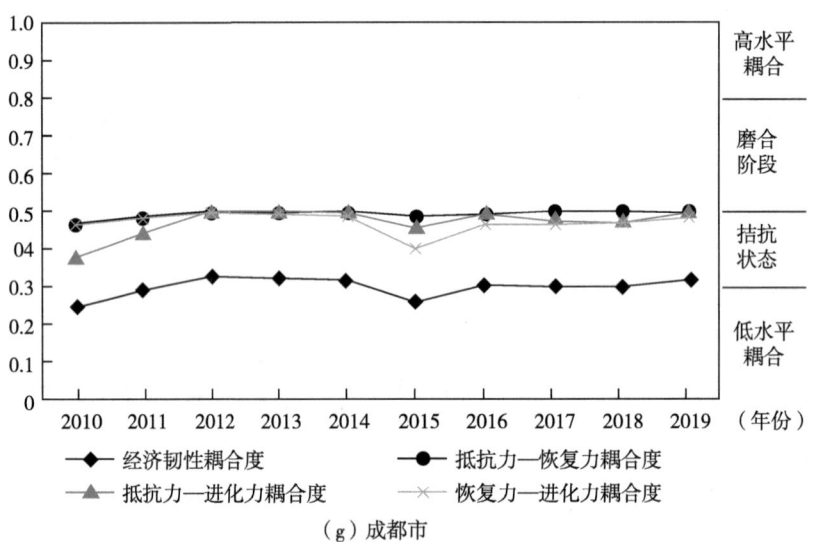

(g) 成都市

**图 5-1　超大城市经济韧性四种耦合度折线图（续）**

资料来源：笔者自绘。

## 二　耦合协调度测度

耦合度仅能反映超大城市经济韧性及子维度间的整体耦合情况，不能反映系统内部具体信息，可能出现耦合性高但各子维度发展水平低下的情况。因此，在耦合度结果的基础上需要进一步构建耦合协调度模型对超大城市经济韧性的协调状态进行评估，具体公式如下所示：

$$D_r = \sqrt{C_r \times T_r} \tag{5-12}$$

其中，$D_r$ 代表超大城市经济韧性耦合协调度，$C_r$ 代表经济韧性耦合度，$T_r$ 代表经济韧性发展度。$T_r$ 计算如式（5-13）所示：

$$T_r = \alpha U_{res} + \beta U_{rec} + \gamma U_{evo} \tag{5-13}$$

其中，$\alpha, \beta, \gamma$ 为待定系数。本书根据第四章得到的组合赋权结果将 $\alpha, \beta$ 和 $\gamma$ 分别设置为3个子维度韧性的权重，故可将式（5-13）化简为式（5-14）：

$$T_r = 0.349 U_{res} + 0.445 U_{rec} + 0.206 U_{evo} \tag{5-14}$$

同理，将权重进行归一化处理，可得到抵抗力—恢复力、抵抗力—进化力和恢复力—进化力之间的协调度计算公式，如下所示：

抵抗力—恢复力韧性发展度：

$$T_{res-rec} = 0.439 U_{res} + 0.561 U_{rec} \tag{5-15}$$

抵抗力—进化力韧性发展度：

$$T_{res-evo} = 0.629 U_{res} + 0.371 U_{evo} \tag{5-16}$$

恢复力—进化力韧性发展度：

$$T_{rec-evo} = 0.684 U_{rec} + 0.316 U_{evo} \tag{5-17}$$

根据以上公式并结合耦合度协调度测算结果，可以得到2010—2019年中国7个超大城市经济韧性及子维度间耦合协调度，如表5-9至表5-12所示：

表5-9　　　　　　　经济韧性耦合协调度计算结果

| 年份\城市 | 2010 | 2011 | 2012 | 2013 | 2014 | 2015 | 2016 | 2017 | 2018 | 2019 |
| --- | --- | --- | --- | --- | --- | --- | --- | --- | --- | --- |
| 北京 | 0.1365 | 0.1190 | 0.1097 | 0.1261 | 0.1097 | 0.1170 | 0.1063 | 0.0979 | 0.0797 | 0.0659 |
| 天津 | 0.0631 | 0.0000 | 0.0000 | 0.0000 | 0.0000 | 0.0000 | 0.0000 | 0.0000 | 0.0455 | 0.0581 |
| 上海 | 0.1328 | 0.1199 | 0.1024 | 0.1029 | 0.1098 | 0.1040 | 0.0995 | 0.0983 | 0.0946 | 0.0950 |
| 广州 | 0.0590 | 0.0534 | 0.0562 | 0.0487 | 0.0550 | 0.0484 | 0.0443 | 0.0379 | 0.0352 | 0.0380 |
| 深圳 | 0.0476 | 0.0572 | 0.0521 | 0.0616 | 0.0568 | 0.0508 | 0.0575 | 0.0624 | 0.0758 | 0.0981 |
| 重庆 | 0.0000 | 0.0000 | 0.0000 | 0.0000 | 0.0000 | 0.0000 | 0.0000 | 0.0000 | 0.0000 | 0.0000 |
| 成都 | 0.0582 | 0.0602 | 0.0564 | 0.0540 | 0.0561 | 0.0521 | 0.0603 | 0.0607 | 0.0732 | 0.0630 |

资料来源：笔者自制。

表 5-10　　　　　　抵抗力—恢复力耦合协调度计算结果

| 年份<br>城市 | 2010 | 2011 | 2012 | 2013 | 2014 | 2015 | 2016 | 2017 | 2018 | 2019 |
|---|---|---|---|---|---|---|---|---|---|---|
| 北京 | 0.2250 | 0.2333 | 0.2207 | 0.2053 | 0.2020 | 0.1802 | 0.1691 | 0.1634 | 0.1391 | 0.1455 |
| 天津 | 0.1572 | 0.1563 | 0.1593 | 0.1654 | 0.1706 | 0.1683 | 0.1457 | 0.1301 | 0.1340 | 0.0864 |
| 上海 | 0.1988 | 0.1887 | 0.1648 | 0.1580 | 0.1699 | 0.1489 | 0.1546 | 0.1453 | 0.1406 | 0.1480 |
| 广州 | 0.0859 | 0.0758 | 0.0797 | 0.0694 | 0.0782 | 0.0722 | 0.0638 | 0.0538 | 0.0515 | 0.0582 |
| 深圳 | 0.0830 | 0.0863 | 0.0778 | 0.0967 | 0.0829 | 0.0722 | 0.0824 | 0.0889 | 0.1113 | 0.1498 |
| 重庆 | 0.0000 | 0.0000 | 0.0000 | 0.0000 | 0.0000 | 0.0000 | 0.0000 | 0.0000 | 0.0000 | 0.0000 |
| 成都 | 0.0879 | 0.0876 | 0.0879 | 0.0852 | 0.0809 | 0.0772 | 0.0864 | 0.0876 | 0.1059 | 0.0907 |

资料来源：笔者自制。

表 5-11　　　　　　抵抗力—进化力耦合协调度计算结果

| 年份<br>城市 | 2010 | 2011 | 2012 | 2013 | 2014 | 2015 | 2016 | 2017 | 2018 | 2019 |
|---|---|---|---|---|---|---|---|---|---|---|
| 北京 | 0.1998 | 0.1725 | 0.1631 | 0.1881 | 0.1635 | 0.2048 | 0.1753 | 0.1647 | 0.1520 | 0.1228 |
| 天津 | 0.0956 | 0.0000 | 0.0000 | 0.0000 | 0.0000 | 0.0000 | 0.0000 | 0.0000 | 0.0704 | 0.0678 |
| 上海 | 0.2265 | 0.2012 | 0.1775 | 0.1771 | 0.1870 | 0.2090 | 0.2028 | 0.2199 | 0.2083 | 0.1979 |
| 广州 | 0.2085 | 0.2302 | 0.2308 | 0.2249 | 0.2261 | 0.1929 | 0.2061 | 0.1509 | 0.1378 | 0.1305 |
| 深圳 | 0.1265 | 0.1550 | 0.1754 | 0.1698 | 0.1870 | 0.1858 | 0.1750 | 0.1829 | 0.1866 | 0.1801 |
| 重庆 | 0.0000 | 0.0000 | 0.0000 | 0.0000 | 0.0000 | 0.0000 | 0.0000 | 0.0000 | 0.0000 | 0.0000 |
| 成都 | 0.0879 | 0.0904 | 0.0812 | 0.0748 | 0.0935 | 0.1135 | 0.1126 | 0.1058 | 0.1239 | 0.1101 |

资料来源：笔者自制。

表 5-12　　　　　　恢复力—进化力耦合协调度计算结果

| 年份<br>城市 | 2010 | 2011 | 2012 | 2013 | 2014 | 2015 | 2016 | 2017 | 2018 | 2019 |
|---|---|---|---|---|---|---|---|---|---|---|
| 北京 | 0.1970 | 0.1691 | 0.1542 | 0.1803 | 0.1542 | 0.1577 | 0.1454 | 0.1323 | 0.1058 | 0.0926 |
| 天津 | 0.0896 | 0.0000 | 0.0000 | 0.0000 | 0.0000 | 0.0000 | 0.0000 | 0.0000 | 0.0658 | 0.1492 |
| 上海 | 0.1835 | 0.1634 | 0.1375 | 0.1396 | 0.1493 | 0.1419 | 0.1284 | 0.1247 | 0.1204 | 0.1221 |
| 广州 | 0.0696 | 0.0635 | 0.0671 | 0.0577 | 0.0660 | 0.0572 | 0.0533 | 0.0438 | 0.0412 | 0.0461 |
| 深圳 | 0.0624 | 0.0704 | 0.0624 | 0.0767 | 0.0677 | 0.0593 | 0.0691 | 0.0757 | 0.0942 | 0.1303 |

续表

| 年份 城市 | 2010 | 2011 | 2012 | 2013 | 2014 | 2015 | 2016 | 2017 | 2018 | 2019 |
|---|---|---|---|---|---|---|---|---|---|---|
| 重庆 | 0.0000 | 0.1042 | 0.1163 | 0.1388 | 0.1511 | 0.1663 | 0.1427 | 0.1057 | 0.1123 | 0.0803 |
| 成都 | 0.1313 | 0.1129 | 0.0847 | 0.0835 | 0.0845 | 0.0813 | 0.0877 | 0.0968 | 0.1208 | 0.0917 |

资料来源：笔者自制。

从表5-9可知，7个超大城市经济韧性的耦合协调度当前均处于严重失调水平，且仅有深圳市和成都市的经济韧性耦合协调度在2010—2019年表现出了上升的趋势。该结果表明7个超大城市的抵抗力、恢复力、进化力三个维度之间的耦合协调水平较差。

从表5-10可知，2010—2019年，北京市、天津市和上海市的抵抗力—恢复力耦合协调度高于其余4个超大城市，但只有北京市的抵抗力—恢复力耦合协调度出现了阶段的变化，即2014年之前，北京市处于中度失调水平，但从2015年起，北京市下降到严重失调水平。其余6个超大城市均处于严重失调水平，尽管深圳市和成都市的抵抗力—恢复力耦合协调度表现出上升趋势，但仍弱于上海市。

从表5-11可知，2010—2019年，上海市和广州市的抵抗力—进化力耦合协调度高于其余5个超大城市，在中度失调水平和严重失调水平之间波动，其余超大城市均处于严重失调水平。但这两个超大城市表现出不同的发展趋势，即上海市的抵抗力—进化力耦合协调度在2012—2014年下降，但之后又恢复到中度失调水平；广州市自2017年起下降到严重失调水平后，到2019年也未恢复到中度失调水平。除此之外，深圳市和成都市的抵抗力—进化力耦合协调度继续表现出上升趋势，且深圳市的耦合协调度正在逐渐超过北京市。

从表5-12可知，2010—2019年，北京市和上海市的恢复力—进化力耦合协调度高于其余5个超大城市，但7个超大城市均处于严重失调水平。只有深圳市的恢复力—进化力耦合协调度表现出上升趋势，且逐渐超过了其他超大城市。

为了使上述分析更加清晰，故将7个超大城市的4种耦合协调度绘制成折线图，如图5-2所示：

(a) 北京市

(b) 天津市

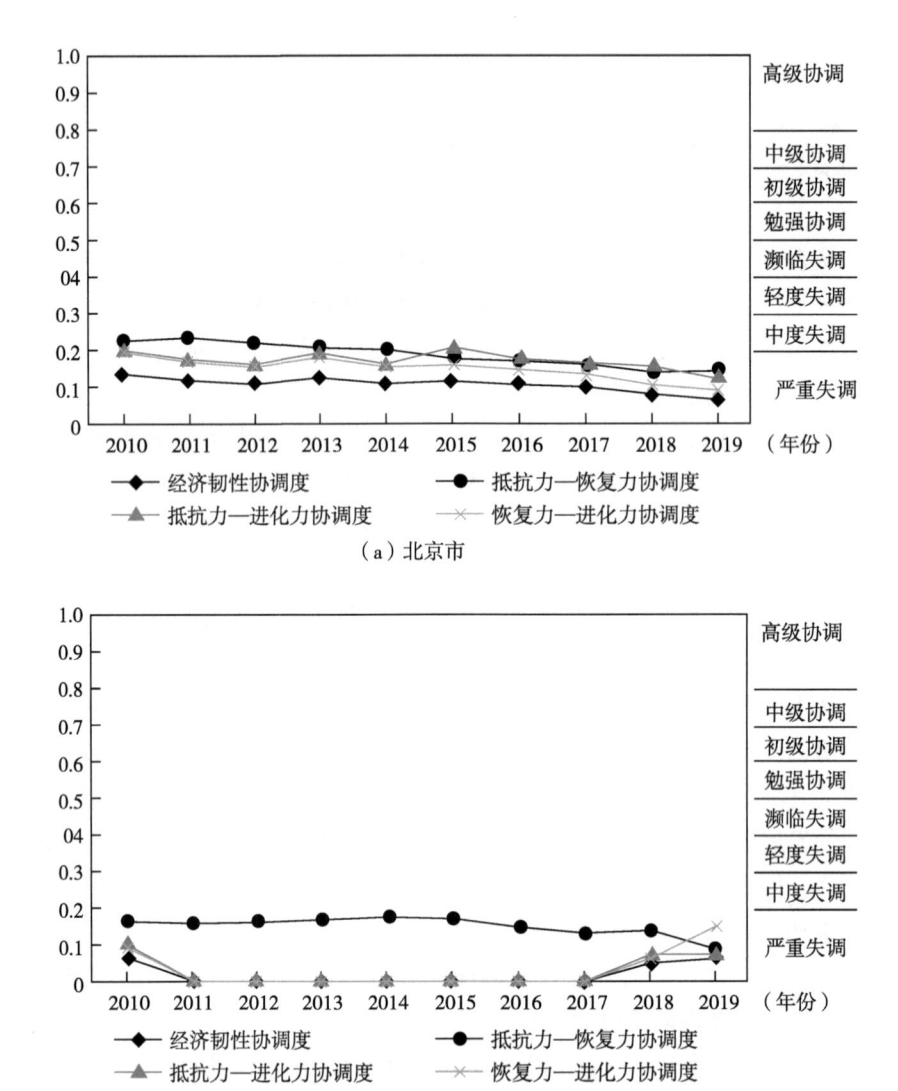

图 5-2 超大城市经济韧性四种耦合协调度折线图

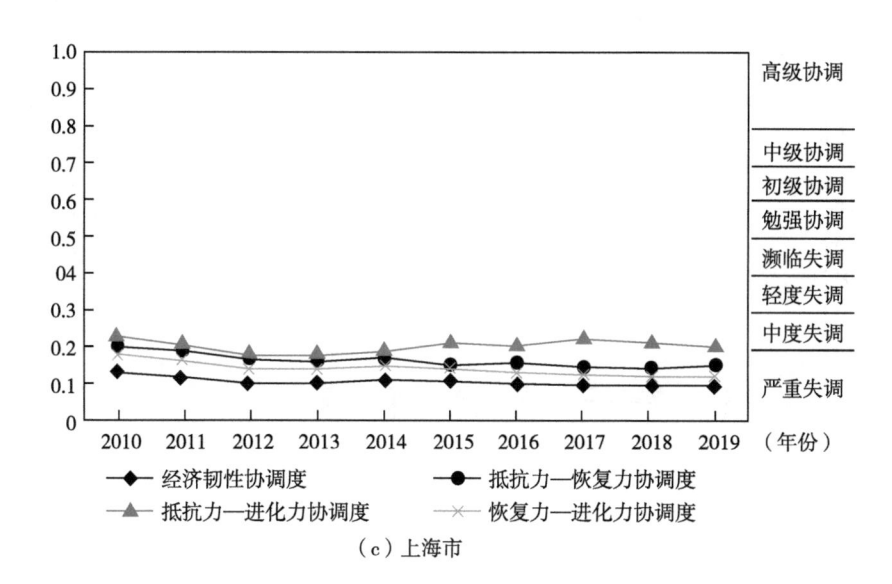

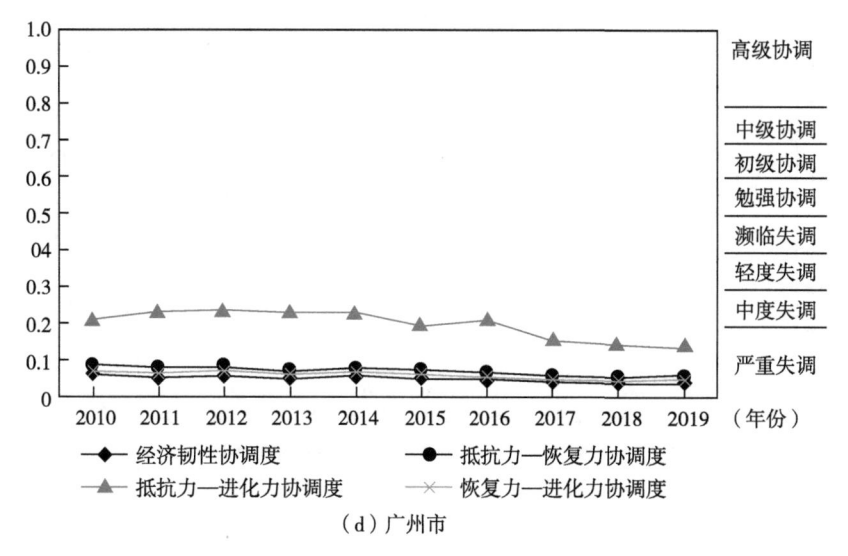

第五章 中国超大城市经济韧性的演化特征 / 137

(c) 上海市

(d) 广州市

图 5-2 超大城市经济韧性四种耦合协调度折线图（续）

138 / 中国超大城市经济韧性的系统分析

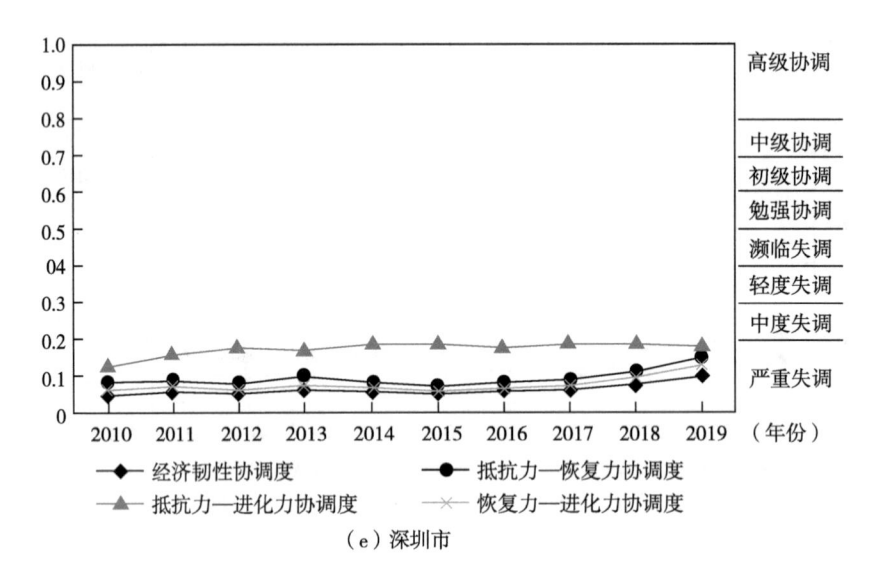

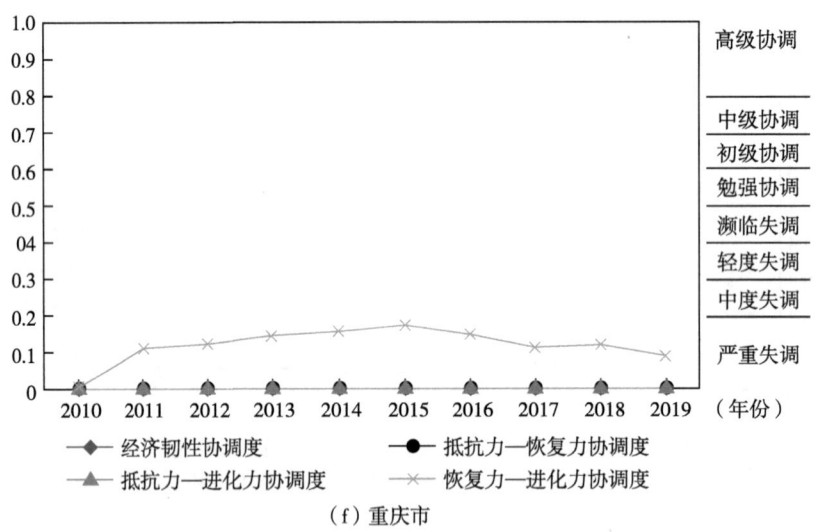

(e)深圳市

(f)重庆市

图 5-2 超大城市经济韧性四种耦合协调度折线图（续）

(g) 成都市

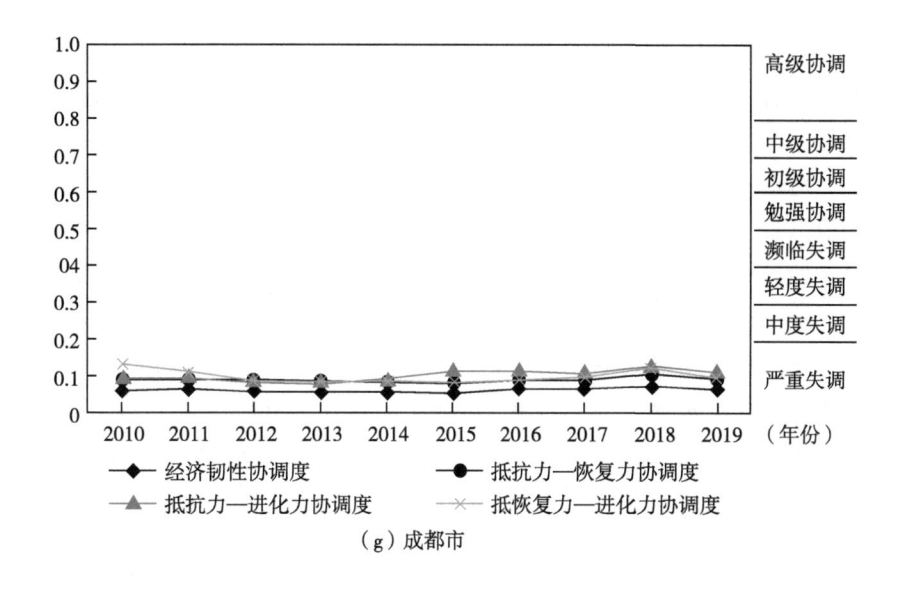

**图 5-2　超大城市经济韧性四种耦合协调度折线图（续）**

资料来源：笔者自绘。

## 第三节　影响因子解释力分析

从第四章超大城市经济韧性的水平评价来看，评价结果出现了较大的地区差异，这也是多个影响因子共同作用的结果。对影响因子解释力进行分析，有助于完善经济韧性演化特征的相关研究，并揭示不同超大城市经济韧性差异化表现的成因（Wang et al.，2010；李嘉琪等，2020）。

对影响因子解释力进行分析，实质上是探测各个影响因子对经济韧性的解释力度，因此，本节拟运用地理探测器（Geodetector）作为研究工具。地理探测器是王劲峰教授于 2010 年提出的一种统计学方法，主要功能是探测观测对象的空间分异性并明晰主要影响因素，与本节的研究目标比较一致。具体而言，地理探测器探讨了需要研究的因素在总研究区域和不同子研究区域之间的方差差异，并使用两者的方差比值来代表该因素的解释力大小，且比值越小代表解释力越弱。对比其他影响因子解释力分析的统计学方法，地理探测器模型的优势在于不需要制定变量线性变化的假设，即该模型可以对多种类型的变量进行分析，无论是数值型变量或者是定向数据，以及顺序变量、比值变量或者间隔变量等，仅需要通过离散化处理转化为类型变量即可，还能够对小样本量进行分析。因此，地理探测器对变量关系的构建比经典回归模型更加合理，估计系数的值则表示了各个影响因素对待研究目标的解释程度。地理探测器模型最开始被用于分析区域疾病传播和风险的特征，以及对疾病起到主要作用的地理性因素，后逐渐用于测度区域空间分异性、探测影响因子、分析影响因子作用机制的研究中，当前已经广泛地应用于城镇化、经济增长等社会经济领域（王一晴等，2020；辛龙等，2020）。

地理探测器模型包括 4 种子探测器，分别是风险探测器、因子探测器、生态探测器和交互作用探测器。其中，风险探测器用于分析划分出的不同子研究区域之间的差异性；因子探测器则用于探测各个影响因子对待研究目标的解释程度；生态探测器主要用于分析各个影响因子是否受到不同子研究区域地理条件的影响；交互作用探测器主要用于探测各个影响因子之间是否具有协同、拮抗或独立作用关系。基于本节的研究目标，选用因子探测器来分析影响因子的解释力。目前因子探测器模型已被应用到城市生态效率影响因子探测、城市生态质量影响因子探测的研究中。

就基本原理而言，因子探测器旨在检验某个影响因子是不是导致区域形成某种空间分布的原因，详细方法是计算该影响因子在总研究区域和不同子研究区域上的方差比值，且比值越大则影响因子的解释程度越强，如图 5-3 所示：

$$q = 1 - \frac{\sum_{h=1}^{L} N_h \sigma_h^2}{N \sigma^2}$$

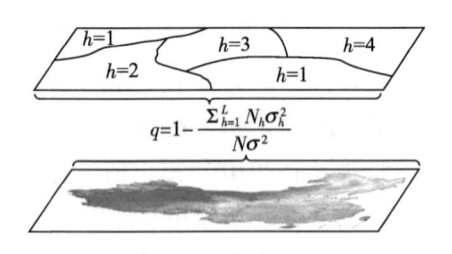

**图 5-3　因子探测模块原理**

资料来源：王劲峰、徐成东：《地理探测器：原理与展望》，《地理学报》2017 年第 1 期。

根据上述原理，得到因子探测模块模型如下：

$$q = 1 - \frac{1}{N\sigma^2}\sum_{h=1}^{L} N_h \sigma_h^2 \tag{5-18}$$

其中，$q$ 表示影响因子解释力，且 $q \in [0, 1]$，$q$ 值越大代表影响因子的解释力越大。$q=0$ 表示该影响因子对因变量无解释力，不是形成因变量的主要；$q=1$ 则表示因变量完全由该影响因子决定，对因变量实现了 100% 的解释。$h=1, 2, \cdots, L$ 是子区域的数量，$N_h$ 和 $N$ 分别表示子区域 $h$ 和总区域的样本数量，$\sigma_h^2$ 和 $\sigma^2$ 分别表示子区域 $h$ 和总区域的方差。

运用因子探测器进行分析的流程如下。

（一）确定因变量和自变量

本书探究不同影响因子对经济韧性的解释力，故将经济韧性设置为因变量，自变量为前述章节构建的超大城市经济韧性评价指标体系中的 15 个指标，即 1 个因变量对应 15 个自变量。

（二）对自变量进行离散处理

运用地理探测器的因子探测模块时，待研究的目标 Y 既可以是连续型变量也可以是类型变量，但各个影响因子却只能是类型变量。倘若不是类型变量，就需要对这些影响因子的数据进行离散处理。经济韧性（包括各维度韧性）作为因变量，本身就是连续型变量不需要进行处理，但 15 个评价指标作为影响因素时，并不是连续型变量，而需要通过离散处理将其转变为类型变量。

已有文献在进行数据的离散处理时多使用聚类分类、自然断点、等宽法以及等频法等。基于此地理探测器的适用条件，且 15 个指标均有 10 年数据，因此采用等频法（k=5）对自变量进行离散处理。

（三）运行 Geodetector 软件的 Factor_detector 模块

借助 Geodetector 软件的因子分析模块对 2010—2019 年 7 个超大城市的经济韧性影响因子进行探测。设 $q>0.7$ 的影响因子为主要因素，计算出 15 个影响因子对超大城市经济韧性水平的解释程度，见表 5-13 到表 5-19 所示：

1. 北京市

北京市经济韧性的各影响因子解释力计算结果，如表 5-13 所示：

表 5-13　　　　　　　北京市经济韧性的因子探测结果

| 序号 | 影响因子 | Economic resilience-$q$ 值 |
| --- | --- | --- |
| X1 | 经济发展水平 | 0.9425 |
| X2 | 社会保障水平 | 0.4101 |
| X3 | 财政自给水平 | 0.9425 |
| X4 | 就业水平 | 0.7198 |
| X5 | 对外开放度 | 0.3697 |
| X6 | 固定资产投资水平 | 0.9425 |
| X7 | 地区工业规模 | 0.8949 |
| X8 | 产业结构多样度 | 0.3525 |
| X9 | 研发投入力度 | 0.8874 |
| X10 | 创新产出水平 | 0.4137 |
| X11 | 经济集聚水平 | 0.9425 |
| X12 | 金融发展水平 | 0.6317 |
| X13 | 信息化发展水平 | 0.3429 |
| X14 | 创业活力 | 0.2806 |
| X15 | 人力资本素质 | 0.6958 |

资料来源：笔者自制。

如表 5-13 所示，在 15 个影响因子中，对北京市经济韧性的解释力按从大到小排序依次为：经济发展水平 X1＝财政自给水平 X3＝固定资产投资水平 X6＝经济集聚水平 X11＞地区工业规模 X7＞研发投入力度 X9＞就业水平 X4＞人力资本素质 X15＞金融发展水平 X12＞创新产出水平 X10＞社会保障水平 X2＞对外开放度 X5＞产业结构多样度 X8＞信息化发展水平 X13＞创业活力 X14。其中，经济发展水平 X1、财政自给水平 X3、固定资产投资水平 X6、经济集聚水平 X11、地区工业规模 X7、研发投入力度 X9 和就业水平 X4 是主要因素。

2. 天津市

天津市经济韧性的各影响因子解释力计算结果，如表 5-14 所示：

表 5-14　　　　　　　天津市经济韧性的因子探测结果

| 序号 | 影响因子 | Economic resilience-$q$ 值 |
| --- | --- | --- |
| X1 | 经济发展水平 | 0.5443 |

续表

| 序号 | 影响因子 | Economic resilience-$q$ 值 |
| --- | --- | --- |
| X2 | 社会保障水平 | 0.6145 |
| X3 | 财政自给水平 | 0.5443 |
| X4 | 就业水平 | 0.4405 |
| X5 | 对外开放度 | 0.2979 |
| X6 | 固定资产投资水平 | 0.4559 |
| X7 | 地区工业规模 | 0.5443 |
| X8 | 产业结构多样度 | 0.5443 |
| X9 | 研发投入力度 | 0.3205 |
| X10 | 创新产出水平 | 0.7045 |
| X11 | 经济集聚水平 | 0.6391 |
| X12 | 金融发展水平 | 0.5822 |
| X13 | 信息化发展水平 | 0.2872 |
| X14 | 创业活力 | 0.7353 |
| X15 | 人力资本素质 | 0.4472 |

资料来源：笔者自制。

如表5-14所示，在15个影响因子中，对天津市经济韧性的解释力按从大到小排序依次为：创业活力X14>创新产出水平X10>经济集聚水平X11>社会保障水平X2>金融发展水平X12>财政自给水平X3＝经济发展水平X1＝地区工业规模X7＝产业结构多样度X8>固定资产投资水平X6>人力资本素质X15>就业水平X4>研发投入力度X9>对外开放度X5>信息化发展水平X13。其中，创业活力X14和创新产出水平X10是主要因素。

3. 上海市

上海市经济韧性的各影响因子解释力计算结果，如表5-15所示：

表5-15　　　　　　上海市经济韧性的因子探测结果

| 序号 | 影响因子 | Economic resilience-$q$ 值 |
| --- | --- | --- |
| X1 | 经济发展水平 | 0.7851 |
| X2 | 社会保障水平 | 0.6815 |
| X3 | 财政自给水平 | 0.6428 |

续表

| 序号 | 影响因子 | Economic resilience-$q$ 值 |
| --- | --- | --- |
| X4 | 就业水平 | 0.5610 |
| X5 | 对外开放度 | 0.7851 |
| X6 | 固定资产投资水平 | 0.7851 |
| X7 | 地区工业规模 | 0.8916 |
| X8 | 产业结构多样度 | 0.6517 |
| X9 | 研发投入力度 | 0.7851 |
| X10 | 创新产出水平 | 0.5688 |
| X11 | 经济集聚水平 | 0.5483 |
| X12 | 金融发展水平 | 0.2016 |
| X13 | 信息化发展水平 | 0.8712 |
| X14 | 创业活力 | 0.6815 |
| X15 | 人力资本素质 | 0.7627 |

资料来源：笔者自制。

如表5-15所示，在15个影响因子中，对上海市经济韧性的解释力按从大到小排序依次为：地区工业规模X7>信息化发展水平X13>经济发展水平X1=研发投入力度X9=对外开放度X5=固定资产投资水平X6>人力资本素质X15>社会保障水平X2=创业活力X14>产业结构多样度X8>财政自给水平X3>创新产出水平X10>就业水平X4>创新产出水平X10>经济集聚水平X11>金融发展水平X12。其中，地区工业规模X7、信息化发展水平X13、经济发展水平X1、研发投入力度X9、对外开放度X5、固定资产投资水平X6和人力资本素质X15是主要因素。

4. 广州市

广州市经济韧性的各影响因子解释力计算结果，如表5-16所示：

表5-16　　　　广州市经济韧性的因子探测结果

| 序号 | 影响因子 | Economic resilience-$q$ 值 |
| --- | --- | --- |
| X1 | 经济发展水平 | 0.7655 |
| X2 | 社会保障水平 | 0.4225 |
| X3 | 财政自给水平 | 0.7676 |

续表

| 序号 | 影响因子 | Economic resilience-$q$ 值 |
|---|---|---|
| X4 | 就业水平 | 0.7655 |
| X5 | 对外开放度 | 0.6110 |
| X6 | 固定资产投资水平 | 0.4859 |
| X7 | 地区工业规模 | 0.6083 |
| X8 | 产业结构多样度 | 0.6104 |
| X9 | 研发投入力度 | 0.8888 |
| X10 | 创新产出水平 | 0.7655 |
| X11 | 经济集聚水平 | 0.3899 |
| X12 | 金融发展水平 | 0.6313 |
| X13 | 信息化发展水平 | 0.6291 |
| X14 | 创业活力 | 0.5909 |
| X15 | 人力资本素质 | 0.4140 |

资料来源：笔者自制。

如表5-16所示，在15个影响因子中，对广州市经济韧性的解释力按从大到小排序依次为：研发投入力度X9>财政自给水平X3>经济发展水平X1=就业水平X4=创新产出水平X10>金融发展水平X12>信息化发展水平X13>对外开放度X5>产业结构多样度X8>地区工业规模X7>创业活力X14>固定资产投资水平X6>社会保障水平X2>人力资本素质X15>经济集聚水平X11。其中，研发投入力度X9、财政自给水平X3、经济发展水平X1、就业水平X4、创新产出水平X10是主要因素。

5. 深圳市

深圳市经济韧性的各影响因子解释力计算结果，如表5-17所示：

表5-17　　　　深圳市经济韧性的因子探测结果

| 序号 | 影响因子 | Economic resilience-$q$ 值 |
|---|---|---|
| X1 | 经济发展水平 | 0.8747 |
| X2 | 社会保障水平 | 0.1990 |
| X3 | 财政自给水平 | 0.2475 |
| X4 | 就业水平 | 0.8747 |

续表

| 序号 | 影响因子 | Economic resilience-$q$ 值 |
|---|---|---|
| X5 | 对外开放度 | 0.8747 |
| X6 | 固定资产投资水平 | 0.8747 |
| X7 | 地区工业规模 | 0.8747 |
| X8 | 产业结构多样度 | 0.8745 |
| X9 | 研发投入力度 | 0.8745 |
| X10 | 创新产出水平 | 0.9436 |
| X11 | 经济集聚水平 | 0.4337 |
| X12 | 金融发展水平 | 0.7219 |
| X13 | 信息化发展水平 | 0.8745 |
| X14 | 创业活力 | 0.5040 |
| X15 | 人力资本素质 | 0.5832 |

资料来源：笔者自制。

如表 5-17 所示，在 15 个影响因子中，对深圳市经济韧性的解释力按从大到小排序依次为：创新产出水平 X10>经济发展水平 X1=就业水平 X4=对外开放度 X5=固定资产投资水平 X6=地区工业规模 X7=产业结构多样度 X8=研发投入力度 X9=信息化发展水平 X13>金融发展水平 X12>人力资本素质 X15>创业活力 X14>经济集聚水平 X11>财政自给水平 X3>社会保障水平 X2。其中，创新产出水平 X10、经济发展水平 X1、就业水平 X4、对外开放度 X5、固定资产投资水平 X6、地区工业规模 X7、产业结构多样度 X8、研发投入力度 X9、信息化发展水平 X13、金融发展水平 X12 是主要因素。

6. 重庆市

重庆市经济韧性的各影响因子解释力计算结果，如表 5-18 所示：

表 5-18　　　　重庆市经济韧性的因子探测结果

| 序号 | 影响因子 | Economic resilience-$q$ 值 |
|---|---|---|
| X1 | 经济发展水平 | 0.7341 |
| X2 | 社会保障水平 | 0.7341 |
| X3 | 财政自给水平 | 0.3512 |

续表

| 序号 | 影响因子 | Economic resilience-$q$ 值 |
| --- | --- | --- |
| X4 | 就业水平 | 0.6462 |
| X5 | 对外开放度 | 0.6870 |
| X6 | 固定资产投资水平 | 0.5178 |
| X7 | 地区工业规模 | 0.5322 |
| X8 | 产业结构多样度 | 0.5322 |
| X9 | 研发投入力度 | 0.4328 |
| X10 | 创新产出水平 | 0.5194 |
| X11 | 经济集聚水平 | 0.6111 |
| X12 | 金融发展水平 | 0.6428 |
| X13 | 信息化发展水平 | 0.6923 |
| X14 | 创业活力 | 0.2521 |
| X15 | 人力资本素质 | 0.3533 |

资料来源：笔者自制。

如表5-18所示，在15个影响因子中，对重庆市经济韧性的解释力按从大到小排序依次为：经济发展水平X1＝社会保障水平X2>信息化发展水平X13>对外开放度X5>就业水平X4>金融发展水平X12>经济集聚水X11>地区工业规模X7＝产业结构多样度X8>创新产出水平X10>固定资产投资水平X6>研发投入力度X9>人力资本素质X15>财政自给水平X3>创业活力X14。其中，经济发展水平X1和社会保障水平X2是主要因素。

7. 成都市

成都市经济韧性的各影响因子解释力计算结果，如表5-19所示：

表5-19　　　　　成都市经济韧性的因子探测结果

| 序号 | 影响因子 | Economic resilience-$q$ 值 |
| --- | --- | --- |
| X1 | 经济发展水平 | 0.6613 |
| X2 | 社会保障水平 | 0.6613 |
| X3 | 财政自给水平 | 0.3655 |
| X4 | 就业水平 | 0.6558 |
| X5 | 对外开放度 | 0.4018 |

续表

| 序号 | 影响因子 | Economic resilience-$q$ 值 |
| --- | --- | --- |
| X6 | 固定资产投资水平 | 0.7391 |
| X7 | 地区工业规模 | 0.6613 |
| X8 | 产业结构多样度 | 0.6613 |
| X9 | 研发投入力度 | 0.0783 |
| X10 | 创新产出水平 | 0.4479 |
| X11 | 经济集聚水平 | 0.3402 |
| X12 | 金融发展水平 | 0.7369 |
| X13 | 信息化发展水平 | 0.6177 |
| X14 | 创业活力 | 0.5899 |
| X15 | 人力资本素质 | 0.3639 |

资料来源：笔者自制。

如表5-19所示，在15个影响因子中，对成都市经济韧性的解释力按从大到小排序依次为：固定资产投资水平X6>金融发展水平X12>经济发展水平X1=社会保障水平X2=地区工业规模X7=产业结构多样度X8>就业水平X4>信息化发展水平X13>创业活力X14>创新产出水平X10>对外开放度X5>财政自给水平X3>人力资本素质X15>经济集聚水平X11>研发投入力度X9。其中，固定资产投资水平X6和金融发展水平X12是主要因素。

## 第四节　中国超大城市经济韧性演化特征总结

首先，收敛性分析反映了中国7个超大城市经济韧性的总体发展趋势，综合了$\alpha$收敛、绝对$\beta$收敛和条件$\beta$收敛结果可以判定出7个超大城市经济韧性存在收敛特征，即7个超大城市经济韧性的差异正随着时间推移呈现逐渐缩小的趋势，存在落后城市的"追赶效应"，这与上一章主要结论之一——经济韧性水平较低的城市表现出上升趋势是吻合的。

其次，经济韧性是由三个维度构成，因此经济韧性水平反映了抵抗力维度、恢复力维度和进化力维度之间的耦合协调性，而非三个维度之间简单的线性相加。通过耦合协调度的测算发现，第一，在耦合度上，无论是三个维度的耦合度还是两两维度之间的耦合度，7个超大城市都还处于比较低的水平，最好的才达到了拮抗状态，没能达到磨合阶段或高水平耦合。但各个超大城市仍然表现出了一些差异性，在两两维度的耦合性上，除重庆市始终停留在低水平耦合状态，其余6个超大城市在大部分年份均达到了拮抗状态，优于三个维度之间的耦合度，这一点在北京、上海等高经济韧性水平的超大城市上最为明显；第二，在耦合协调度上，7个超大城市在3个维度耦合协调性和两两维度之间耦合协调性上均处于严重失调水平，即使高经济韧性水平的超大城市在个别年份达到了中度失调水平，但又很快下降。总体来说，无论是高、中等还是低经济韧性水平的超大城市，其经济韧性子维度间的耦合协调性仍比较弱，需要加强系统管理。

最后，影响因子解释力揭示了对超大城市经济韧性水平起到了主要贡献的因素。结论表明，经济韧性较高的超大城市具有更多的主要因素，如深圳市拥有10个主要因素，而重庆市仅有2个主要因素。换言之，经济韧性水平较高的超大城市在更多指标上表现优异，因此这些指标也表现出更加显著的正向促进作用。

## 第五节　小结

演化特征属于经济韧性的非线性特征，由于经济系统始终处于动态变化的过程，因此经济韧性也表现出不同的演化特征。本章在对中国7个超大城市经济韧性的现状水平进行量化和对比的基础上，从收敛性、耦合协调性和影响因子解释力三个方面展开了7个超大城市演化特征的分析。

收敛性分析的主要目的是检验7个超大城市的经济韧性水平在样本期内是趋同还是发散。本章分析了$\alpha$收敛、绝对$\beta$收敛和条件$\beta$收敛分析。其中，$\alpha$收敛通过变异系数进行衡量，而绝对$\beta$收敛和条件$\beta$收敛分析则构建了计量模型并检验了系数收敛性。结果表明不同超大城市的经济韧性存在收敛效应，即不同超大城市经济韧性的空间差异随着时间推移呈现逐渐缩小的趋势。

　　耦合协调度用于描述系统内部各个组成部分的发展和谐程度。测算超大城市经济韧性的耦合协调度，就是测算抵抗力韧性、恢复力韧性和进化力韧性之间的相互作用、相互依赖和相互配合程度。结果表明中国7个超大城市的耦合度和耦合协调度均处于比较低的水平，但高经济韧性水平的超大城市明显优于低经济韧性水平的超大城市。

　　影响因子解释力用于探测各个影响因子对经济韧性的解释力度。由于中国7个超大城市的经济韧性水平是基于评价指标体系得到的，因此各个评价指标实际上对经济韧性发挥了不同的作用，而发挥主要作用的指标通常被称为主要因素。运用地理探测器模型探测了各个评价指标（影响因子）对超大城市经济韧性的解释力，结果表明经济韧性水平较高的超大城市拥有更多的主要因素，即更多的指标对城市经济韧性表现出强解释作用。

# 第六章　超大城市经济韧性演化趋势的系统动力学模型

上一章分析了超大城市经济韧性的演化特征，是演化机制研究内容的第一部分。本章将开展经济韧性演化机制研究的第二部分——经济韧性的演化趋势分析。经济韧性的演化趋势是经济韧性在一段时间内的变化模式，需要采用能够进行连续性研究的方法。考虑到经济系统的演化和经济韧性的动态特征，本章主要运用建模仿真的方法来展开经济韧性演化趋势的研究，即运用前述评价框架，由面及点，构建出超大城市经济韧性的仿真模型。由于超大城市的经济系统遵循多尺度嵌套适应性循环的规律，因此表现出复杂性、涌现性、自组织性、反馈性等特征，经济韧性也会随之进行动态变化。为了反映经济系统和经济韧性的这种非线性特征，本章将采用系统动力学方法进行建模。本章构建的模型主要用于研究超大城市经济韧性的演化趋势，通过流率入树建模法构建出超大城市经济韧性的存量流量图，并分析模型内部的因果反馈机制，定性剖析超大城市经济韧性的内部反馈机制，为超大城市经济韧性的仿真分析奠定了模型基础。

## 第一节　建模思路

系统动力学（System dynamics，SD）是系统工程方法论中的一种建模方法，最早由美国麻省理工学院福瑞斯特教授创立并进行了广泛的使用。该方法通过对现实系统进行结构—功能分析来找出各组件之间的作用关系并建立因果机制模型，然后通过对模型因果关系的仿真模拟来解释现实系统的逻辑机理和行为机制（Coyle，1997）。系统动力学以控制论、还原论及信息论为理论基础，综合理论分析和仿真模拟手段，将系统进行逐层分解并剖析系统内部逻辑结构，从而明晰系统内部的因果机理。目前系统动力学方法已经广泛应用于各个领域，尤其是量化评价（Phonphoton and Pharino，2019；Liu et al.，2020）、动态仿真（蒯鹏等，2014；汪德根等，2013）、情景模拟（崔学刚等，2019；陈媛媛等，2018；佟宝全，2017）、路径优化（潘娜等，2019；姚翠友等，2020；杨秀平等，2020）等方面。在城市系统的研究中，系统动力学也通常应用于研究城市单个系统（Sayyadi and Awasthi，2018；常丹等，2020）、城市群系统以及区域系统（卢万合等，2012；顾朝林等，2016），关注经济发展、环境污染（高明和陈丽，2020；杨子江等，2019；张燕等，2021；Li et al.，2019）、灾害应急（武佳倩等，2015）、知识网络（阎海燕等，2021；陈怀超等，2020）、旅游产业等热点问题。

利用系统动力学方法来对城市系统进行刻画、分析和因果机制剖析已经在大量文献中得到了应用。例如，系统动力学创始人福瑞斯特教授在20世纪70年代初应用系统动力学方法构建了美国各个城市的模型，并通过模型仿真模拟剖析了这些城市兴衰的成因。这一研究成果也促进了城市动力学的诞生；Ho 和 Wang（2005）构建了新竹科学园区的城市系统动力学模型，并提出经济、社会和环境的和谐发展是城市可持续发展的关键；Duran-Encalada 和 Paucar-Caceres（2009）应用系统动力学方法对墨西哥城市进行了仿真建模。超大城市作为一个开放的经济—社会—自然复合生态系统，在面对冲击时，经济韧性的抵抗力、恢复力和进化力发挥了不同的功效以确保系统稳健运行，这种相互作用的机制很难用一个或几个线性模型进行描述。因此，结合系统动力学方法在城市系统上的广泛应用，本书将构建超大城市经济韧性的系统动力学模型，旨在剖析各组件间非线性、多反馈的复杂关系，并仿真模拟经济韧性的演化趋势，从而为制定提升策略提供实证证据。超大城市经济韧性的系统动力学模型建模思路如图6-1所示。

（一）界定研究问题

界定研究问题有利于界定系统动力学模型的边界，避免包含过多变量形成巨型模型。本书的研究对象为中国现有的7个超大城市，研究问题为仿真模拟超大城市经济韧性的演化趋势。

# 第六章 超大城市经济韧性演化趋势的系统动力学模型

```
界定研究问题 ──→ • 研究对象：超大城市经济韧性
                  • 研究目的：经济韧性演化趋势
      ↓
系统结构分析 ──→ • 现有理论实证研究
                  • 超大城市经济韧性评价指标的
                    相互关联
      ↓
构建系统动力学模型 ──→ • 绘制流率入树
                        • 系统动力学模型
                        • 反馈环计算
      ↓
模型检验及修正 ──→ • 直接结构检验
                    • 针对结构的行为检验
                    • 行为检验
      ↓
模型仿真 ──→ • 仿真结果分析
              • 演化趋势分析
```

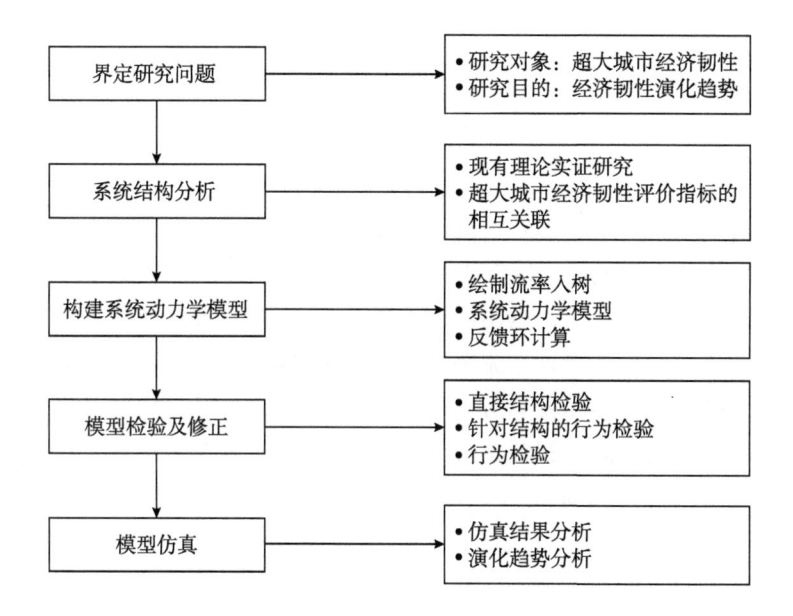

**图 6-1　系统动力学建模步骤**

资料来源：笔者自绘。

## （二）系统结构分析

根据前述理论和实证研究，以第三章构建的超大城市经济韧性的最终评价指标体系为基础，通过公式和函数来构建指标间联系，明晰系统内部逻辑结构。

## （三）建立系统动力学模型

构建系统动力学模型的流程多是先分析系统内部因果机制，并基于因果机制生成可用于仿真的模型。为了增强模型构建过程中的科学性和可靠性，本书将使用流率入树建模法来生成超大城市经济韧性的仿真模拟。即在系统结构分析的基础上逐层生成流率入树模型，再执行嵌运算搭建整体模型并采用枝向量反馈法分析系统动力学模型反馈结构。

## （四）模型检验与修正

运用结构检验方法和行为检验方法对模型进行校验，并对偏差较大的关系进行修改，通过调整变量关系与参数，使模型更接近实际情况。

## （五）模型仿真

根据现实情况对系统动力学模型的外生变量进行赋值，并运用 VENSIM 仿真平台仿真模拟超大城市经济韧性的演化趋势。

## 第二节 建模流程

如前所述，本书主要采用流率基本入树建模法来生成超大城市经济韧性的系统动力学模型。该方法由南昌大学的贾仁安教授团队于1998年创立，以还原论为基础，运用图论中的生成树理论来对复杂系统进行逐层分解和还原。具体而言，流率基本入树建模法首先将所研究的复杂系统根据研究目的和实际背景分析划分为若干个子系统，然后分别设定每个子系统的流位、流率和辅助变量，并根据变量间因果关系生成一个基本入树（In-tree），最后通过嵌运算将所有基本入树模型进行连结形成整体模型。因此，相较于系统动力学常用建模方法（先绘制因果反馈图，在此基础上构建模型）而言，流率基本入树建模法的科学性和严谨性更强。以下阐述流率基本入树建模法的两个定义。

定义1：若 $t \in T$，一个动态有向图 $T(t) = [V(t), X(t)]$ 中，存在一个点 $v(t) \in V(T)$，使 $T(t)$ 中任意一点 $u(t) \in V(t)$，有且仅有一条由 $u(t)$ 至 $v(t)$ 的有向道路，则此有向图 $T(t)$ 称为一棵入树，且 $v(t)$ 称为树根，满足 $d[u(t)] = 0$ 的 $u(t)$ 称为树尾，从树尾至树根的一条有向道路称为一根树枝。

定义2：如果入树模型 $T(t)$ 以流率变量作为树根 $v(t_1)$，以流位变量作为树尾 $u(t)$，则 $u(t)$ 的个数也就是入树模型 $T(t)$ 的阶数，而唯一有向树枝中包含的 $u(t)$ 的个数就是枝阶长度。

运用流率基本入树建模法构建系统动力学模型的主要流程为：

第一，界定研究问题和研究边界，从而生成系统动力学模型的流位流率系，可以用 $\{[L_1(t), R_1(t)], [L_2(t), R_2(t)], \cdots, [L_n(t), R_n(t)]\}$ 来表示。其中，$L(t)$ 代表流位变量，$R(t)$ 代表流率变量。

第二，分别生成每个入树模型 $T_i(t)$，如果树枝中仅包含一个流位变量 $L(t)$，则入树模型 $T_i(t)$ 被称为基本入树模型，如图6-2所示。

在流率基本入树模型中，流位变量 $L_j(t)$ 可以直接或者通过辅助变量 $A(t)$ 或 $B(t)$ 来控制流率变量，且 $A(t)$ 或 $B(t)$ 既可以是单个辅助变量，也可以是多个辅助变量形成的有向链。

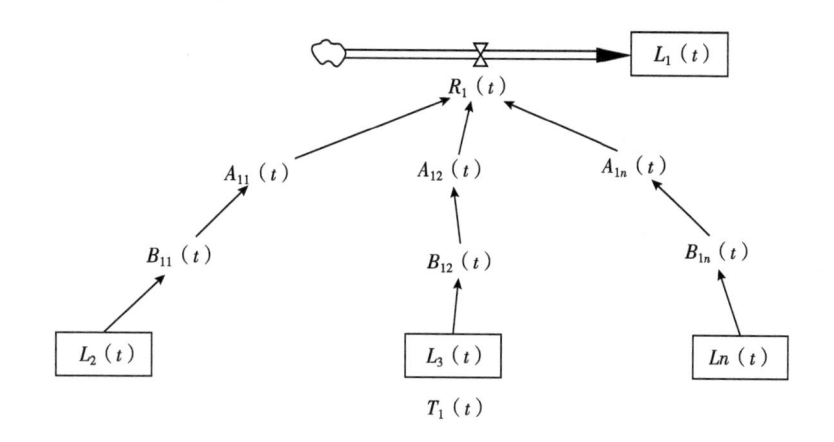

图 6-2　流率基本入树

资料来源：笔者自绘。

第三，对以上生成的所有流率基本入树模型 $T_1(t)$，$T_2(t)$，…，$T_n(t)$ 执行嵌运算，即将顶点、弧进行合并，并将流率与对应流位进行连接，从而得到整体流图模型 $G(T)$。流图模型 $G(T)$ 需满足交换律和结合律 2 个重要性质：

交换律：$G_1(t)\overrightarrow{U}G_2(t) = G_2(t)\overrightarrow{U}G_1(t)$

结合律：$[G_1(t)\overrightarrow{U}G_2(t)]\overrightarrow{U}G_3(t) = G_1(t)\overrightarrow{U}[G_2(t)\overrightarrow{U}G_3(t)]$

## 一　研究问题分析

在前述研究对超大城市经济韧性进行量化评价和演化特征分析的基础上，为了进一步分析经济韧性的演化趋势，需要构建系统动力学模型来仿真模拟经济韧性的历史发展轨迹和未来发展趋势，并通过明晰经济韧性子维度的相互作用机制来探索优化系统的优化路径，这也是本章的主要研究问题。

鉴于第三章构建了超大城市经济韧性的评价指标体系，本章将在评价指标体系的基础上，从抵抗力韧性、恢复力韧性和进化力韧性 3 个子系统构建系统动力学模型。

## 二　因果树分析

系统动力学模型的主要理念是系统行为由系统结构决定，通过系统结构的调整来改变系统行为。而系统动力学模型最重要的内部结构就是因果作用机制，因此，基于第三章构建的超大城市经济韧性最终评价指标体系，得出系统动力学模型存在的 5 个主要因果树（Causes Tree），如图 6-3 到图 6-7 所示：

恢复力韧性变化量 $R_3(t)$
抵抗力韧性变化量 $R_2(t)$ → 经济韧性变化量 $R_1(t)$ —— 经济韧性 $L_1(t)$
进化力韧性变化量 $R_4(t)$

**图 6-3 经济韧性因果树**

资料来源：笔者自绘。

社会保障水平 $A_{22}(t)$
经济发展水平 $A_{21}(t)$
财政自给水平 $A_{23}(t)$ → 抵抗力韧性变化量 $R_2(t)$ —— 抵抗力韧性 $L_2(t)$
进化力韧性影响因子 $A_{24}(t)$

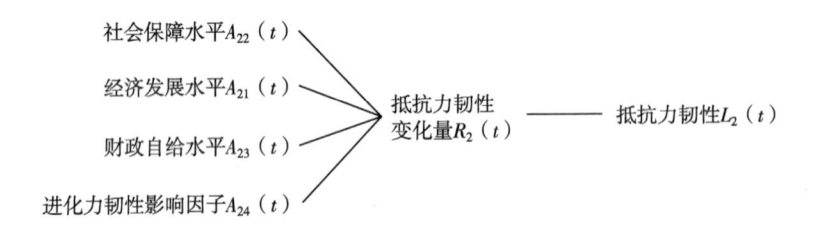

**图 6-4 抵抗力韧性因果树**

资料来源：笔者自绘。

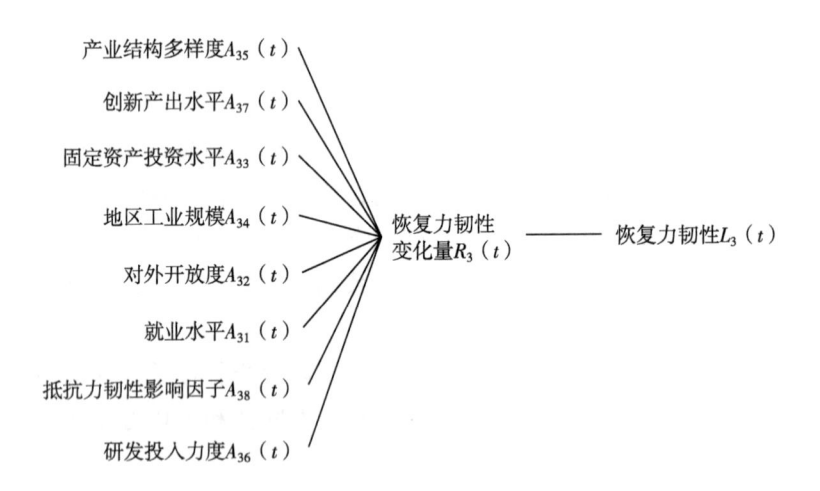

产业结构多样度 $A_{35}(t)$
创新产出水平 $A_{37}(t)$
固定资产投资水平 $A_{33}(t)$
地区工业规模 $A_{34}(t)$
对外开放度 $A_{32}(t)$ → 恢复力韧性变化量 $R_3(t)$ —— 恢复力韧性 $L_3(t)$
就业水平 $A_{31}(t)$
抵抗力韧性影响因子 $A_{38}(t)$
研发投入力度 $A_{36}(t)$

**图 6-5 恢复力韧性因果树**

资料来源：笔者自绘。

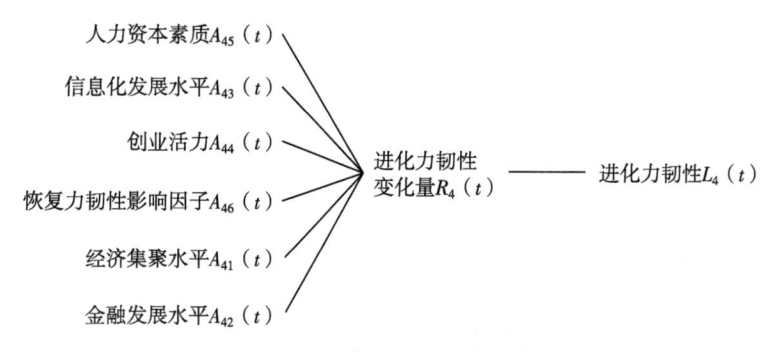

人力资本素质$A_{45}(t)$
信息化发展水平$A_{43}(t)$
创业活力$A_{44}(t)$
恢复力韧性影响因子$A_{46}(t)$
经济集聚水平$A_{41}(t)$
金融发展水平$A_{42}(t)$
→ 进化力韧性变化量$R_4(t)$ —— 进化力韧性$L_4(t)$

**图 6-6　进化力韧性因果树**

资料来源：笔者自绘。

GDP增长率$A_{51}(t)$
经济韧性因子$A_{52}(t)$
→ GDP变化量$R_5(t)$ —— GDP $L_5(t)$

**图 6-7　GDP 因果树**

资料来源：笔者自绘。

### 三　建立流位流率系

在因果树基础上，设定超大城市经济韧性流率基本入树模型的流位流率系，如下所示：经济韧性 $L_1(t)$，经济韧性变化量 $R_1(t)$；抵抗力韧性 $L_2(t)$，抵抗力韧性变化量 $R_2(t)$；恢复力韧性 $L_3(t)$，恢复力韧性变化量 $R_3(t)$；进化力韧性 $L_4(t)$，进化力韧性变化量 $R_4(t)$；GDP $L_5(t)$，GDP 变化量 $R_5(t)$。以下对各个流率基本入树的构建进行详细阐述，各变量方程主要根据第三章"超大城市经济韧性评价指标解释及数据来源"内容和第四章"组合赋权结果"得到。

#### （一）流率基本入树 $T_1(t)$

流率基本入树 $T_1(t)$ 以经济韧性变化量 $R_1(t)$ 为树根，以经济韧性 $L_1(t)$ 为树尾，且经济韧性变化量 $R_1(t)$ 依赖于抵抗力韧性变化量 $R_2(t)$、恢复力韧性变化量 $R_3(t)$ 和进化力韧性变化量 $R_4(t)$。由此得到流率基本入树 $T_1(t)$，如图 6-8 所示。

每个入树代表 1 个微分方程，可得到以下公式：

经济韧性 $L_1(t)=$ INTEG[经济韧性变化量 $R_1(t)$，初始值] （6-1）

经济韧性变化量 $R_1(t)=0.349$ 抵抗力韧性变化量 $R_2(t)+0.445$ 恢复力韧性变化量 $R_3(t)+0.206$ 进化力韧性变化量 $R_4(t)$ （6-2）

158 / 中国超大城市经济韧性的系统分析

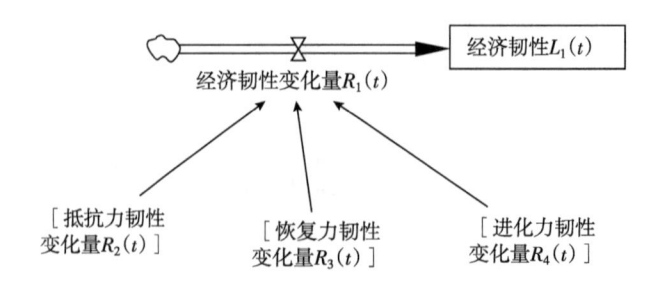

图 6-8 流率基本入树 $T_1(t)$

资料来源：笔者自绘。

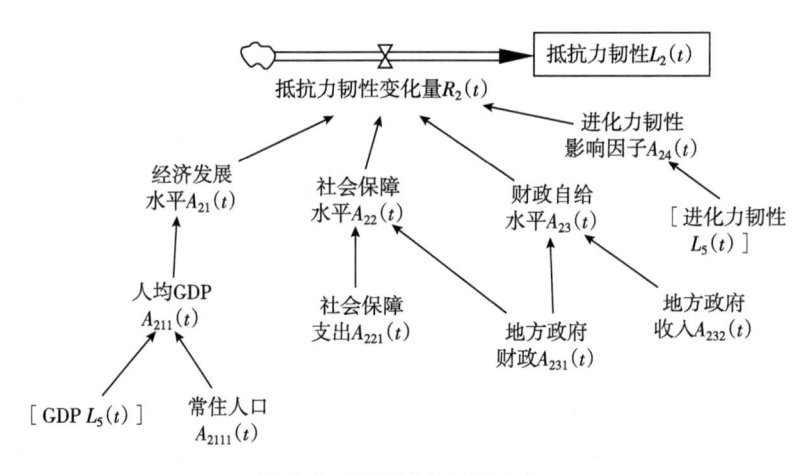

### (二) 流率基本入树 $T_2(t)$

流率基本入树 $T_2(t)$ 以抵抗力韧性变化量 $R_2(t)$ 为树根，以抵抗力韧性 $L_2(t)$ 为树尾，且抵抗力韧性变化量 $R_2(t)$ 依赖于经济发展水平 $A_{21}(t)$、社会保障水平 $A_{22}(t)$、财政自给水平 $A_{23}(t)$ 以及进化力韧性影响因子 $A_{24}(t)$。由此构建流率基本入树 $T_2(t)$，如图 6-9 所示：

图 6-9 流率基本入树 $T_2(t)$

资料来源：笔者自绘。

根据经济韧性的复杂适应性循环思想，三个子维度并不是独立存在的，而是彼此之间存在反馈和作用机制。考虑三个子维度之间的作用方向为：抵抗力韧性→+恢复力韧性→+进化力韧性→+抵抗力韧性，由此确定抵抗力韧性 $L_2(t)$ 的方程：

抵抗力韧性 $L_2(t)=INTEG$[抵抗力韧性变化量 $R_2(t)$，初始值] (6-3)

抵抗力韧性变化量 $R_2(t) = [0.156$ 经济发展水平 $A_{21}(t) +$
0.088 社会保障水平 $A_{22}(t) +$
0.105 财政自给水平 $A_{23}(t)] \times$
进化力韧性影响因子 $A_{24}(t)$ (6-4)

得到辅助变量的方程：

经济发展水平 $A_{21}(t) =$ 人均 $GDPA_{211}(t) = GDPL_5(t)/$常住人口 $A_{2111}(t)$
(6-5)

社会保障水平 $A_{22}(t) =$ 社会保障支出 $A_{221}(t)/$地方财政支出 $A_{222}(t)$
(6-6)

财政自给水平 $A_{23}(t) =$ 地方财政支出 $A_{231}(t)/$地方财政收入 $A_{232}(t)$
(6-7)

进化力韧性影响因子 $A_{24}(t) =$ 进化力韧性 $L_4(t)/DELAY1L$
[进化力韧性 $L_4(t)$, $TIMESTEP$, 1]
(6-8)

式（6-8）表示如果进化力韧性大于上一年值，这将对抵抗力韧性起到正向促进作用，该变量设置方法参考了文献 Li 等（2020）的研究成果。剩余变量常住人口 $A_{2111}(t)$、社会保障支出 $A_{221}(t)$、地方财政支出 $A_{231}(t)$ 和地方财政收入 $A_{232}(t)$ 均采用表函数方程，为了避免量纲不一致对结果造成的影响，均采用评价指标标准化处理后的数值。

（三）流率基本入树 $T_3(t)$

流率基本入树 $T_3(t)$ 以恢复力韧性变化量 $R_3(t)$ 为树根，以恢复力韧性 $L_3(t)$ 为树尾，且恢复力韧性变化量 $R_3(t)$ 受到就业水平 $A_{31}(t)$、对外开放度 $A_{32}(t)$、固定资产投资水平 $A_{33}(t)$、地区工业规模 $A_{34}(t)$、产业结构多样度 $A_{35}(t)$ 以及抵抗力韧性影响因子 $A_{38}(t)$ 的影响，由此构建流率基本入树 $T_3(t)$，如图 6-10 所示。

同样可得到恢复力韧性 $L_3(t)$ 和恢复力韧性变化量 $R_3(t)$ 的方程：

恢复力韧性 $L_3(t) = INTEG[$恢复力韧性变化量 $R_3(t)$，初始值] (6-9)

恢复力韧性变化量 $R_3(t) = [0.084$ 就业水平 $A_{31}(t) + 0.057$ 对外开放度 $A_{32}(t) + 0.099$ 固定资产投资水平 $A_{33}(t) + 0.075$ 地区工业规模 $A_{34}(t) + 0.050$ 产业结构多样度 $A_{35}(t) + 0.042$ 研发投入力度 $A_{36}(t) + 0.038$ 创新产出水平 $A_{37}(t)] \times$ 抵抗力韧性影响因子 $A_{38}(t)$ (6-10)

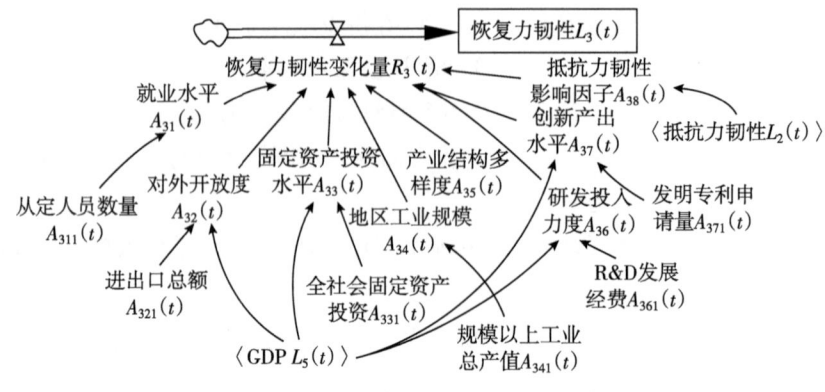

图 6-10 流率基本入树 $T_3(t)$ 示意

资料来源：笔者自绘。

得到辅助变量的方程：

就业水平 $A_{31}(t)$ = 从业人员数量 $A_{311}(t)$ （6-11）

对外开放度 $A_{32}(t)$ = 进出口总额 $A_{321}(t)/GDPL_5(t)$ （6-12）

固定资产投资水平 $A_{33}(t)$ = 全社会固定资产投资 $A_{331}(t)/GDPL_5(t)$

（6-13）

地区工业规模 $A_{34}(t)$ = 规模以上工业总产值 $A_{341}(t)$ （6-14）

研发投入力度 $A_{36}(t)$ = $R\&D$ 发展经费 $A_{361}(t)/GDPL_5(t)$ （6-15）

创新产出水平 $A_{37}(t)$ = 发明专利申请量 $A_{371}(t)/GDPL_5(t)$ （6-16）

抵抗力韧性影响因子 $A_{38}(t)$ = 抵抗力韧性 $L_2(t)/DELAY1L$ [抵抗力韧性 $L_2(t)$, TIMESTEP, 1] （6-17）

剩余变量：从业人员数量 $A_{311}(t)$、进出口总额 $A_{321}(t)$、全社会固定资产投资 $A_{331}(t)$、规模以上工业总产值 $A_{341}(t)$、产业结构多样度 $A_{35}(t)$、$R\&D$ 发展经费 $A_{361}(t)$ 和发明专利申请量 $A_{371}(t)$ 均采用表函数方程，为了避免量纲不一致对结果造成的影响，均采用评价指标标准化处理后的数值。

（四）流率基本入树 $T_4(t)$

流率基本入树 $T_4(t)$ 以进化力韧性变化量 $R_4(t)$ 为树根，以进化力韧性 $L_4(t)$ 为树尾，进化力韧性变化量 $R_4(t)$ 依赖于经济集聚水平 $A_{41}(t)$、金融发展水平 $A_{42}(t)$、信息化发展水平 $A_{43}(t)$、创业活力 $A_{44}(t)$、人力资本素质 $A_{45}(t)$ 以及恢复力韧性影响因子 $A_{46}(t)$，由此构建流率基本入树 $T_4(t)$，如图 6-11 所示：

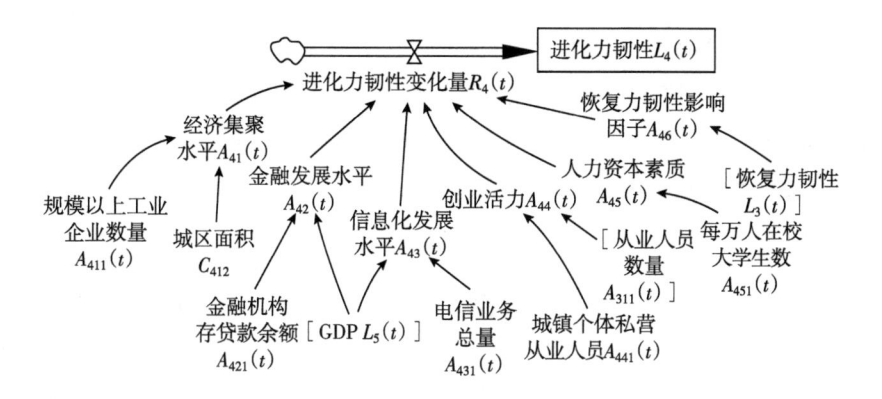

第六章　超大城市经济韧性演化趋势的系统动力学模型 / 161

图 6-11　流率基本入树 $T_4(t)$

资料来源：笔者自绘。

同样可得到进化力韧性 $L_4(t)$ 和进化力韧性变化量 $R_4(t)$ 的方程：

进化力韧性 $L_4(t) = INTEG[$进化力韧性变化量 $R_4(t)$，初始值$]$

(6-18)

进化力韧性变化量 $R_4(t) = [0.016$ 经济集聚水平 $A_{41}(t) + 0.048$ 金融发展水平 $A_{42}(t) + 0.049$ 信息化发展水平 $A_{43}(t) + 0.046$ 创业活力 $A_{44}(t) + 0.047$ 人力资本素质 $A_{45}(t)] \times$ 恢复力韧性影响因子 $A_{46}(t)$　(6-19)

根据依次得到辅助变量的方程：

经济集聚水平 $A_{41}(t) = $ 规模以上工业企业数量 $A_{411}(t) / $ 城区面积 $C_{412}$

(6-20)

金融发展水平 $A_{42}(t) = $ 金融机构存贷款余额 $A_{421}(t) / GDPL_5(t)$　(6-21)

信息化发展水平 $A_{43}(t) = $ 电信业务总量 $A_{431}(t) / GDPL_5(t)$　(6-22)

创业活力 $A_{44}(t) = $ 城镇个体私营从业人员 $A_{441}(t) / $ 从业人员数量 $A_{311}(t)$

(6-23)

人力资本素质 $A_{45}(t) = $ 每万人在校大学生数 $A_{451}(t)$　(6-24)

恢复力韧性影响因子 $A_{46}(t) = $ 恢复力韧性 $L_3(t) / DELAY1L[$恢复力韧性 $L_3(t)$，$TIMESTEP$，$1]$　(6-25)

剩余变量：规模以上工业企业数量 $A_{411}(t)$、金融机构存贷款余额 $A_{421}(t)$、电信业务总量 $A_{431}(t)$、城镇个体私营从业人员 $A_{441}(t)$ 和每万人在校大学生数 $A_{451}(t)$ 均采用表函数方程，为了避免量纲不一致对结果造成的影响，均采用评价指标标准化处理后的数值。城区面积 $C_{412}$ 为常数项。

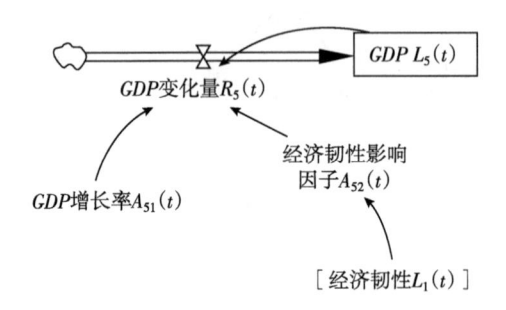

### (五) 流率基本入树 $T_5(t)$

流率基本入树 $T_5(t)$ 以 GDP 变化量 $R_5(t)$ 为树根,以 $GDPL_5(t)$ 为树尾,且 GDP 变化量 $R_5(t)$ 依赖于 GDP 增长率 $A_{51}(t)$ 和经济韧性影响因子 $A_{52}(t)$,由此构建流率基本入树 $T_5(t)$,如图 6-12 所示:

**图 6-12 流率基本入树 $T_5(t)$**

资料来源:笔者自绘。

同样可得到 $GDPL_5(t)$ 和 GDP 变化量 $R_5(t)$ 的方程:

$$GDPL_5(t) = INTEG[GDP 变化量 R_5(t),初始值] \quad (6-26)$$

GDP 变化量 $R_5(t) = GDPL_5(t) \times GDP$ 增长率 $A_{51}(t) \times$ 经济韧性影响因子 $A_{52}(t)$ \quad (6-27)

经济韧性影响因子 $A_{52}(t) = $ 经济韧性 $L_1(t)/DELAY1L[$经济韧性 $L_1(t)$,TIMESTEP,1] \quad (6-28)

剩余变量:GDP 增长率 $A_{51}(t)$ 采用表函数方程,为了避免量纲不一致对结果造成的影响,均采用评价指标标准化处理后的数值。

通过以上分析建立了超大城市经济韧性的流率基本入树模型。这5棵流率基本入树是整个系统动力学模型的主要框架,共同实现对真实世界内部作用机制的刻画和模拟。

### 四 构建存量流量图

将上述5棵流率基本入树执行嵌运算:

$$G(T) = T_1(t)\vec{U}T_2(t)\vec{U}T_3(t)\vec{U}T_4(t)\vec{U}T_5(t) \quad (6-29)$$

可得到超大城市经济韧性系统结构的存量流量图 $G(T)$,如图 6-13 所示:

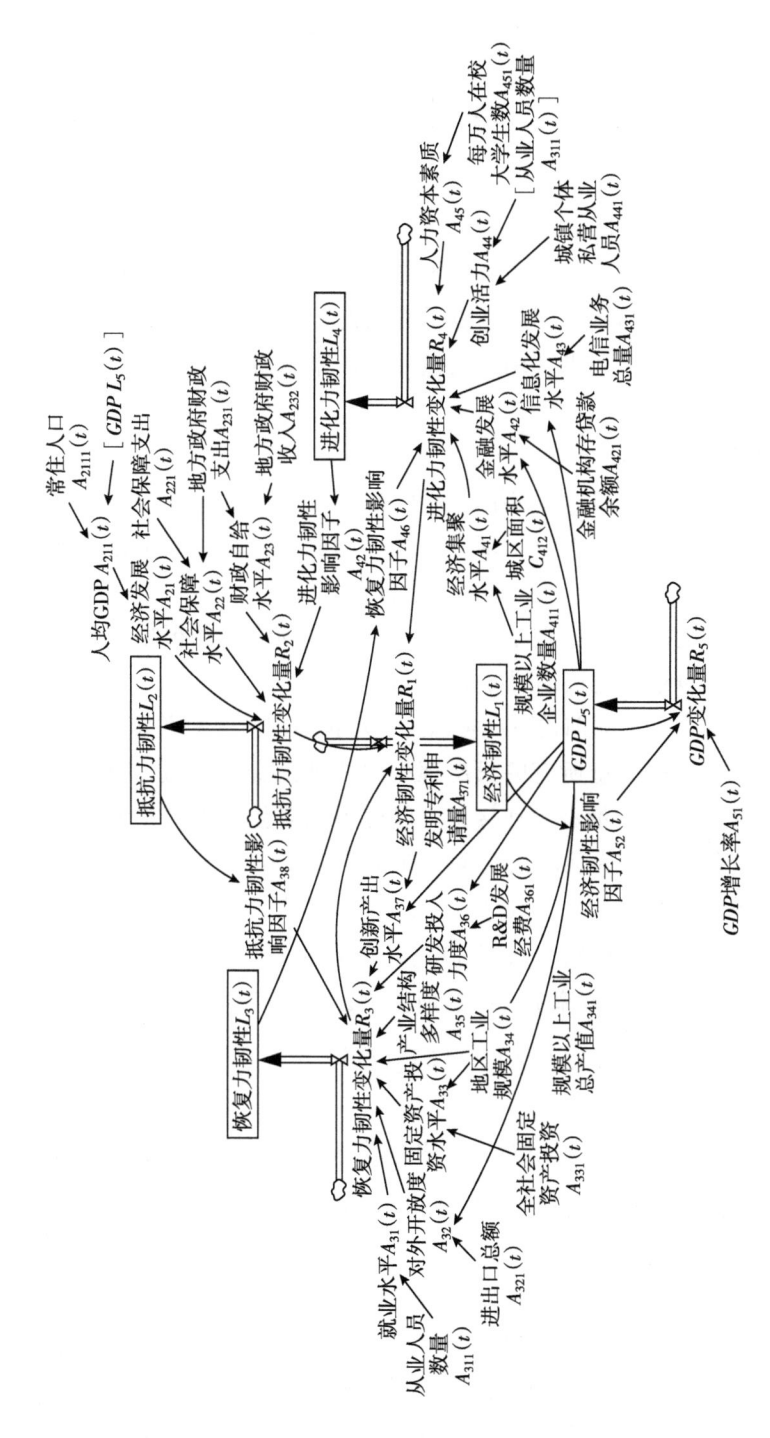

# 第六章 超大城市经济韧性演化趋势的系统动力学模型 / 163

图 6-13 超大城市经济韧性系统结构存量流量 $G(T)$

资料来源：作者自绘。

## 第三节　基模核分析

流率基本入树建模法区分于传统系统动力学建模法的最大之处在于反馈结构的分析，即先构建出整体系统流图，再通过基模分析和枝向量反馈法计算得出所有反馈环。因此，以下先通过定性观察判断是否存在二阶极小基模，如果不存在再利用枝向量反馈法来求解系统动力学模型的二阶以上反馈环。

### 一　基模核生成定理

在进行基模核分析之前，首先给出两个基本概念。

去除极小基模存在的所有只出现一次的辅助变量顶点，并根据之前的有向路径对剩余变量进行连接，即可生成极小基模核。

去除基模存在的所有只出现了一次的辅助变量顶点，并根据之前的有向路径对剩余变量进行连接，即可生成基模核。

在明确以上两个概念的前提下，可以进一步拓展出三个相关定义：

去除流率基本入树模型所有的只出现一次的辅助变量顶点，再根据之前的有向路径对剩余变量进行连接，可以得到强简化流率基本入树模型，而这样的变化被定义为强简化变换（贾晓菁等，2012）。

对于所有基本入树 $T_1(t)$，$T_2(t)$，…，$T_n(t)$ 而言，如果存在任意一个入树链向量 $[T_{j1}(t), T_{j2}(t), …, T_{jp}(t)]$，在满足 $T_{j1}(t)$ 的流位变量 $L_{j1}(t)$ 控制且只控制 $T_{jp}(t)$ 的流率 $R_{jp}(t)$ 的前提下，确保各个控制枝的各中间变量不完全相同，则 $G_{j1j2\cdots jp}(t) = T_{j1}(t)\vec{U}T_{j2}(t)\vec{U}\cdots\vec{U}T_{jp}(t)$ 生成 $p$ 阶极小基模（邓群钊等，2006）。

已有基模 $G_{i1i2\cdots in}(t)$，$G_{j1j2\cdots jm}(t)$，如果存在 $ik \in \{i1, i2, …, in\}$，$jt \in \{j1, j2, …, jm\}$，且同时满足 $ik$ 与 $jt$ 相等，则由 $G_{i1i2\cdots in}(t)\vec{U}G_{j1j2\cdots jm}(t)$ 可以生成新的基模结构。

根据以上三个定义，可以得出以下推论：对流率基本入树模型实施强简化变换，从而生成极小基模核，再由极小基模核生成基模核，最后再实施强简化变化的逆变化，是不影响基模分析结果的。因此，基模核生成步骤可以归纳为：对流率基本入树模型实施强简化变换、依次生成极小基模核和基模核、对强简化流率基本入树模型实施逆变换。

相比于原来的流率基本入树模型而言，强简化流率基本入树模型去掉了所有的只出现了一次的辅助变量顶点，简化了对控制枝中间变量的考量和表述，从而降低了基模分析的难度，但并不影响基模分析的最终结果。

## 二 流率基本入树模型强简化变换

根据上述基模核生成定理可以发现，外生变量和调控参数的删除和还原不影响基模核分析的可靠性，因此可以通过对流率入树模型执行强简化变化得到基模核分析结果。对前述内容构建的5个流率基本入树执行强简化变化，即删除非重复的辅助变量顶点，得到5个强简化流率基本入树模型，如图6-14所示：

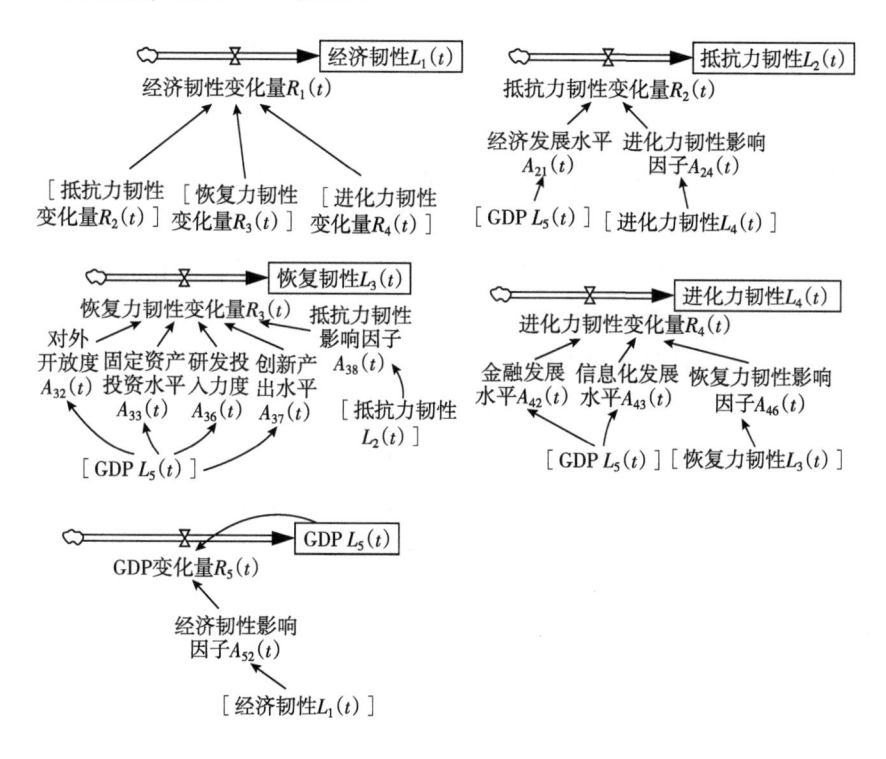

**图6-14 超大城市经济韧性系统结构强简化流率基本入树**

资料来源：笔者自绘。

从图6-14可以发现，当流率基本入树模型 $T_1(t)$、$T_2(t)$、$T_3(t)$、$T_4(t)$、$T_5(t)$ 变换为强简化流率基本入树模型 $\underline{T}_1(t)$、$\underline{T}_2(t)$、$\underline{T}_3(t)$、$\underline{T}_4$

$(t)$、$T_5(t)$后,更加简洁直观、一目了然,尤其是原来存在较多辅助变量的$T_2(t)$、$T_3(t)$、$T_4(t)$,强简化变换的效果更为突出。这也为基模核生成提供了便利。

### 三 二阶极小基模核生成分析

二阶极小基模核是指形成的反馈回路里存在2个变量,即变量个数代表阶数,以下分别从5个强简化流率入树出发,分析是否存在二阶极小基模核:

从经济韧性强简化入树$T_1(t)$出发求二阶基模核,由于$T_1(t)$同时受到抵抗力韧性变化量$R_2(t)$、恢复力韧性变化量$R_3(t)$和进化力韧性变化量$R_4(t)$三个流率的控制,故存在3个二元链入树向量,分别使用$[T_1(t)、T_2(t)]$,$[T_1(t)、T_3(t)]$,$[T_1(t)、T_4(t)]$进行表示,而经济韧性$L_1(t)$并未对强简入树$T_2(t)$、$T_3(t)$、$T_4(t)$产生控制,故根据生成集法定理,从强简化入树$T_1(t)$出发未能形成二阶极小基模核。

从抵抗力韧性强简化入树$T_2(t)$出发求二阶基模核,由于$T_2(t)$同时受到$GDPL_5(t)$、进化力韧性$L_4(t)$的控制,故存在两个二元链入树向量$[T_2(t)、T_4(t)]$,$[T_2(t)、T_5(t)]$,而抵抗力韧性$L_2(t)$并未对强简入树$T_2(t)$、$T_5(t)$产生控制,故根据生成集法定理,从强简化入树$T_2(t)$出发未能形成二阶极小基模核。

从恢复力韧性强简化入树$T_3(t)$出发求二阶基模核,由于$T_3(t)$同时受到$GDPL_5(t)$、抵抗力韧性$L_2(t)$的控制,故得到了两个二元链入树向量,分别用$[T_3(t)、T_2(t)]$,$[T_3(t)、T_5(t)]$来表示,而恢复力韧性$L_3(t)$并未对强简入树$T_2(t)$、$T_5(t)$产生控制,故根据生成集法定理,从强简化入树$T_3(t)$出发未能形成二阶极小基模核。

从进化力韧性强简化入树$T_4(t)$出发求二阶基模核,由于$T_4(t)$同时受到$GDPL_5(t)$、恢复力韧性$L_3(t)$的控制,故得到了2个二元链入树向量,分别用$[T_4(t)、T_3(t)]$,$[T_4(t)、T_5(t)]$来表示,而进化力韧性$L_4(t)$并未对强简入树$T_3(t)$、$T_5(t)$产生控制,故根据生成集法定理,从强简化入树$T_4(t)$出发未能形成二阶极小基模核。

从GDP强简化入树$T_4(t)$出发求二阶基模核,由于$T_5(t)$受到经济韧性$L_1(t)$的控制,故存在1个二元链入树向量$[T_5(t)、T_1(t)]$,而$GDPL_5(t)$并未对强简入树$T_1(t)$产生控制,故根据生成集法定理,从强简化入

树 $T_5(t)$ 出发未能形成二阶极小基模核。

综上所述，超大城市经济韧性的系统动力学模型并不存在二阶极小基模核。

**四 二阶以上反馈环分析**

根据上文内容发现，超大城市经济韧性的系统动力学模型并不存在二阶极小基模核，而进行三阶及以上基模的定性分析过于烦琐且容易遗漏，故本节将直接采用数学方法对模型的反馈结构进行分析。

明确系统动力学模型的反馈结构，对模型检验、调试及运行结果论证都具有重要的意义。从超大城市经济韧性的系统流图来看，里面包含了很多变量且这些变量交叉相互作用。因此，很难像分析二阶极小基模核那样，通过定性观察得出整个反馈结构。因此，本书采用枝向量行列式反馈环计算法来计算超大城市经济韧性的系统动力学模型的所有反馈环。枝向量行列式反馈环计算法是贾仁安教授及其团队在20世纪90年代提出的，是一种运用矩阵工具求解反馈环的方法，目前已在系统动力学领域得到了广泛的应用。

首先，明确枝向量行列式计算法中的主要概念。

枝向量：如果流率基本入树 $T_1(t)$，$T_2(t)$，…，$T_n(t)$，能够按照枝变量的顺序形成向量 $[R_i(t),\pm,A_{ij}(t),L_j(t)]$ 或 $[R_i(t),\pm,B_{ij}(t),L_j(t)]$，则称该向量为枝向量。在枝向量中，$R_i(t)$ 代表流率变量，$L_j(t)$ 代表流位变量，$A_{ij}(t)$ 和 $B_{ij}(t)$ 代表辅助变量依次排列形成的组合，"±"代表枝向量极性，只能取"+"或取"-"。按照规定，如果枝向量从 $R_i(t)$ 流出，则向量极性为"-"。

枝向量行列式反馈环计算法：该方法主要用于计算系统动力学模型的二阶以上反馈环数量和类型。具体而言，该方法是将所有枝向量 $[R_i(t),\pm,A_{ij}(t),L_j(t)]$ 或 $[R_i(t),\pm,B_{ij}(t),L_j(t)]$ 用行列式进行表示，并按照特定运算法则进行行列式计算，从而根据计算结果得出模型的所有反馈环的一种方法。枝向量行列式的计算法则如式（6-30）所示：

$$[R_i(t),\pm,A_{ij}(t),L_j(t)] \times [R_t(t),\pm,B_{tp}(t),L_p(t)] = \begin{cases} [R_i(t),\pm,A_{ij}(t),L_j(t)],[R_t(t),\pm,B_{tp}(t),L_p(t)] & (1) \\ [R_t(t),\pm,B_{tp}(t),L_p(t)],[R_i(t),\pm,A_{ij}(t),L_j(t)] & (2) \\ 0 & (3) \end{cases}$$

$$(6-30)$$

在式（6-30）中，得到结果（1）的条件为 $R_t(t)$ 是 $L_j(t)$ 的流率且

$A_{ij}(t)$ 与 $B_{tp}(t)$ 中无相同变量;得到结果(2)的条件为 $R_t(t)$ 是 $L_p(t)$ 的流率且 $A_{ij}(t)$ 与 $B_{tp}(t)$ 中无相同变量;其他条件则得到结果(3)。

因此,可以得到采用枝向量行列式反馈环计算法分析系统动力学模型反馈结构的步骤,如下所述:

对流率基本入树 $T_1(t)$,$T_2(t)$,…,$T_n(t)$ 进行强简化变换,并求出所有枝向量。需要说明的是,类似于基模核分析,对流率基本入树实施强简化变换,删除原本入树中的非重复的辅助变量顶点,而将剩下重复的变量仍按照原来的方式进行连接,得到的反馈环数目和不实施强简化变换是一样的。换言之,流率基本入树的强简化变换并不会影响反馈环分析结果,反而因为删除了仅存在一个或几个入树中的个别变量,降低了行列式的运算难度。并且,实施强简化逆变换也十分容易,就是重新添加上原来去除的只出现了一次的辅助变量顶点即可。因此,进行入树模型 $T_1(t)$,$T_2(t)$,…,$T_n(t)$ 的强简化变换是构建行列式并求解二阶以上反馈环的第一步。

将所有枝向量构成对角线均为 1 的枝向量行列式 $A_n(t)$,如式(6-31)所示:

$$A_n(t)=\begin{vmatrix} 1 & \cdots & \begin{matrix}[R_1(t),\pm,A_{1j}(t),L_j(t)]\\+[R_1(t),\pm,B_{1j}(t),R_j(t)]\end{matrix} & \cdots & \begin{matrix}[R_1(t),\pm,A_{1n}(t),L_n(t)]\\+[R_n(t),\pm,B_{n1}(t),R_1(t)]\end{matrix} \\ \vdots & 1 & \begin{matrix}[R_n(t),\pm,A_{n1}(t),L_1(t)]\\+[R_1(t),\pm,B_{1n}(t),R_n(t)]\end{matrix} & & \\ \begin{matrix}[R_2(t),\pm,A_{21}(t),L_1(t)]\\+[R_2(t),\pm,B_{21}(t),R_1(t)]\end{matrix} & & & & \\ \vdots & & & 1 & \\ \begin{matrix}[R_n(t),\pm,A_{n1}(t),L_1(t)]\\+[R_n(t),\pm,B_{n1}(t),R_1(t)]\end{matrix} & & & & \end{vmatrix}$$

(6-31)

运用式(6-30)所示运算法则计算枝向量行列式 $A_n(t)$,并得到强简化流率基本入树模型的 3—$n$ 阶所有反馈环。此时再对得出的 3—$n$ 阶反馈环进行强简化逆变换,重新添加之前去除的只出现一次的辅助变量,就能够得到完整的 3—$n$ 阶反馈环。

根据枝向量行列式反馈环计算法,就可以求出超大城市经济韧性系统动力学模型的 3 阶及以上反馈环(二阶极小基模核不存在)。由于在上文基模核分析中已经对超大城市经济韧性的 5 个流率基本入树进行了强

## 第六章 超大城市经济韧性演化趋势的系统动力学模型 / 169

简化变换,此处不再进行赘述。因此,在此基础上形成枝向量,并构建对角线均为 1 的枝向量行列式,如式(6-32)所示:

$$|A_{5\times5}| = \begin{vmatrix} 1 & (R_1, +, R_2) & (R_1, +, R_3) & (R_1, +, R_4) & 0 \\ 0 & 1 & 0 & (R_2, +, L_4) & (R_2, +, L_5) \\ 0 & (R_3, +, L_2) & 1 & 0 & (R_3, +, L_5) \\ 0 & 0 & (R_4, +, L_3) & 1 & (R_4, +, L_5) \\ (R_5, +, L_1) & 0 & 0 & 0 & 1 \end{vmatrix}$$

(6-32)

对行列式(6-32)按照式(6-30)所示的运算规则运用展开法进行计算,得到计算结果如下:

$$|A_{5\times5}| = \begin{vmatrix} 1 & 0 & (R_2, +, L_4) & (R_2, +, L_5) \\ (R_3, +, L_2) & 1 & 0 & (R_3, +, L_5) \\ 0 & (R_4, +, L_3) & 1 & (R_4, +, L_5) \\ 0 & 0 & 0 & 1 \end{vmatrix}$$

$$+(R_5, +, L_1) \begin{vmatrix} (R_1, +, R_2) & (R_1, +, R_3) & (R_1, +, R_4) & 0 \\ 1 & 0 & (R_2, +, L_4) & (R_2, +, L_5) \\ (R_3, +, L_2) & 1 & 0 & (R_3, +, L_5) \\ 0 & (R_4, +, L_3) & 1 & (R_4, +, L_5) \end{vmatrix}$$

$$= \begin{vmatrix} 1 & 0 & (R_3, +, L_5) \\ (R_4, +, L_3) & 1 & (R_4, +, L_5) \\ 0 & 0 & 0 \end{vmatrix} - (R_3, +, L_2)$$

$$\begin{vmatrix} 0 & (R_2, +, L_4) & (R_2, +, L_5) \\ (R_4, +, L_3) & 1 & (R_4, +, L_5) \\ 0 & 0 & 1 \end{vmatrix} + (R_5, +, L_1)$$

$$(R_1, +, R_2) \begin{vmatrix} 0 & (R_2, +, L_4) & (R_2, +, L_5) \\ 1 & 0 & (R_3, +, L_5) \\ (R_4, +, L_3) & 1 & (R_4, +, L_5) \end{vmatrix}$$

$$-(R_5, +, L_1) \begin{vmatrix} (R_1, +, R_3) & (R_1, +, R_4) & 0 \\ 1 & 0 & (R_3, +, L_5) \\ (R_4, +, L_3) & 1 & (R_4, +, L_5) \end{vmatrix}$$

$$+(R_5, +, L_1)(R_3, +, L_2)\begin{vmatrix}(R_1, +, R_3) & (R_1, +, R_4) & 0 \\ 0 & (R_2, +, L_4) & (R_2, +, L_5) \\ (R_4, +, L_3) & 1 & (R_4, +, L_5)\end{vmatrix}$$

$$=(R_3, +, L_2)(R_2, +, L_4)(R_4, +, L_3)+(R_5, +, L_1)(R_1, +, R_2)$$
$$(R_2, +, L_5)-(R_5, +, L_1)(R_1, +, R_2)(R_2, +, L_4)(R_4, +, L_5)+$$
$$(R_5, +, L_1)(R_1, +, R_2)(R_4, +, L_3)(R_2, +, L_4)(R_3, +, L_5)+$$
$$(R_5, +, L_1)(R_3, +, L_2)(R_1, +, R_3)(R_2, +, L_4)(R_4, +, L_5)-$$
$$(R_5, +, L_1)(R_3, +, L_2)(R_1, +, R_3)(R_2, +, L_5)+(R_5, +, L_1)$$
$$(R_3, +, L_2)(R_4, +, L_3)(R_1, +, R_4)(R_2, +, L_5) \qquad (6\text{-}33)$$

从式（6-33）可以得出，超大城市经济韧性的系统动力学模型共有7个反馈环，分别是两个3阶反馈环，两个4阶反馈环，3个5阶反馈环。如果完全采用定性观察，很难完整地分析出7个反馈环，这也进一步证明了超大城市经济韧性研究的复杂性，各个变量之间交叉作用，包含了多个反馈环，线性方法很难反映出这种反馈特征。

## 第四节 小结

本章构建了一个超大城市经济韧性演化趋势的系统动力学模型，用于研究城市经济韧性在城市发展阶段的动态变化。系统动力学模型采用流率基本入树建模法进行构建，通过剖析各要素间非线性、多反馈的复杂关系，从而模拟经济韧性的演化趋势。

①基于研究问题分析、因果树分析、建立流位流率系的建模步骤，生成了5棵入树模型并通过嵌运算形成了存量流量图。

对存量流量图进行基模核分析，在经过流率入树模型的强简化变换后，发现从经济韧性的每一个入树出发均不存在二阶极小基模核。

运用枝向量行列式计算法来求解二阶以上反馈环的数量和类型，根据行列式运算结果得出超大城市经济韧性的系统动力学模型存在7个二阶以上反馈环，分别是：两个3阶反馈环，两个4阶反馈环和三个5阶反馈环。

# 第七章 中国超大城市经济韧性的演化趋势分析

本章将使用上一章构建的系统动力学模型来模拟仿真中国7个超大城市经济韧性的演化趋势，一是刻画经济韧性的历史发展路径，二是预测经济韧性的未来发展趋势，并通过揭示经济韧性三个子纬度的作用机制来探索不同超大城市具有不同经济韧性水平的根本原因。由于系统动力学模型是对真实系统的模拟，因此进行仿真之前首先要对模型的结构和行为进行检验，并且系统动力学的核心观点是结构决定行为，因此对系统结构进行全面的检验是必不可少的，从而确保模型正确的行为来自模型正确的结构。当系统动力学模型通过所有的检验后，就可以结合7个超大城市的实际情况对模型的外生变量进行赋值，并通过模型内部的因果反馈机制推动整个模型的运行。

## 第一节 系统动力学模型的检验

系统动力学模型是真实世界的抽象或者近似，要求不仅要体现真实世界的结构，还要模拟真实世界的行为并解释行为产生的机理。为了使构建的系统动力学模型能够尽可能地复制真实世界，就需要开展结构和行为的测试，来验证模型的逻辑正确性和可靠性。由于系统动力学模型通常包含很多变量且变量间存在复杂的反馈作用，因此通常需要进行两类检验（胡玲和贾仁安，2001）：结构检验和行为检验。结构检验又可以进一步分为直接结构检验和针对结构的行为检验。其中，直接结构检验是指直接将系统动力学模型与真实系统的知识结构进行比较从而验证模型的有效性。这种检验方法不需要进行模拟仿真，是一种定性的检验手段；而针对结构的行为检验则需要通过仿真模拟来检查模型是否存在潜在的错误信息，是一种更加规范化和定量化的检验手段（Barlas，1996；Sterman，2001）。概况而言，Barlas（1996）构建了系统动力学模型检验的整体框架和步骤，如图7-1所示：

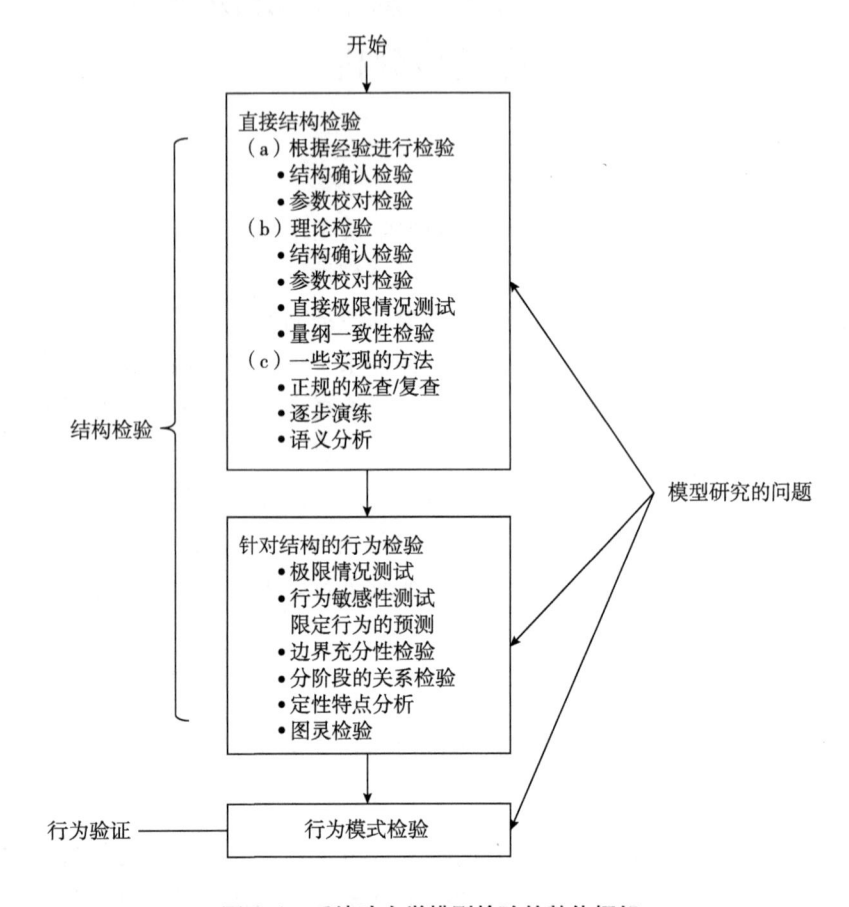

```
                        开始
                          ↓
        ┌──────────────────────────────┐
        │  直接结构检验                 │
        │  （a）根据经验进行检验        │
        │    • 结构确认检验             │
        │    • 参数校对检验             │
        │  （b）理论检验                │
    ⎧   │    • 结构确认检验             │
    ⎪   │    • 参数校对检验             │  ⎫
    ⎪   │    • 直接极限情况测试         │  ⎪
结构检验 │    • 量纲一致性检验           │  ⎪
    ⎨   │  （c）一些实现的方法          │  ⎬ → 模型研究的问题
    ⎪   │    • 正规的检查/复查          │  ⎪
    ⎪   │    • 逐步演练                 │  ⎪
    ⎪   │    • 语义分析                 │  ⎪
    ⎩   └──────────────────────────────┘  ⎪
                          ↓                ⎪
        ┌──────────────────────────────┐  ⎪
        │  针对结构的行为检验           │  ⎪
        │    • 极限情况测试             │  ⎪
        │    • 行为敏感性测试           │  ⎬
        │      限定行为的预测           │  ⎪
        │    • 边界充分性检验           │  ⎪
        │    • 分阶段的关系检验         │  ⎪
        │    • 定性特点分析             │  ⎪
        │    • 图灵检验                 │  ⎭
        └──────────────────────────────┘
                          ↓
        ┌──────────────────────────────┐
行为验证 │  行为模式检验                │
        └──────────────────────────────┘
```

**图7-1 系统动力学模型检验的整体框架**

资料来源：笔者自绘。

如图7-1所示，根据Barlas（1996）的检验理论，应该根据模型研究的问题，先对系统动力学模型的结构进行检验，再对模型的行为进行验证。主要原因在于：系统动力学方法论的核心思想是系统结构决定了系统的行为模式，如果只是对系统的行为进行验证，即使与所研究的真实世界的行为相类似，也不足以表明模型是否有效。并且，单纯的行为检验也很难识别系统动力学模型的仿真结果是由伪行为正确性还是真行为正确性产生的。

伪行为正确性,是指系统动力学模型的行为与真实世界类似,但模型的结构与真实世界并不相同,导致错误的原因产生了正确的行为(Right behavior for the wrong reason)。真行为正确性,是指系统动力学模型的行为与真实世界类似,且模型的结构与真实世界也相同,即正确的原因产生了正确的行为(Right behavior for the right reason)。因此,模型的结构检验十分重要,只有当模型的结构可靠,才能避免产生伪行为正确性,此时模型的行为检验才有意义。

基于以上分析,本书将对超大城市经济韧性系统动力学模型展开三类检验:直接结构检验、针对结构的行为检验和行为检验。

### 一 直接结构检验

直接结构检验主要采用定性分析、观察、判断、评估等手段,从图7-1可以看出,直接结构检验具体包括4个类别,分别是:结构评估、参数评估、边界充分性检验和量纲一致性检验,它们分别对应检验对象、常规工具和步骤,如表7-1所示:

表7-1　　　　　　　　　直接结构检验

| 检验 | 检验对象 | 常规工具和步骤 |
| --- | --- | --- |
| 结构评估 | 模型的变量及变量间联系的设置刻画了所研究对象的核心要素 | ①直接检查因果关系图、存量流量图及函数表达式,是否存在明显的不合常理之处;②采用专家访谈法对模型进行直接评估,确认模型内部的因果机制是否合理,或者是否得到已有文献的证实 |
| 参数评估 | 模型外生变量的参数设置是否合理,数据来源是否可靠 | ①基于公开数据库直接获取参数取值;②运用统计学方法得出参数取值;③通过专家访谈、研讨会、直接经验等方式确定参数取值 |
| 边界充分性检验 | 模型是否包括与研究问题紧密相关的变量,重要因素是否设置为内生变量 | 采用模型边界图、变量列表或因果关系图等工具来分析模型的内生、外生变量 |
| 量纲一致性检验 | 模型所有变量的量纲是否统一,模型设置的公式和函数量纲是否统一 | ①直接使用 VENSIM 平台的量纲检查工具;②对不确定意义的变量检查函数关系式是否合理 |

资料来源:作者整理。

按照表7-1中内容，对超大城市经济韧性的系统动力学模型展开直接结构检验。

(一) 结构评估

结构评估是指对所构建的系统动力学模型进行定性观察，从理论和经验上分析模型结构是否合理，是否能够刻画所研究的对象。本书主要从变量确定、因果关系确定和公式确定三个方面进行结构评估。

1. 变量确定

超大城市经济韧性的系统动力学模型包含的所有变量均来自第三章的最终评价指标体系，而该指标体系选择的指标均来自已有文献关于经济韧性的理论框架和统计计量研究。并且，第五章的影响因子解释力分析结果也证实了所有指标对超大城市经济韧性存在显著影响。

2. 因果关系确定

超大城市经济韧性的系统动力学模型中变量间的因果关系均在第三章的DEMATEL模型和ISM模型中得到了证实。

3. 公式确定

超大城市经济韧性系统动力学模型中的公式可以分为两种类别，第一，流位变量的公式。流位变量是流率变量的积分。这是由系统动力学模型的微分性质决定的，是符合自然规律不需要证明的；第二，流率变量和辅助变量的公式。这些公式主要来源于第三章的指标说明和第四章的组合赋权结果，且都是常用的表达式，在已有文献中得到了大量的应用。综上所述，超大城市经济韧性的系统动力学模型通过了结构评估。

(二) 参数评估

参数评估是指基于所研究对象的特征，分析系统动力学模型的参数设置和取值范围是否合理，数据来源是否可靠。参数评估可以分为定性分析判定和半定量考察评估两种方式。定性分析判定是指基于文献分析或历史数据来分析参数的有效性，半定量考察评估则是通过调研问卷、专家经验等方法来量化评估结果，对于一些数据来源缺乏可信度的参数，通常需要进行定量评估。

由于超大城市经济韧性的系统动力学模型的参数均来自政府公开数据库，可信度较高，因此采用定性评估的方式。采用参数评估表进行定性评估，即将待评估参数的名称、定义及数据来源一一列出，来反映是否存在潜在的错误。超大城市经济韧性系统动力学模型的参数评估见表

7-2 所示：

表 7-2　　　　　　　　　　参数评估

| 变量名（单位） | 定义 | 数据来源 |
| --- | --- | --- |
| 常住人口（万人） | 超大城市常住人口总数 | 《中国城市统计年鉴》 |
| 社会保障支出（亿元） | 地方政府对社会保障财政支出 | 《中国城市统计年鉴》 |
| 地方财政支出（亿元） | 地方政府总财政支出 | 《中国城市统计年鉴》 |
| 地方财政收入（亿元） | 地方政府总财政收入 | 《中国城市统计年鉴》 |
| 从业人员数量（万人） | 城市从业人口总量 | 《中国城市统计年鉴》 |
| 进出口总额（亿元） | 城市进出口贸易总额 | 《中国城市统计年鉴》 |
| 全社会固定资产投资（亿元） | 地方政府对固定资产投资总额 | 《中国城市统计年鉴》 |
| 规模以上工业总产值（亿元） | 城市规模以上工业企业总产值 | 《中国城市统计年鉴》 |
| 产业结构多样度（%） | 城市产业结构多样化指数 | 根据多样化指数（DIV）计算 |
| R&D 发展经费（亿元） | 城市在 R&D 上的总经费支出 | 《中国城市统计年鉴》 |
| 发明专利申请量（件） | 城市发明专利申请总量 | 《中国城市统计年鉴》 |
| 规模以上工业企业数量（个） | 城市规模以上工业企业数量 | 《中国城市统计年鉴》 |
| 金融机构存贷款余额（亿元） | 城市金融机构存贷款总额 | 《中国城市统计年鉴》 |
| 电信业务总量（亿元） | 城市电信业务总量 | 《中国城市统计年鉴》 |
| 城镇个体私营从业人员（万人） | 城市个体私营从业人员总量 | 《中国城市统计年鉴》 |
| 每万人在校大学生数（人） | 城市每万人中在校大学生数量 | 《中国城市统计年鉴》 |
| GDP 增长率（%） | 城市 GDP 增长率 | 《中国城市统计年鉴》 |
| 城区面积（平方千米） | 城市建成区面积 | 《中国城市统计年鉴》 |

资料来源：作者整理。

从参数评估表来看，在超大城市经济韧性的系统动力学模型中，除产业多样化指数以外，其余参数的取值均来自《中国城市统计年鉴》，数据来源比较可靠。而产业多样化指数采用多样化指数（DIV）计算所得，该量化方法被已有文献广泛采用。因此，可以认为该系统动力学模型通过了参数评估的验证。

（三）边界充分性检验

边界充分性检验用于分析与所研究对象相关的重要变量是否均已经包含在系统动力学模型内部，模型的边界合理，不需要再进一步扩展。

检验边界充分性的主要工具是边界检查表，即分别列出系统动力学模型包含的所有内生变量、外生变量和模型中未包含的变量，并解释边界设置的原因。超大城市经济韧性系统动力学模型的边界检查见表7-3所示：

表7-3　　　　　　　　　　边界充分性检验

| 内生变量 | 外生变量 | 未包括变量 |
| --- | --- | --- |
| 经济韧性、抵抗力韧性、恢复力韧性、进化力韧性、经济韧性变化量、抵抗力韧性变化量、恢复力韧性变化量、进化力韧性变化量、经济发展水平、人均GDP、社会保障水平、财政自给水平、就业水平、对外开放度、固定资产投资水平、地区工业规模、研发投入力度、创新产出水平、经济集聚水平、金融发展水平、信息化发展水平、创业活力、人力资本素质、抵抗力韧性因子、恢复力韧性因子、进化力韧性因子 | 常住人口、社会保障支出、地方财政支出、地方财政收入、从业人员数量、进出口总额、全社会固定资产投资、规模以上工业总产值、产业结构多样性、R&D发展经费、发明专利申请量、规模以上工业企业数量、金融机构存贷款余额、电信业务总量、城镇个体私营从业人员、每万人在校大学生数、GDP增长率、城区面积 | 区域经济网络、城市经济联系 |

资料来源：作者整理。

由于该系统动力学模型主要用于分析超大城市经济韧性的演化趋势，研究对象是中国超大城市，研究层次是城市层面，因此将模型边界设置为城市系统，因此没有考虑超大城市所处的区域网络（京津冀区域、长三角区域、珠三角区域等）以及这些超大城市之间的关联，避免形成庞大的复杂系统淡化了研究主题。

（四）量纲一致性检验

量纲一致性检验用于分析系统动力学模型中变量的量纲是否一致，避免出现因变量单位不同导致运算结果出现较大偏差。并且，量纲一致性检验除保证等式的逻辑意义，即等式两边量纲完全相同，还保证了模型的现实意义，即没有将毫不相干的东西放在一起分析。目前常用的系统动力学模型仿真软件，如Analogic、Vensim等均设置了自动进行量纲一致性检验的功能。以VENSIM平台为例进行说明，点击"Units Check"功能进行量纲一致性检验，当对话框出现"Units are A.O.K"时，表明所有变量的量纲相同，模型通过了量纲一致性检验。由于超大城市经济韧性系统动力学模型的变量均采用标准化处理后的数据，故所有变量的单位均设置为"Dmnl（无量纲）"，无须再进行量纲一致性检验。

## 二 针对结构的行为检验

直接结构检验主要用于明晰模型构建的基础、变量间的因果关系合理性、参数设定取值合理性、模型边界设定的合理性以及模型内变量量纲的统一性。但是，当模型通过了直接结构检验后，只是具备可靠合理的必要条件，还需要进一步确认模型是否具备可用于仿真模拟的充分条件。当一个系统动力学模型通过了直接结构检验时，并不能说明这个模型就能有效地刻画了真实世界，还需要检验模型的内部逻辑结构是否能够正确描述真实世界的实际情况，这也就是需要进行针对结构的行为检验。

与直接结构检验相比，针对结构的行为检验是一种定量检测手段，需要运行模型进行仿真模拟，从而搭建模型结构与模型行为之间的联系，判断两者之间的逻辑一致性。针对结构的行为检验是系统动力学模型结构检验的重要组成部分，主要通过运行模型仿真并分析仿真结果是否符合标准的方式来展开，包括极限情况测试、敏感性测试以及积分错误检验三种类型。本书总结了这三种检验的对象、常用工具和步骤，具体信息见表7-4所示：

表7-4　　　　　　　　针对结构的行为检验

| 检验 | 检验对象 | 常规工具和步骤 |
| --- | --- | --- |
| 极限情况测试 | 当外生变量取极值时模型仿真结果是否合理 | 将模型的一个或几个外生变量取极值，依次运行模型仿真，并对比仿真结果与现实情况是否符合 |
| 敏感性测试 | 当外生变量的取值在范围内随机多次变化时，模型仿真结果是否发生突变 | 随机多次改变外生变量的取值，观察模型仿真结果是否存在较大的差异 |
| 积分错误测试 | 改变仿真步长，观察模型仿真结果是否发生突变 | 多次改变仿真时间步长并依次运行模型仿真，观察结果是否出现较大变化 |

资料来源：作者整理。

本书虽然对7个超大城市均进行了仿真，但采用的都是同一个模型，只是改变了输入的外生变量取值，故以下以北京市数据为例展开针对结构的行为检验。

(一) 极限情况测试

极限情况测试是指将系统动力学模型外生变量取极限值时，观察模型仿真结果是否符合现实情况。虽然这样的极限情况在真实世界是很少存在的，但进行极限情况测试有利于验证模型的逻辑正确性和鲁棒性，即模型在任何情况下均是完善的。

进行极限情况测试的步骤如下：首先，将系统动力学模型的一个或几个外生变量取值设置为极限值；其次，运行模型，得出模型在极限情况下的仿真结果；再次，分析真实系统在极限情况下将出现什么样的发展模式和行为；最后，对比模型仿真结果与真实系统在极限情况下的行为，若两者符合则代表系统动力学模型通过了极限情况测试，否则模型存在逻辑错误需要进行修改。本书选择将外生变量 GDP 增长率 $A_{51}$ (t) 修改为 0，该变量原来采用表函数形式，且对于超大城市而言，GDP 完全不增长是很少发生的，因此可以作为一种极限情况。仿真结果如图 7-2 所示：

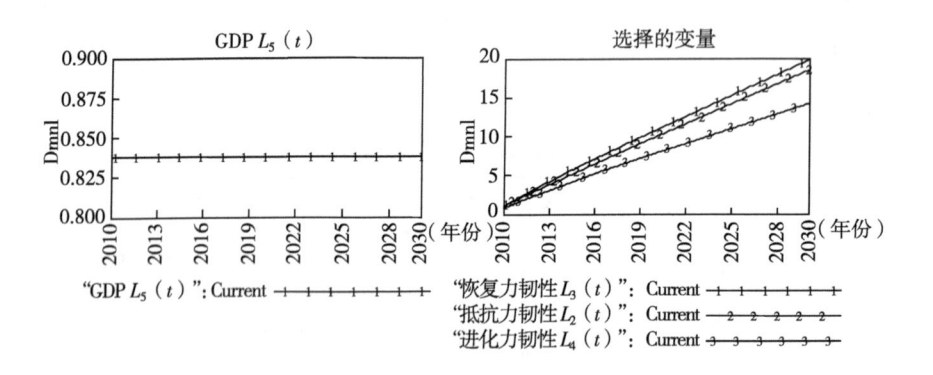

**图 7-2 极限情况测试结果**

资料来源：笔者自绘。

从图 7-2 可以看出，当 GDP 增长率被设置为 0 后，超大城市的 GDP 值开始保持不变，成了一个常量。而恢复力、抵抗力和进化力三个维度韧性也出现线性变化趋势。从强简化流率基本入树来看，三个维度韧性中的部分变量都与 GDP 有直接关联，当 GDP 不再发生变化时，这些变量的变化幅度也减弱了，才出现了三个维度韧性的线性增长。

## （二）敏感性测试

敏感性测试主要是检验当系统动力学模型的外生变量取值改变时，模型仿真结果是否会产生合理的相应变化。按照系统动力学模型检验理论，敏感性可以分为三种类型，分别是：数值敏感型、行为模式敏感型和政策敏感型。数值敏感型是指当外生变量取值发生变化时，模型仿真结果也仅产生数值上的变化，没有发生行为模式上的变化（如仿真曲线从指数增长变成了递减或震荡）；行为模式敏感型是指当外生变量取值发生变化时，模型仿真结果发生了行为模式的变化；政策敏感型是指当外生变量取值发生变化时，模型仿真结果发生了完全相反的变化（如仿真曲线从指数增长变成了指数下降）。由于系统动力学模型的本质在于揭示系统运行机理而非精确预测未来变化，因此数值敏感型是可以被接受的，但如果出现行为敏感型和政策敏感型，就需要重新检查系统的逻辑结构是否出现了问题，导致仿真结果出现了行为模式的变化。

敏感性测试的方法有两种：一是多次改变外生变量的取值并运行模型，观察模型的行为模式是否出现了较大的变化；二是利用仿真软件内设的敏感性测试模块。部分仿真软件自带了该功能，以 Vensim 仿真软件为例，能够自发在外生变量的取值范围随机运行 200 次，并生成所有仿真结果的分布图。如果分布图范围较小，表明系统动力学模型不存在行为敏感和政策敏感。考虑到模型中部分辅助变量均受到 GDP 的影响，故选择 GDP 增长率为变化变量，经济韧性为观测变量，让 GDP 增长率在其最小值与最大值区间内随机振荡取值 200 次，得到敏感性测试结果，如图 7-3 所示。

在图 7-3 中，百分比代表置信区间，即 Vensim 软件自发运行 200 次后，0—50%的仿真结果落在了黄色区域，50%—75%的仿真结果落在了绿色区域，75%—95%的仿真结果落在了蓝色区域，95%—100%的仿真结果落在了灰色区域。图 7-3 显示，当改变 GDP 增长率的取值随机改变 200 次并每次运行模型仿真后，所有仿真结果分布的区域狭小，表明系统动力学模型仅出现了数值敏感，并未出现行为模式敏感和政策敏感，因此通过了敏感性测试。

## （三）积分错误测试

积分错误测试是用来检验系统动力学模型的仿真结果是否受到仿真步长的明显影响。因为系统动力学模型是基于微分方程构建的，因此，

## 180 / 中国超大城市经济韧性的系统分析

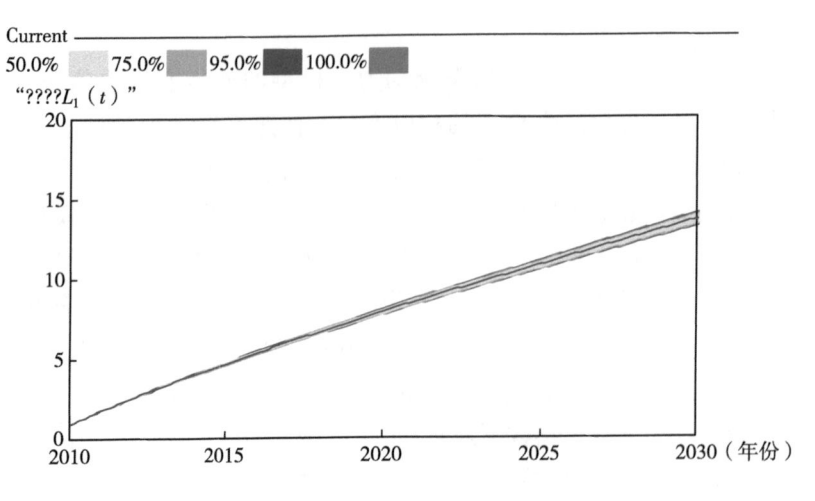

Current
50.0%　75.0%　95.0%　100.0%
"????$L_1(t)$"

图 7-3　敏感性测试结果

资料来源：笔者自绘。

需要测试模型对时间步长的敏感程度。

为了让超大城市经济韧性的系统动力学模型产生连续变化，需要将仿真步长设置得足够小才能让模型近似连续运行。因此，本书正常使用的仿真时间步长为 0.125（1/8 的时间单位，一个时间单位运行 8 步，每 1/8 个时间单位积分一次，模型运转一次），在积分错误测试中，分别将步长降低为 0.0625（1/16）和 0.03125（1/32）并再次运行模型，仿真结果如图 7-4 所示。

如图 7-4 所示，当把仿真时间步长分别设置为 0.125 个时间单位、0.0625 个时间单位及 0.03125 个时间单位后，经济韧性变量的仿真结果并没有出现变化，可见系统动力学模型的仿真对时间步长并不敏感。

### 三　行为检验

如前所述，超大城市经济韧性的系统动力学模型通过了直接结构检验和针对结构的行为检验，验证了模型的逻辑结构正确性。之后还需要对模型展开进一步的行为模型，从而确保具有正确结构的模型产生了正确的行为。行为检验的主要方式是对比模型仿真结果与真实数据的偏差程度，其内在逻辑顺序如图 7-5 所示。

模型仿真结果与真实数据的偏差程度的计算公式如式（7-1）所示。其中，$X'_t$ 代表 $t$ 时刻的模型仿真值，$X_t$ 代表 $t$ 时刻的真实数据，$D$ 代表两者的偏差程度。通常将偏差程度小于 10% 作为判断标准。

第七章 中国超大城市经济韧性的演化趋势分析 / 181

（a）仿真时间步长为0.125年

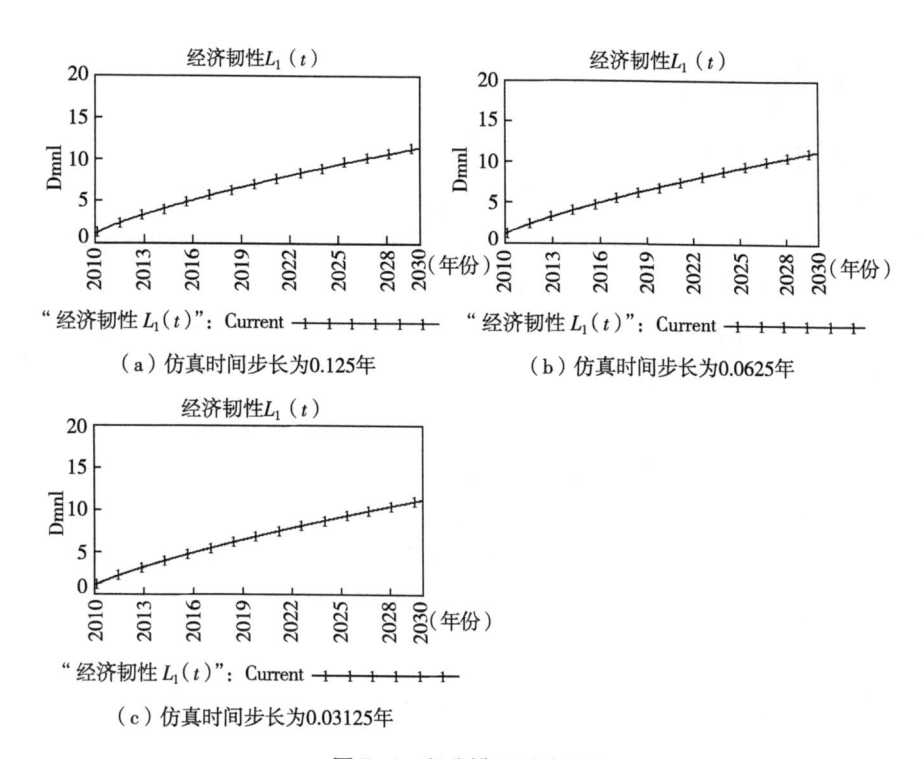

（b）仿真时间步长为0.0625年

（c）仿真时间步长为0.03125年

**图 7-4 积分错误测试结果**

资料来源：笔者自绘。

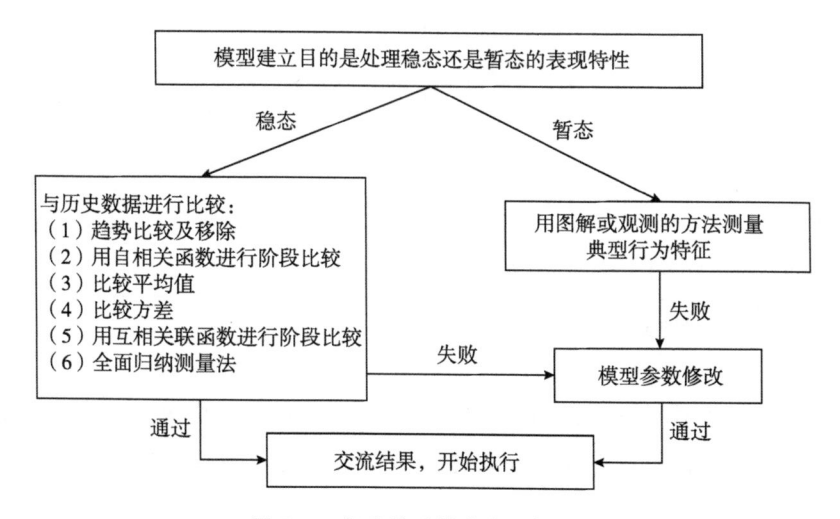

**图 7-5 行为检验的内在逻辑顺序**

资料来源：Yaman Barlas, "Formal aspects of model validity and validation in system dynamics", *System Dynamics Review*, Vol. 12, No. 3, 1996, p. 183-210.

$$D = \frac{X'_t - X_t}{X_t} \times 100\% \qquad (7-1)$$

系统动力学模型的行为检验手段主要是比较仿真数据和历史数据的偏差程度，因此多选用流位变量来进行比较。因为流位变量是流率变量的累计值，具有更高的准确性。本书构建的超大城市经济韧性系统动力学模型共包括5个流位变量：经济韧性、抵抗力韧性、恢复力韧性、进化力韧性及GDP。在这几个变量中，只有GDP有真实数据，其余4个变量的数据均来源于VIKOR评价结果和模型仿真。并且，由于系统动力学模型和VIKOR方法的原理有较大差异，前述得出的经济韧性及各个子维度韧性的评价值也很难被用作历史数据，因此选用GDP变量的仿真数据和历史数据进行比对，从而实现行为检验。行为检验结果如表7-5所示，为了统一量纲便于比较，将GDP的历史数据和仿真数据均进行标准化处理后再比较。

表 7-5　　　　　　　　　　行为检验结果

| 年份 | 2010 | 2011 | 2012 | 2013 | 2014 |
|---|---|---|---|---|---|
| 历史数据 | 0.4145 | 0.4761 | 0.5270 | 0.5854 | 0.6350 |
| 仿真数据 | 0.4052 | 0.4793 | 0.5663 | 0.6100 | 0.6135 |
| 偏差程度（%） | -2.24 | 0.67 | 7.47 | 4.20 | -3.39 |
| 年份 | 2015 | 2016 | 2017 | 2018 | 2019 |
| 历史数据 | 0.6864 | 0.7490 | 0.8277 | 0.9170 | 1.0000 |
| 仿真数据 | 0.6577 | 0.6965 | 0.7866 | 0.8866 | 1.0000 |
| 偏差程度（%） | -4.17 | -7.01 | -4.97 | -3.31 | 0.00 |

资料来源：笔者自制。

表7-5中数据显示，2010—2019年GDP变量的历史数据和仿真数据有一定的偏差，但偏差程度最大达到7.47%，均未超过10%，故可视为通过了行为检验。

综上所述，超大城市经济韧性的系统动力学模型通过了直接结构检验、针对结构的行为检验及行为检验，可以用于下一步的仿真。

## 第二节 仿真初始条件设置

前述章节构建的超大城市经济韧性的系统动力学模型的研究对象界定为中国现有 7 个超大城市,分别是:北京市(首都、直辖市、华北地区)、天津市(直辖市、华北地区)、上海市(直辖市、华东地区)、广州市(省会城市、华南地区)、深圳市(经济特区、华南地区)、成都市(省会城市、西南地区)和重庆市(直辖市、西南地区)。系统动力学模型的仿真周期设置为 2010—2030 年,且 2010—2019 年这 10 年设置为检验期,2020—2030 年这 10 年设置为实验期,总计仿真 20 年。仿真时间步长为 1/8 年。系统动力学模型的内容边界为超大城市经济韧性及抵抗力韧性、恢复力韧性和进化力韧性三个维度。

根据数据来源的不同,可以将系统动力学模型的变量划分为两种类型,分别是:内生变量和外生变量。其中,内生变量是由系统结构及反馈机制决定的,外生变量则是由外部环境决定的且不受到系统行为的影响,建模者只需要输入外生变量即可运行模型。本书构建的模型中,外生变量又可以进一步分为随时间变化的变量和常量,这些外生变量均来源于超大城市发展的客观数据,随时间变化的变量采用表函数形式进行表达,常量则设定为一个固定常数。为了避免各个外生变量由于量纲不同对运行结果造成的影响,以下仿真均采用各个外生变量标准化处理后的数据。标准化处理结果见第四章研究内容,此处不再进行赘述。

根据模型检验中的参数评估结果表,超大城市经济韧性的系统动力学模型的外生变量如表 7-6 所示:

表 7-6　　　　　系统动力学模型的外生变量

| 变量名 | 表达形式 | 变量名 | 表达形式 |
| --- | --- | --- | --- |
| 常住人口$A_{2111}(t)$ | 表函数 | 社会保障支出$A_{221}(t)$ | 表函数 |
| 地方政府财政收入$A_{231}(t)$ | 表函数 | 地方政府财政支出$A_{232}(t)$ | 表函数 |
| 从业人员数量$A_{311}(t)$ | 表函数 | 进出口总额$A_{321}(t)$ | 表函数 |
| 全社会固定资产投资$A_{331}(t)$ | 表函数 | 规模以上工业总产值$A_{341}(t)$ | 表函数 |
| 产业结果多样度$A_{35}(t)$ | 表函数 | R&D 发展经费$A_{361}(t)$ | 表函数 |

续表

| 变量名 | 表达形式 | 变量名 | 表达形式 |
|---|---|---|---|
| 发明专利申请量$A_{371}(t)$ | 表函数 | 规模以上工业企业数量$A_{411}(t)$ | 表函数 |
| 金融机构存贷款余额$A_{421}(t)$ | 表函数 | 电信业务总量$A_{431}(t)$ | 表函数 |
| 城镇个体私营从业人员数量$A_{441}(t)$ | 表函数 | 每万人在校大学生数$A_{451}(t)$ | 表函数 |
| GDP增长率$A_{51}(t)$ | 表函数 | 城区面积$C_{412}$ | 常量 |

资料来源：笔者自制。

## 第三节 仿真结果分析

在系统动力学模型通过了各项检验并设置了初始条件后，就可以用于仿真。之前对超大城市经济韧性进行评价时，采用的是VIKOR方法，是一种相对的评价方法，因此各个超大城市的经济韧性水平都在0—1的区间内。在系统动力学模型中，韧性水平作为流位变量逐年累积，其值不会保持在0—1的区间内，后者主要用于分析演化趋势。

（一）北京市经济韧性演化趋势分析

根据第四章评价结果，北京市经济韧性2010年初始值为1.0000，抵抗力韧性2010年初始值为0.9285，恢复力韧性2010年初始值为0.8786，进化力韧性2010年初始值为0.6493，GDP2010年初始值为0.8380。设定了5个流位变量的初始值后，除城区面积$C_{412}$设置为常量，其余外生变量经过标准化处理后均采用表函数形式，列出部分主要的表函数，见表7-7所示：

**表7-7　　　　　　　　北京市主要表函数方程**

| 变量名 | 表函数方程 |
|---|---|
| 常住人口 | $A_{2111}(t)$ = WITHLOOKUP ( Time, [(2010, 0)-(2030, 1)], (2010, 0.6801), (2011, 0.6915), (2012, 0.7026), (2013, 0.7121), (2014, 0.7193), (2015, 0.7195), (2016, 0.7128), (2017, 0.7059), (2018, 0.6945), (2019, 0.6893)) |
| 社会保障支出 | $A_{221}(t)$ = WITHLOOKUP(Time, [(2010, 0)-(2030, 1)], (2010, 0.761), (2011, 0.85), (2012, 0.9578), (2013, 1), (2014, 0.9899), (2015, 1), (2016, 0.7243), (2017, 0.7496), (2018, 0.8953), (2019, 0.9732)) |
| 从业人员数量 | $A_{311}(t)$ = WITHLOOKUP ( Time, [(2010, 0)-(2030, 1)], (2010, 0.6699), (2011, 0.6748), (2012, 0.678), (2013, 0.6778), (2014, 0.6816), (2015, 0.6947), (2016, 0.7104), (2017, 0.7272), (2018, 0.7241), (2019, 0.7468)) |

续表

| 变量名 | 表函数方程 |
|---|---|
| 全社会固定资产投资 | $A_{331}(t)$ = WITHLOOKUP ( Time, [ ( 2010, 0 ) - ( 2030, 1 ) ], ( 2010, 0.7922 ), ( 2011, 0.769 ), ( 2012, 0.689 ), ( 2013, 0.6276 ), ( 2014, 0.5719 ), ( 2015, 0.5162 ), ( 2016, 0.4874 ), ( 2017, 0.5151 ), ( 2018, 0.4338 ), ( 2019, 0.4005 )) |
| 规模以上工业总产值 | $A_{341}(t)$ = WITHLOOKUP ( Time, [ ( 2010, 0 ) - ( 2030, 1 ) ], ( 2010, 0.4549 ), ( 2011, 0.4473 ), ( 2012, 0.489 ), ( 2013, 0.5413 ), ( 2014, 0.5651 ), ( 2015, 0.5571 ), ( 2016, 0.5809 ), ( 2017, 0.5537 ), ( 2018, 0.555 ), ( 2019, 0.5462 )) |
| 产业结构多样度 | $A_{35}(t)$ = WITHLOOKUP ( Time, [ ( 2010, 0 )-( 2030, 1 ) ], ( 2010, 1 ), ( 2011, 1 ), ( 2012, 1 ), ( 2013, 1 ), ( 2014, 1 ), ( 2015, 1 ), ( 2016, 1 ), ( 2017, 1 ), ( 2018, 1 ), ( 2019, 1 )) |
| 电信业务总量 | $A_{431}(t)$ = WITHLOOKUP ( Time, [ ( 2010, 0 ) - ( 2030, 1 ) ], ( 2010, 1 ), ( 2011, 0.9753 ), ( 2012, 0.8869 ), ( 2013, 0.9772 ), ( 2014, 0.8809 ), ( 2015, 1 ), ( 2016, 1 ), ( 2017, 0.6894 ), ( 2018, 0.7547 ), ( 2019, 0.7712 )) |
| 城镇个体私营从业人员 | $A_{441}(t)$ = WITHLOOKUP ( Time, [ ( 2010, 0 ) - ( 2030, 1 ) ], ( 2010, 0.4439 ), ( 2011, 0.4297 ), ( 2012, 0.4205 ), ( 2013, 0.4746 ), ( 2014, 0.4267 ), ( 2015, 0.4308 ), ( 2016, 0.4327 ), ( 2017, 0.4247 ), ( 2018, 0.4005 ), ( 2019, 0.4627 )) |
| GDP增长率 | $A_{51}(t)$ = WITHLOOKUP ( Time, [ ( 2010, 0 ) - ( 2030, 1 ) ], ( 2010, 0.5909 ), ( 2011, 0.488 ), ( 2012, 0.558 ), ( 2013, 0.592 ), ( 2014, 0.633 ), ( 2015, 0.6273 ), ( 2016, 0.6509 ), ( 2017, 0.7312 ), ( 2018, 0.8375 ), ( 2019, 0.8462 )) |

资料来源：笔者自制。

将表函数方程输入Vensim仿真平台中，得到北京市的经济韧性及子维度仿真结果，如图7-6所示：

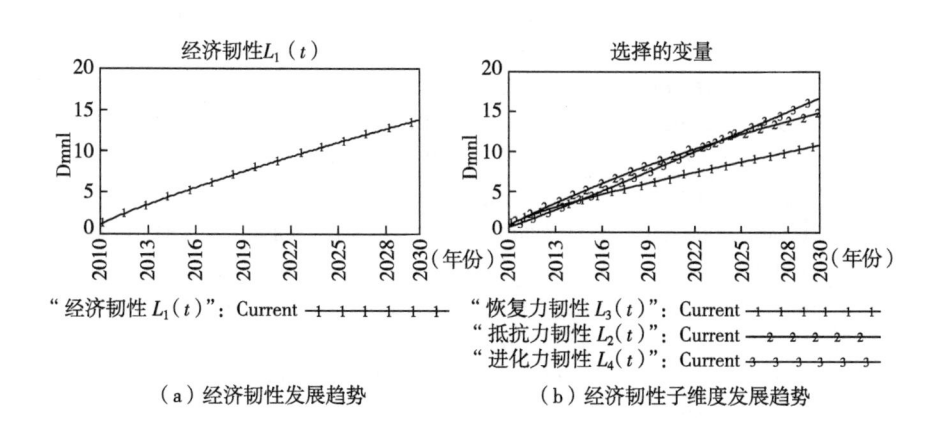

(a) 经济韧性发展趋势　　(b) 经济韧性子维度发展趋势

图7-6　北京市仿真结果

资料来源：笔者自绘。

如图 7-6(a)所示，北京市经济韧性保持较平稳的增长，达到 2030 年后，其经济韧性水平在 14 左右；如图 7-6(b)所示，北京市经济韧性的 3 个子维度相互作用并反馈。在 2023 年年前，北京市抵抗力韧性增长最快，其次是进化力韧性和恢复力韧性（进化力韧性从 2015 年起超过了恢复力韧性）。2023—2030 年，进化力韧性的增长超过了抵抗力韧性，而恢复力韧性的增长较乏力，明显落后于其他两个维度。

## （二）天津市演化趋势分析

天津市经济韧性 2010 年初始值为 0.6421，抵抗力韧性 2010 年初始值为 0.7639，恢复力韧性 2010 年初始值为 0.5527，进化力韧性 2010 年初始值为 0.2138，GDP2010 年初始值为 0.3799。其余外生变量进行标准化处理后，列出部分主要的表函数，如表 7-8 所示：

**表 7-8　　　　　　　　天津市主要表函数方程**

| 变量名 | 表函数方程 |
| --- | --- |
| 常住人口 | $A_{2111}(t) = WITHLOOKUP(Time, [(2010, 0)-(2030, 1)], (2010, 0.4504), (2011, 0.4641), (2012, 0.4798), (2013, 0.4957), (2014, 0.5071), (2015, 0.5128), (2016, 0.5124), (2017, 0.5063), (2018, 0.5028), (2019, 0.4999))$ |
| 社会保障支出 | $A_{221}(t) = WITHLOOKUP(Time, [(2010, 0)-(2030, 1)], (2010, 0.3799), (2011, 0.4032), (2012, 0.4541), (2013, 0.4887), (2014, 0.5048), (2015, 0.4494), (2016, 0.3822), (2017, 0.4331), (2018, 0.5415), (2019, 0.5511))$ |
| 从业人员数量 | $A_{311}(t) = WITHLOOKUP(Time, [(2010, 0)-(2030, 1)], (2010, 0.4732), (2011, 0.4814), (2012, 0.4918), (2013, 0.5034), (2014, 0.5169), (2015, 0.5253), (2016, 0.5254), (2017, 0.5219), (2018, 0.5245), (2019, 0.526))$ |
| 全社会固定资产投资 | $A_{331}(t) = WITHLOOKUP(Time, [(2010, 0)-(2030, 1)], (2010, 0.9389), (2011, 0.9772), (2012, 0.9458), (2013, 0.9033), (2014, 0.8813), (2015, 0.844), (2016, 0.6478), (2017, 0.6473), (2018, 0.5711), (2019, 0.6154))$ |
| 规模以上工业总产值 | $A_{341}(t) = WITHLOOKUP(Time, [(2010, 0)-(2030, 1)], (2010, 0.5563), (2011, 0.643), (2012, 0.7345), (2013, 0.8263), (2014, 0.8585), (2015, 0.9017), (2016, 0.9456), (2017, 0.8824), (2018, 0.8703), (2019, 0.8544))$ |
| 产业结构多样度 | $A_{35}(t) = WITHLOOKUP(Time, [(2010, 0)-(2030, 1)], (2010, 0.9025), (2011, 0.8986), (2012, 0.9005), (2013, 0.902), (2014, 0.9177), (2015, 0.9382), (2016, 0.9523), (2017, 0.9588), (2018, 0.9607), (2019, 0.9773))$ |
| 电信业务总量 | $A_{431}(t) = WITHLOOKUP(Time, [(2010, 0)-(2030, 1)], (2010, 0.3816), (2011, 0.3556), (2012, 0.2905), (2013, 0.2721), (2014, 0.266), (2015, 0.3256), (2016, 0.1257), (2017, 0.2367), (2018, 0.3135), (2019, 0.3436))$ |

第七章 中国超大城市经济韧性的演化趋势分析 / 187

续表

| 变量名 | 表函数方程 |
|---|---|
| 城镇个体私营从业人员 | $A_{441}(t)$ = WITHLOOKUP(Time, [(2010, 0)-(2030, 1)], (2010, 0.3517), (2011, 0.3689), (2012, 0.3746), (2013, 0.4169), (2014, 0.415), (2015, 0.4096), (2016, 0.4033), (2017, 0.4044), (2018, 0.3956), (2019, 0.3802)) |
| GDP增长率 | $A_{51}(t)$ = WITHLOOKUP(Time, [(2010, 0)-(2030, 1)], (2010, 1), (2011, 1), (2012, 1), (2013, 1), (2014, 0.9174), (2015, 0.8545), (2016, 0.8585), (2017, 0.3871), (2018, 0.45), (2019, 0.6154)) |

资料来源：笔者自制。

将表函数方程输入 Vensim 仿真平台中，得到天津市的经济韧性及子维度仿真结果，如图 7-7 所示：

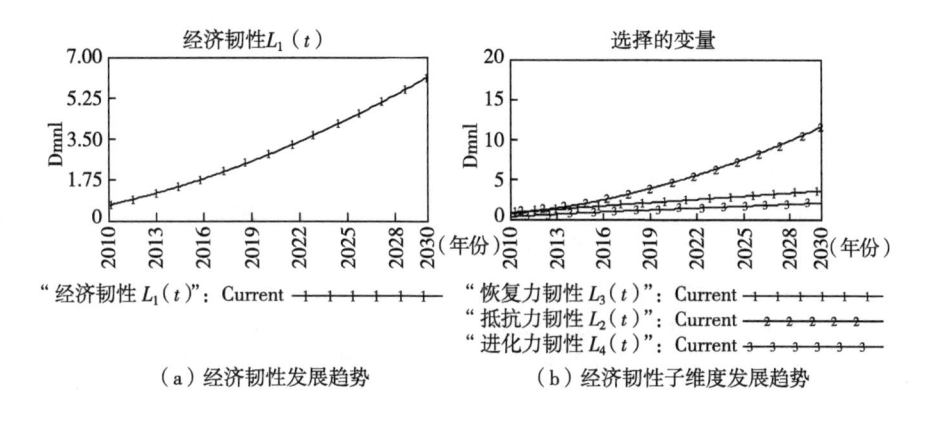

(a) 经济韧性发展趋势　　(b) 经济韧性子维度发展趋势

**图 7-7　天津市仿真结果**

资料来源：笔者自绘。

如图 7-7（a）所示，天津市经济韧性增长较慢，2030 年时经济韧性水平接近 6 左右；如图 7-7（b）所示，天津市经济韧性的 3 个子维度的发展趋势出现明显差异，抵抗力韧性增长速度快于恢复力韧性和进化力韧性，尤其是进化力韧性，在 2030 年还不到 3。

（三）上海市演化趋势分析

上海市经济韧性 2010 年初始值为 0.8818，抵抗力韧性 2010 年初始值为 0.9633，恢复力韧性 2010 年初始值为 0.7000，进化力韧性 2010 年初始值为 0.8235，GDP2010 年初始值为 1.0000。其余外生变量进行标准化处理后，列出部分主要的表函数，如表7-9所示：

**表7-9　　　　　　　　　　上海市主要表函数方程**

| 变量名 | 表函数方程 |
| --- | --- |
| 常住人口 | $A_{2111}(t)$ = WITHLOOKUP ( Time , [(2010, 0) - (2030, 1)] , (2010, 0.7983) , (2011, 0.8042) , (2012, 0.8083) , (2013, 0.8132) , (2014, 0.8109) , (2015, 0.8007) , (2016, 0.7938) , (2017, 0.7864) , (2018, 0.7814) , (2019, 0.7772)) |
| 社会保障支出 | $A_{221}(t)$ = WITHLOOKUP(Time , [(2010, 0)-(2030, 1)] , (2010, 1) , (2011, 1) , (2012, 1) , (2013, 0.9976) , (2014, 1) , (2015, 0.7754) , (2016, 1) , (2017, 1) , (2018, 1) , (2019, 1)) |
| 从业人员数量 | $A_{311}(t)$ = WITHLOOKUP ( Time , [(2010, 0) - (2030, 1)] , (2010, 0.7083) , (2011, 0.6967) , (2012, 0.683) , (2013, 0.6756) , (2014, 0.8048) , (2015, 0.7974) , (2016, 0.7949) , (2017, 0.8006) , (2018, 0.8047) , (2019, 0.8074)) |
| 全社会固定资产投资 | $A_{331}(t)$ = WITHLOOKUP ( Time , [(2010, 0) - (2030, 1)] , (2010, 0.7668) , (2011, 0.6593) , (2012, 0.5602) , (2013, 0.504) , (2014, 0.455) , (2015, 0.4104) , (2016, 0.3891) , (2017, 0.4155) , (2018, 0.4085) , (2019, 0.4062)) |
| 规模以上工业总产值 | $A_{341}(t)$ = WITHLOOKUP(Time , (2010, 0)-(2030, 1)] , (2010, 1) , (2011, 1) , (2012, 1) , (2013, 1) , (2014, 1) , (2015, 1) , (2016, 1) , (2017, 1) , (2018, 0.9831) , (2019, 0.9354)) |
| 产业结构多样度 | $A_{35}(t)$ = WITHLOOKUP(Time , [(2010, 0)-(2030, 1)] , (2010, 0.889) , (2011, 0.899) , (2012, 0.8935) , (2013, 0.8802) , (2014, 0.9065) , (2015, 0.9136) , (2016, 0.9232) , (2017, 0.9308) , (2018, 0.9259) , (2019, 0.9678)) |
| 电信业务总量 | $A_{431}(t)$ = WITHLOOKUP ( Time , [(2010, 0) - (2030, 1)] , (2010, 0.9064) , (2011, 1) , (2012, 0.8857) , (2013, 0.9821) , (2014, 1) , (2015, 0.8434) , (2016, 0.3652) , (2017, 0.547) , (2018, 0.6121) , (2019, 0.6442)) |
| 城镇个体私营从业人员 | $A_{441}(t)$ = WITHLOOKUP ( Time , [(2010, 0) - (2030, 1)] , (2010, 0.5886) , (2011, 0.5847) , (2012, 0.5943) , (2013, 0.614) , (2014, 0.6941) , (2015, 0.7669) , (2016, 0.7954) , (2017, 0.8587) , (2018, 0.8378) , (2019, 0.9074)) |
| GDP增长率 | $A_{51}(t)$ = WITHLOOKUP(Time , [(2010, 0)-(2030, 1)] , (2010, 0.5795) , (2011, 0.5) , (2012, 0.5435) , (2013, 0.632) , (2014, 0.6514) , (2015, 0.6364) , (2016, 0.6509) , (2017, 0.7527) , (2018, 0.85) , (2019, 0.7692)) |

资料来源：笔者自制。

将表函数方程输入Vensim仿真平台中，得到上海市的经济韧性及子维度仿真结果，如图7-8所示：

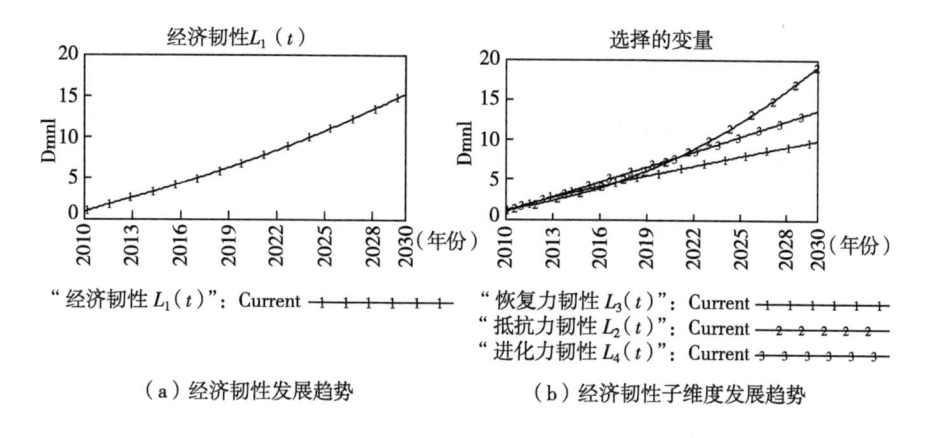

## 第七章 中国超大城市经济韧性的演化趋势分析 / 189

（a）经济韧性发展趋势　　（b）经济韧性子维度发展趋势

**图 7-8　上海市仿真结果**

资料来源：笔者自绘。

如图 7-8（a）所示，上海市经济韧性增长较快，到达 2030 年时超过了 15，高于同时期的北京经济韧性；如图 7-8（b）所示，上海市经济韧性的 3 个子维度也出现不同的变化：2018 年之前，进化力韧性保持最高水平，其次是恢复力韧性和抵抗力韧性；2019—2020 年，抵抗力韧性开始超过恢复力韧性，并仅次于进化力韧性；2021—2030 年，抵抗力韧性保持快速增长，并明显领先于其他两个维度。

### （四）广州市演化趋势分析

广州市经济韧性 2010 年初始值为 0.6703，抵抗力韧性 2010 年初始值为 1.0000，恢复力韧性 2010 年初始值为 0.2285，进化力韧性 2010 年初始值为 0.6545，GDP2010 年初始值为 0.5922。其余外生变量进行标准化处理后，列出部分主要的表函数，如表 7-10 所示：

**表 7-10　　　　　　　　广州市主要表函数方程**

| 变量名 | 表函数方程 |
| --- | --- |
| 常住人口 | $A_{2111}(t)=WITHLOOKUP(Time,[(2010,0)-(2030,1)],(2010,0.2788),(2011,0.2785),(2012,0.2792),(2013,0.2802),(2014,0.2816),(2015,0.2832),(2016,0.2856),(2017,0.292),(2018,0.2991),(2019,0.3053))$ |
| 社会保障支出 | $A_{221}(t)=WITHLOOKUP(Time,[(2010,0)-(2030,1)],(2010,0.3148),(2011,0.3173),(2012,0.2854),(2013,0.3098),(2014,0.2908),(2015,0.2926),(2016,0.2088),(2017,0.2229),(2018,0.2844),(2019,0.296))$ |

续表

| 变量名 | 表函数方程 |
| --- | --- |
| 从业人员数量 | $A_{311}(t) = WITHLOOKUP(Time, [(2010, 0)-(2030, 1)], (2010, 0.4617), (2011, 0.4823), (2012, 0.4865), (2013, 0.4901), (2014, 0.5156), (2015, 0.5435), (2016, 0.5706), (2017, 0.6049), (2018, 0.6448), (2019, 0.6605))$ |
| 全社会固定资产投资 | $A_{331}(t) = WITHLOOKUP(Time, (2010, 0)-(2030, 1)], (2010, 0.4706), (2011, 0.444), (2012, 0.4007), (2013, 0.3975), (2014, 0.3698), (2015, 0.4104), (2016, 0.3285), (2017, 0.3394), (2018, 0.3182), (2019, 0.3508))$ |
| 规模以上工业总产值 | $A_{341}(t) = WITHLOOKUP[Time, (2010, 0)-(2030, 1)], (2010, 0.4593), (2011, 0.4843), (2012, 0.5037), (2013, 0.536), (2014, 0.5571), (2015, 0.5965), (2016, 0.6285), (2017, 0.6131), (2018, 0.5247), (2019, 0.5239))$ |
| 产业结构多样度 | $A_{35}(t) = WITHLOOKUP(Time, [(2010, 0)-(2030, 1)], (2010, 0.8393), (2011, 0.8192), (2012, 0.8818), (2013, 0.8385), (2014, 0.8415), (2015, 0.8583), (2016, 0.855), (2017, 0.875), (2018, 0.8717), (2019, 0.969))$ |
| 电信业务总量 | $A_{431}(t) = WITHLOOKUP(Time, [(2010, 0)-(2030, 1)], (2010, 0.253), (2011, 0.646), (2012, 0.5707), (2013, 0.5476), (2014, 0.4152), (2015, 0.2448), (2016, 0.2678), (2017, 0.547), (2018, 0.1533), (2019, 0.1032))$ |
| 城镇个体私营从业人员 | $A_{441}(t) = WITHLOOKUP(Time, [(2010, 0)-(2030, 1)], (2010, 0.7971), (2011, 0.7232), (2012, 0.7057), (2013, 0.7183), (2014, 0.7544), (2015, 0.7939), (2016, 0.8099), (2017, 0.851), (2018, 0.8811), (2019, 0.8237))$ |
| GDP增长率 | $A_{51}(t) = WITHLOOKUP(Time, [(2010, 0)-(2030, 1)], (2010, 0.7386), (2011, 0.6867), (2012, 0.7536), (2013, 0.92), (2014, 0.7798), (2015, 0.7545), (2016, 0.717), (2017, 0.7204), (2018, 0.75), (2019, 0.8718))$ |

资料来源：笔者自制。

将表函数方程输入 Vensim 仿真平台中，得到广州市的经济韧性及子维度仿真结果，如图 7-9 所示。

如图 7-9（a）所示，广州市的经济韧性水平低于北京市和上海市，但高于天津市；如图 7-9（b）所示，广州市经济韧性 3 个子维度的发展趋势类似于上海市，都是进化力韧性先领先发展，然后抵抗力韧性逐渐超过了进化力韧性。与上海市的不同之处在于，广州市的恢复力韧性水平始终低于进化力韧性和抵抗力韧性。

（五）深圳市演化趋势分析

深圳市经济韧性 2010 年初始值为 0.5795，抵抗力韧性 2010 年初始值为 0.8108，恢复力韧性 2010 年初始值为 0.2284，进化力韧性 2010 年初始值为 0.3159，GDP2010 年初始值为 0.5642。其余外生变量进行标准

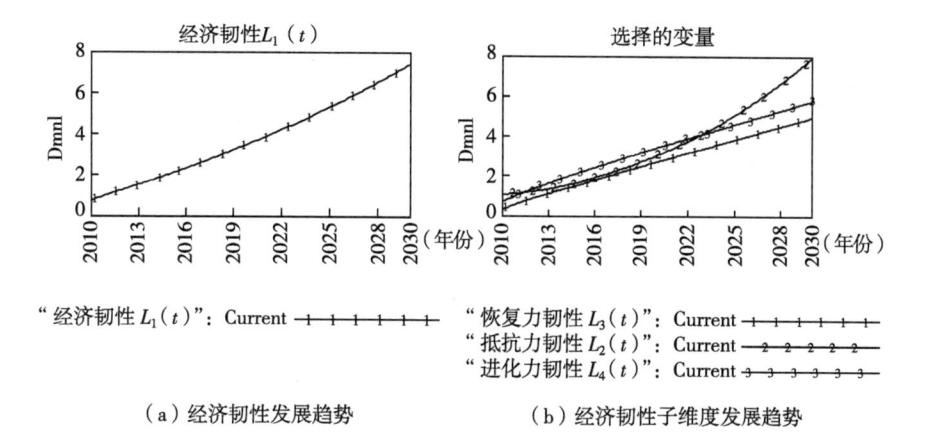

## 第七章 中国超大城市经济韧性的演化趋势分析 / 191

经济韧性 $L_1(t)$ ｜ 选择的变量

"经济韧性 $L_1(t)$": Current ━━┼━━┼━━┼━━┼━━

"恢复力韧性 $L_3(t)$": Current ━━┼━━┼━━┼━━┼━━
"抵抗力韧性 $L_2(t)$": Current ━━2━━2━━2━━2━━
"进化力韧性 $L_4(t)$": Current ━━3━━3━━3━━3━━

（a）经济韧性发展趋势　　　　（b）经济韧性子维度发展趋势

**图 7-9　广州市仿真结果**

资料来源：笔者自绘。

化处理后，列出部分主要的表函数，如表 7-11 所示：

**表 7-11　深圳市主要表函数方程**

| 变量名 | 表函数方程 |
|---|---|
| 常住人口 | $A_{2111}(t)$ = WITHLOOKUP ( Time, [(2010, 0)-(2030, 1)], (2010, 0.3596), (2011, 0.3586), (2012, 0.3581), (2013, 0.3579), (2014, 0.3603), (2015, 0.3772), (2016, 0.3906), (2017, 0.4074), (2018, 0.42), (2019, 0.4301)) |
| 社会保障支出 | $A_{221}(t)$ = WITHLOOKUP ( Time, [(2010, 0)-(2030, 1)], (2010, 0.1319), (2011, 0.1243), (2012, 0.1507), (2013, 0.1673), (2014, 0.1437), (2015, 0.1207), (2016, 0.1066), (2017, 0.2259), (2018, 0.2119), (2019, 0.177)) |
| 从业人员数量 | $A_{311}(t)$ = WITHLOOKUP ( Time, [(2010, 0)-(2030, 1)], (2010, 0.4579), (2011, 0.4823), (2012, 0.4722), (2013, 0.5341), (2014, 0.5302), (2015, 0.5307), (2016, 0.5394), (2017, 0.5502), (2018, 0.6144), (2019, 0.7529)) |
| 全社会固定资产投资 | $A_{331}(t)$ = WITHLOOKUP ( Time, [(2010, 0)-(2030, 1)], (2010, 0.2804), (2011, 0.2681), (2012, 0.2467), (2013, 0.2222), (2014, 0.2055), (2015, 0.2131), (2016, 0.2349), (2017, 0.2951), (2018, 0.2815), (2019, 0.3164)) |
| 规模以上工业总产值 | $A_{341}(t)$ = WITHLOOKUP[ Time, (2010, 0)-(2030, 1)], (2010, 0.6152), (2011, 0.6297), (2012, 0.6698), (2013, 0.7197), (2014, 0.7588), (2015, 0.8155), (2016, 0.8766), (2017, 0.9409), (2018, 1), (2019, 1)) |
| 产业结构多样度 | $A_{35}(t)$ = WITHLOOKUP( Time, [(2010, 0)-(2030, 1)], (2010, 0.6882), (2011, 0.704), (2012, 0.7232), (2013, 0.7318), (2014, 0.7303), (2015, 0.7422), (2016, 0.7556), (2017, 0.7708), (2018, 0.8247), (2019, 0.8509)) |

续表

| 变量名 | 表函数方程 |
|---|---|
| 电信业务总量 | $A_{431}(t)$ = WITHLOOKUP(Time, [(2010, 0)-(2030, 1)], (2010, 0.265), (2011, 0.7692), (2012, 1), (2013, 1), (2014, 0.9559), (2015, 0.6615), (2016, 0.7508), (2017, 1), (2018, 1), (2019, 1)) |
| 城镇个体私营从业人员 | $A_{441}(t)$ = WITHLOOKUP(Time, [(2010, 0)-(2030, 1)], (2010, 0.6459), (2011, 0.6602), (2012, 0.6843), (2013, 0.6553), (2014, 0.7018), (2015, 0.7314), (2016, 0.7624), (2017, 0.7867), (2018, 0.8289), (2019, 0.8881)) |
| GDP增长率 | $A_{51}(t)$ = WITHLOOKUP(Time, [(2010, 0)-(2030, 1)], (2010, 0.6989), (2011, 0.6084), (2012, 0.7391), (2013, 0.848), (2014, 0.8165), (2015, 0.8182), (2016, 0.8774), (2017, 0.9462), (2018, 0.9625), (2019, 0.859)) |

资料来源：笔者自制。

将表函数方程输入 Vensim 仿真平台中，得到深圳市的经济韧性及子维度仿真结果，如图 7-10 所示：

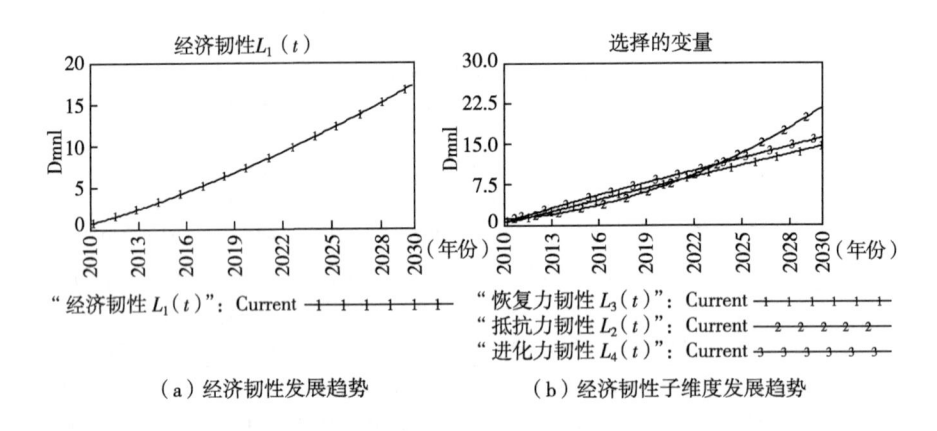

（a）经济韧性发展趋势　　　　（b）经济韧性子维度发展趋势

**图 7-10　深圳市仿真结果**

资料来源：笔者自绘。

如图 7-10(a) 所示，深圳市的经济韧性水平快速增长，高于同期的北京市和上海市；如图 7-10(b) 所示，深圳市经济韧性 3 个子维度在仿真前期并未出现明显的差异，从 2024 年起，抵抗力韧性快速增长超过了恢复力韧性和进化力韧性。

（六）重庆市演化趋势分析

重庆市经济韧性 2010 年初始值为 0.0000，抵抗力韧性 2010 年初始值为 0.0000，恢复力韧性 2010 年初始值为 0.9115，进化力韧性 2010 年初始值为 0.0000，GDP2010 年初始值为 0.4525。其余外生变量进行标准化处理后，列出部分主要的表函数，如表 7-12 所示：

表 7-12　　　　　　　　重庆市主要表函数方程

| 变量名 | 表函数方程 |
| --- | --- |
| 常住人口 | $A_{2111}(t) = WITHLOOKUP(Time, [(2010, 0)-(2030, 1)], (2010, 1), (2011, 1), (2012, 1), (2013, 1), (2014, 1), (2015, 1), (2016, 1), (2017, 1), (2018, 1), (2019, 1))$ |
| 社会保障支出 | $A_{221}(t) = WITHLOOKUP(Time, [(2010, 0)-(2030, 1)], (2010, 0.6536), (2011, 0.8114), (2012, 0.8648), (2013, 0.9206), (2014, 0.9781), (2015, 0.8132), (2016, 0.6478), (2017, 0.6624), (2018, 0.8272), (2019, 0.8802))$ |
| 从业人员数量 | $A_{311}(t) = WITHLOOKUP(Time, [(2010, 0)-(2030, 1)], (2010, 1), (2011, 1), (2012, 1), (2013, 1), (2014, 1), (2015, 1), (2016, 1), (2017, 1), (2018, 1), (2019, 1))$ |
| 全社会固定资产投资 | $A_{331}(t) = WITHLOOKUP(Time, [(2010, 0)-(2030, 1)], (2010, 1), (2011, 1), (2012, 1), (2013, 1), (2014, 1), (2015, 1), (2016, 1), (2017, 1), (2018, 1), (2019, 1))$ |
| 规模以上工业总产值 | $A_{341}(t) = WITHLOOKUP[Time, (2010, 0)-(2030, 1)], (2010, 0.3018), (2011, 0.371), (2012, 0.4108), (2013, 0.4932), (2014, 0.5733), (2015, 0.6834), (2016, 0.7583), (2017, 0.758), (2018, 0.7754), (2019, 0.7819))$ |
| 产业结构多样度 | $A_{35}(t) = WITHLOOKUP(Time, [(2010, 0)-(2030, 1)], (2010, 0.7907), (2011, 0.802), (2012, 0.8167), (2013, 0.8272), (2014, 0.843), (2015, 0.8557), (2016, 0.8716), (2017, 0.8808), (2018, 0.8794), (2019, 0.8954))$ |
| 电信业务总量 | $A_{431}(t) = WITHLOOKUP(Time, [(2010, 0)-(2030, 1)], (2010, 0.1683), (2011, 0.4845), (2012, 0.4469), (2013, 0.4784), (2014, 0.4755), (2015, 0.5321), (2016, 0.5789), (2017, 0.4815), (2018, 0.6525), (2019, 0.7481))$ |
| 城镇个体私营从业人员 | $A_{441}(t) = WITHLOOKUP(Time, [(2010, 0)-(2030, 1)], (2010, 1), (2011, 1), (2012, 1), (2013, 1), (2014, 1), (2015, 1), (2016, 1), (2017, 1), (2018, 1), (2019, 1))$ |
| GDP 增长率 | $A_{51}(t) = WITHLOOKUP(Time, [(2010, 0)-(2030, 1)], (2010, 0.9716), (2011, 0.988), (2012, 0.9855), (2013, 0.984), (2014, 1), (2015, 1), (2016, 1), (2017, 1), (2018, 0.75), (2019, 0.8077))$ |

资料来源：笔者自制。

将表函数方程输入 Vensim 仿真平台中，得到重庆市的经济韧性及子维度仿真结果，如图 7-11 所示：

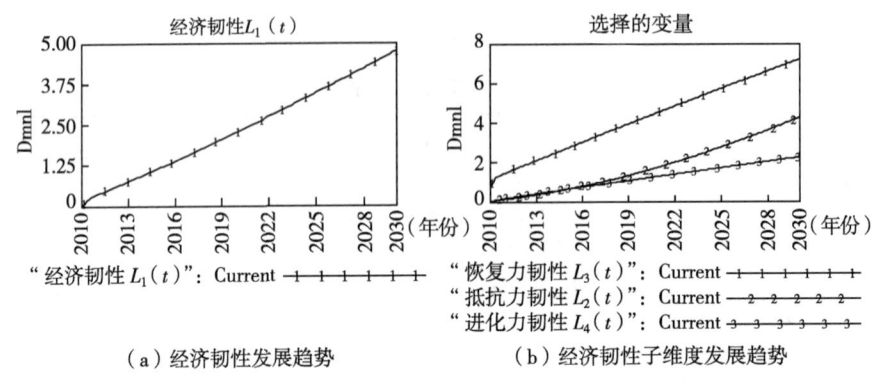

**图 7-11　重庆市仿真结果**

资料来源：笔者自绘。

如图 7-11（a）所示，重庆市经济韧性水平较低，到 2030 年时还未达到 5；如图 7-11（b）所示，重庆市经济韧性 3 个子维度存在明显差异，恢复力韧性明显高于抵抗力韧性和进化力韧性，但相较于北京、上海及深圳等超大城市，3 个子维度的韧性水平均不高。

（七）成都市演化趋势分析

成都市经济韧性 2010 年初始值为 0.2587，抵抗力韧性 2010 年初始值为 0.2703，恢复力韧性 2010 年初始值为 0.4607，进化力韧性 2010 年初始值为 0.7882，GDP2010 年初始值为 0.3296。其余外生变量进行标准化处理后，列出部分主要的表函数，如表 7-13 所示：

**表 7-13　成都市主要表函数方程**

| 变量名 | 表函数方程 |
| --- | --- |
| 常住人口 | $A_{2111}(t)$ = WITHLOOKUP ( Time, [ ( 2010, 0 )-( 2030, 1 ) ], ( 2010, 0.487 ), ( 2011, 0.482 ), ( 2012, 0.4814 ), ( 2013, 0.4814 ), ( 2014, 0.4823 ), ( 2015, 0.4859 ), ( 2016, 0.5222 ), ( 2017, 0.5218 ), ( 2018, 0.5265 ), ( 2019, 0.5307 )) |
| 社会保障支出 | $A_{221}(t)$ = WITHLOOKUP ( Time, [ ( 2010, 0 ) - ( 2030, 1 ) ], ( 2010, 0.1067 ), ( 2011, 0.1193 ), ( 2012, 0.1316 ), ( 2013, 0.1571 ), ( 2014, 0.1633 ), ( 2015, 0.1502 ), ( 2016, 0.1768 ), ( 2017, 0.15 ), ( 2018, 0.1892 ), ( 2019, 0.1893 )) |
| 从业人员数量 | $A_{311}(t)$ = WITHLOOKUP ( Time, [ ( 2010, 0 ) - ( 2030, 1 ) ], ( 2010, 0.4888 ), ( 2011, 0.4878 ), ( 2012, 0.486 ), ( 2013, 0.4878 ), ( 2014, 0.4836 ), ( 2015, 0.484 ), ( 2016, 0.5207 ), ( 2017, 0.5325 ), ( 2018, 0.5463 ), ( 2019, 0.5656 )) |

续表

| 变量名 | 表函数方程 |
|---|---|
| 全社会固定资产投资 | $A_{331}(t) = WITHLOOKUP(Time, [(2010, 0)-(2030, 1)], (2010, 0.6136), (2011, 0.65), (2012, 0.6279), (2013, 0.5802), (2014, 0.5006), (2015, 0.4526), (2016, 0.4821), (2017, 0.5392), (2018, 0.5543), (2019, 0.5769))$ |
| 规模以上工业总产值 | $A_{341}(t) = WITHLOOKUP[Time, (2010, 0)-(2030, 1)], (2010, 0.1929), (2011, 0.2333), (2012, 0.2462), (2013, 0.2858), (2014, 0.3179), (2015, 0.3587), (2016, 0.3949), (2017, 0.3838), (2018, 0.4011), (2019, 0.4106))$ |
| 产业结构多样度 | $A_{35}(t) = WITHLOOKUP(Time, [(2010, 0)-(2030, 1)], (2010, 0.882), (2011, 0.8805), (2012, 0.8846), (2013, 0.8981), (2014, 0.9037), (2015, 0.9039), (2016, 0.9188), (2017, 0.9317), (2018, 0.9296), (2019, 0.9341))$ |
| 电信业务总量 | $A_{431}(t) = WITHLOOKUP(Time, [(2010, 0)-(2030, 1)], (2010, 0.4048), (2011, 0.3547), (2012, 0.3052), (2013, 0.3027), (2014, 0.3974), (2015, 0.4376), (2016, 0.4283), (2017, 0.3557), (2018, 0.4712), (2019, 0.4816))$ |
| 城镇个体私营从业人员 | $A_{441}(t) = WITHLOOKUP(Time, [(2010, 0)-(2030, 1)], (2010, 0.3695), (2011, 0.36), (2012, 0.3526), (2013, 0.3077), (2014, 0.3128), (2015, 0.3122), (2016, 0.3281), (2017, 0.3304), (2018, 0.3571), (2019, 0.3928))$ |
| GDP增长率 | $A_{51}(t) = WITHLOOKUP(Time, [(2010, 0)-(2030, 1)], (2010, 0.8409), (2011, 0.8855), (2012, 0.8261), (2013, 0.792), (2014, 0.7982), (2015, 0.7182), (2016, 0.7358), (2017, 0.871), (2018, 1), (2019, 1))$ |

资料来源：笔者自制。

将表函数方程输入 Vensim 仿真平台中，得到成都市的经济韧性及子维度仿真结果，如图 7-12 所示：

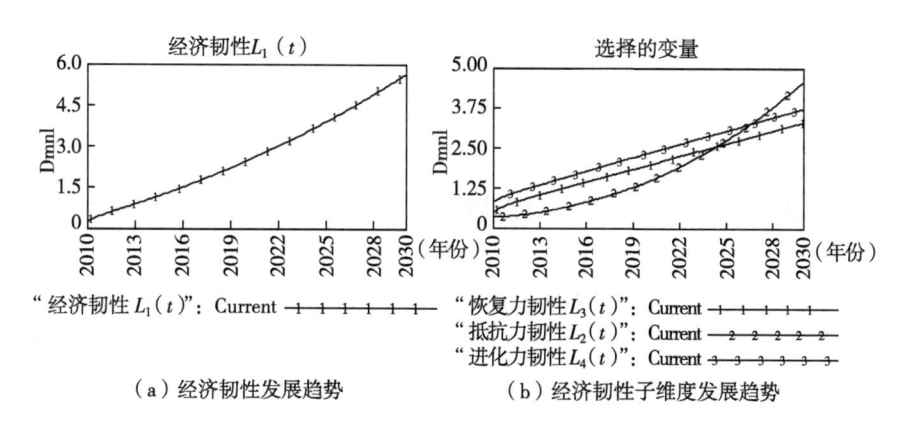

（a）经济韧性发展趋势　　　　（b）经济韧性子维度发展趋势

图 7-12　成都市仿真结果

资料来源：笔者自绘。

如图 7-12（a）所示，成都市经济韧性水平略高于重庆市，到 2030 年时接近 6；如图 7-12（b）所示，成都市经济韧性 3 个子维度均不高，且 2024 年之前，进化力韧性始终保持领先增长，其次是恢复力韧性和抵抗力韧性。但从 2025 年起，抵抗力韧性超过了进化力韧性。

## 第四节 中国超大城市经济韧性演化趋势总结

从 Vensim 仿真平台中导出 7 个超大城市经济韧性仿真数据并绘制出折线图，如图 7-13 所示：

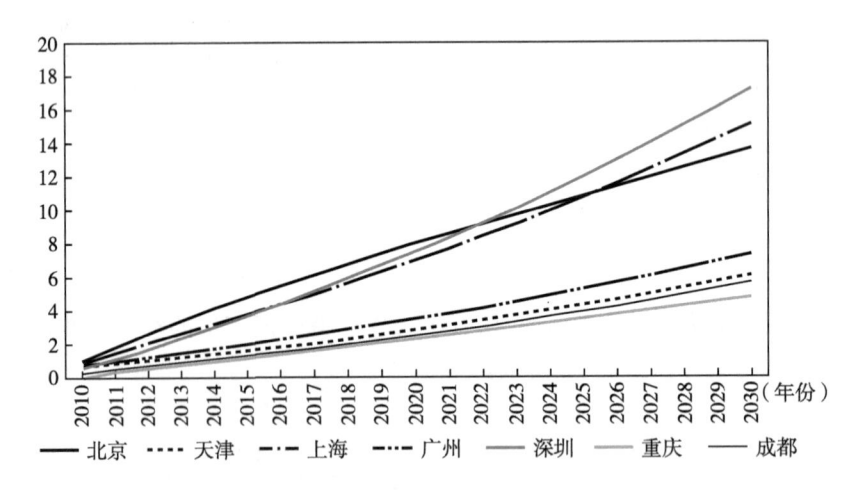

**图 7-13 超大城市经济韧性演化趋势**

资料来源：笔者自绘。

从图 7-13 可以看出，从经济韧性发展趋势来看，北京、上海和深圳的经济韧性增速最快，其次是广州，再是天津、成都和重庆，这也再次验证了第四章超大城市经济韧性评价结果及等级划分的合理性，即北京、上海和深圳为高经济韧性水平超大城市，广州和天津为中等经济韧性水平超大城市，成都为较低经济韧性水平超大城市，重庆为低经济韧性水平超大城市。除此之外，对于高经济韧性水平的超大城市，深圳市和上海市逐渐超过了北京市；对于较低和低经济韧性水平的超大城市，成都市和重庆市的差距不断加大。

从子维度相互作用趋势来看。

对于高经济韧性水平超大城市（北京、上海、深圳）而言，经济韧性的3个维度抵抗力、恢复力和进化力韧性均增长较快，不同之处在于，随着时间推进，北京市抵抗力韧性增速放缓且被恢复力韧性超过，上海市恢复力增速明显弱于其他两个维度，只有深圳市的经济韧性三个维度增长比较同步，这也是深圳市经济韧性水平逐渐超过北京市和上海市的主要原因。

对于中等经济韧性水平超大城市（广州、天津）而言，出现了明显的差异化表现。广州市经济韧性的三个维度增长比较同步，但三个维度的韧性水平均较低。天津市只有抵抗力韧性增长较快，恢复力韧性和进化力韧性十分缓慢，导致三个维度的韧性水平出现了较大差异。这也是广州市经济韧性表现优于天津市的原因。

对于较低和低经济韧性水平超大城市（成都、重庆）而言，情况也有较大差异。成都市在仿真初期时恢复力韧性和进化力韧性增长较快，但后期抵抗力韧性超过了其他两个维度，尽管三个维度的韧性水平均较低；重庆市的恢复力韧性增长明显快于其他两个维度，三个维度的韧性水平出现了较大差异。

因此，总结超大城市经济韧性发展趋势及子维度相互作用趋势可以发现，高经济韧性水平的超大城市3个子维度韧性增长比较同步，且抵抗力韧性始终占据主导地位，这也表明了抵抗力韧性是经济韧性水平的主导因素。同时，如果3个子维度之间增长越同步，那经济韧性发展趋势也就越好，即经济韧性水平取决于3个子维度之间的发展协调水平。例如，在高经济韧性水平层次上，深圳市3个子维度增长比较同步，因此深圳市经济韧性水平逐渐超过了北京和上海；而在低经济韧性水平层次上，成都市的抵抗力维度已经超过了其他2个子维度，虽然3个子维度仍然没有同步发展，但成都市经济韧性水平表现出了上升趋势。

## 第五节　小结

本章运用系统动力学模型对中国7个超大城市经济韧性的演化趋势进行了分析，在对系统动力学模型进行结构和行为检验后，运用7个超大城市的真实数据对模型进行了赋值，从而确保模型能够反映真实情况。

对系统动力学模型进行了直接结构检验、针对结构的行为检验和行为检验。其中，直接结构检验用于明晰模型构建的基础、变量间的因果关系合理性、参数设定取值合理性、模型边界设定的合理性以及模型内变量量纲的统一性；针对结构的行为检验用于检验模型结构与模型行为之间的联系，判断两者之间的逻辑一致性；行为检验通过对比模型仿真结果与真实数据的偏差程度来确保具有正确结构的模型产生了正确的行为。超大城市经济韧性演化趋势的系统动力学模型依次通过了直接结构检验、针对结构的行为检验和行为检验3类8项检验，可靠性较强，可以用于仿真。

从经济韧性历史路径和未来发展趋势来看，就经济韧性增长速度来看，北京、上海和深圳的经济韧性增速最快，其次是广州，再是天津、成都和重庆，这也再次验证了第四章中国7个超大城市经济韧性的评价结果及等级划分的合理性。

就经济韧性子维度作用机制来看，能够形成较高经济韧性水平的超大城市，其经济韧性的3个子维度韧性水平均较高且增长比较同步，且抵抗力韧性始终作为经济韧性的主导维度。子维度作用机制的差异，也导致了不同超大城市出现了差异化的经济韧性现状水平和发展趋势。

# 第八章　超大城市提升经济韧性的策略

前述第三章到第七章的研究内容对中国7个超大城市经济韧性的现状水平、演化特征和演化趋势展开了深入的研究。研究结论也表明了，7个超大城市处于不同的经济韧性水平，部分超大城市的经济韧性较强，如深圳、北京和上海，而部分超大城市的经济韧性较弱，如成都和重庆。但是，演化特征分析表明7个超大城市在经济韧性水平上具有趋同的趋势，而演化趋势分析则揭示了为什么7个超大城市具有不同的经济韧性水平，即经济韧性水平取决于经济韧性3个子纬度的发展协调性。因此，为了全面提升中国超大城市的经济韧性水平，有必要从整体层面和个体层面制定相关策略。为了增强策略建议的针对性和落地性，本章设计了"特点凝练—对比分析—短板揭示—策略制定"的策略制定思路，通过凝练高经济韧性超大城市具有的特点，来对比分析各超大城市面向经济韧性演化特征和演化趋势的短板，进而制定针对短板的策略建议。

## 第一节　短板分析

第四章对中国7个超大城市的经济韧性水平进行了评价，根据评价结果及分类标准，可以将超大城市按照经济韧性水平分为4个层次，如表8-1所示：

表 8-1　　　　　　　　按照经济韧性水平的超大城市分类

| 经济韧性等级 | 城市列表 |
| --- | --- |
| 高韧性水平 | 北京、上海、深圳 |
| 中等韧性水平 | 广州、天津 |

续表

| 经济韧性等级 | 城市列表 |
| --- | --- |
| 较低韧性水平 | 成都 |
| 低韧性水平 | 重庆 |

资料来源：笔者自制。

因此，以下将分别针对处于不同经济韧性等级的超大城市进行短板分析，提出具有层次性的提升策略。短板分析的主要思路是：凝练出经济韧性水平较高的超大城市的特点，通过对比分析确定各个超大城市在经济韧性上存在的短板。综合演化经济韧性水平、演化特征、演化趋势等研究结论，深圳市表现出较强的经济韧性潜力，因此将以深圳市为基准，并结合其他2个超大城市共同凝练特点，并根据该特点分析各个超大城市存在的短板。

## 一 基于演化特征的短板分析

演化特征主要包括经济韧性及其子维度收敛性、耦合协调性及影响因子解释力。由于收敛性分析是对所有超大城市经济韧性时序演化分异的总体性分析，因此以下主要从耦合协调性和影响因子解释力两个方面，对处于不同经济韧性等级的超大城市依次展开短板分析。

### （一）高经济韧性水平超大城市短板分析

高经济韧性水平超大城市主要包括北京、上海和深圳3个城市。

从耦合性来看，北京、上海和深圳的经济韧性耦合性不稳定，在低水平耦合和拮抗状态波动。但3个超大城市的抵抗力—恢复力维度、抵抗力—进化力维度和恢复力—进化力维度均处于拮抗状态。并且，从发展趋势来看，深圳市的4种耦合度均表现出上升趋势。

从协调性来看，北京、上海和深圳的经济韧性处于严重失调水平。在抵抗力—恢复力维度上，北京市从中度失调水平下降到严重失调水平，上海市和深圳市均处于严重失调水平。在抵抗力—进化力维度上，上海市处于中度失调水平，北京市和深圳市处于严重失调水平。在恢复力—进化力维度上，北京、上海和深圳均处于严重失调水平。但是，深圳市的4种协调度均表现出上升趋势。

从影响因子解释力来看，北京、上海和深圳分别拥有7个、7个和10个主要因素。北京市主要因素为：经济发展水平、财政自给水平、固定资产投资水平、经济集聚水平、地区工业规模、研发投入力度和就业水平；上海市主要影响因素为：地区工业规模、信息化发展水平、经济发展水平、研发投入力度、对外开放度、固定资产投资水平和人力资本素质；深圳市主要因素为：创新产出水平、经济发展水平、就业水平、对外开放度、固定资产投资水平、地区工业规模、产业结构多样度、研发投入力度、信息化发展水平、金融发展水平。

将以上内容整理成表 8-2：

表 8-2　　　　　高经济韧性水平超大城市演化特征对比

| 城市 | 耦合性 | 协调性 | 影响因子解释力 |
| --- | --- | --- | --- |
| 北京 | 经济韧性在低水平耦合和拮抗状态波动，子维度间为拮抗状态 | 经济韧性严重失调，子维度间严重失调，只有抵抗力—恢复力达到过中度失调 | 7个主要因素：经济发展水平、财政自给水平、固定资产投资水平、经济集聚水平、地区工业规模、研发投入力度和就业水平 |
| 上海 | 经济韧性在低水平耦合和拮抗状态波动，子维度间为拮抗状态 | 经济韧性严重失调，子维度间除了抵抗力—进化力为中度失调，其余均为严重失调 | 7个主要因素：地区工业规模、信息化发展水平、经济发展水平、研发投入力度、对外开放度、固定资产投资水平和人力资本素质 |
| 深圳 | 经济韧性在低水平耦合和拮抗状态波动，子维度间为拮抗状态（上升趋势） | 经济韧性严重失调，子维度间严重失调（上升趋势） | 10个主要因素：创新产出水平、经济发展水平、就业水平、对外开放度、固定资产投资水平、地区工业规模、产业结构多样度、研发投入力度、信息化发展水平、金融发展水平 |

资料来源：笔者自制。

根据表 8-2 分析内容，可以发现深圳市经济韧性综合表现较优，但深圳市仍存在一定的问题，故结合 3 个高经济韧性水平超大城市共同凝练出特点：经济韧性及子维度耦合性较好，经济韧性及子维度间协调性较好，主要因素较多。

对比以上特点，分别确定 3 个高经济韧性水平的超大城市存在的短板。

北京市：经济韧性耦合性较弱；经济韧性及子维度间协调性较弱；主要因素偏少。

上海市：经济韧性耦合性较弱；经济韧性及抵抗力—恢复力、恢复力—进化力间协调性较弱；主要因素偏少。

深圳市：经济韧性耦合性较弱；经济韧性及子维度间协调性较弱。

(二) 中等经济韧性水平超大城市短板分析

中等经济韧性水平超大城市主要包括天津和广州2个城市。

从耦合性来看，天津市和广州市经济韧性均处于低水平耦合。在抵抗力—恢复力维度上，天津市处于拮抗状态，广州市从拮抗状态下降到了低水平耦合。在抵抗力—进化力维度上，天津市在拮抗状态和低水平耦合之间波动，广州市处于拮抗状态。在恢复力—进化力维度上，天津市和广州市在拮抗状态和低水平耦合之间波动。

从协调性来看，天津市和广州市经济韧性均处于严重失调水平。在抵抗力—恢复力维度上均处于严重失调水平。在抵抗力—进化力维度上，广州市在中度失调水平和严重失调水平之间波动，天津市处于严重失调水平。在恢复力—进化力维度上，天津市和广州市均处于严重失调水平。

从影响因子解释力来看，天津市有2个主要因素，分别是创业活力和创新产出水平。广州市有5个主要因素，分别是研发投入力度、财政自给水平、经济发展水平、就业水平和创新产出水平。

将以上内容整理成表8-3。

**表8-3　　　　中等经济韧性水平超大城市演化特征对比**

| 城市 | 耦合性 | 协调性 | 影响因子解释力 |
| --- | --- | --- | --- |
| 天津 | 经济韧性低水平耦合，抵抗力—恢复力拮抗状态，抵抗力—进化力和恢复力—进化力均在拮抗状态和低水平耦合之间波动 | 经济韧性及子维度间严重失调 | 2个主要因素：创业活力、创新产出水平 |
| 广州 | 经济韧性低水平耦合，子维度间均在拮抗状态和低水平耦合之间波动 | 经济韧性严重失调，子维度间除了抵抗力—进化力为中度失调，其余均为严重失调 | 5个主要因素：研发投入力度、财政自给水平、经济发展水平、就业水平、创新产出水平 |

资料来源：笔者自制。

根据表8-3分析内容，对比高经济韧性水平超大城市具有的特点，可以分别确定2个中等经济韧性水平的超大城市存在的短板。

天津市：经济韧性及抵抗力—进化力、恢复力—进化力维度的耦合性较弱；经济韧性及子维度间协调性较弱；主要因素偏少。

广州市：经济韧性及子维度间耦合性较弱；经济韧性及抵抗力—恢复力、恢复力—进化力维度的协调性较弱；主要因素偏少。

（三）较低经济韧性水平超大城市短板分析

较低经济韧性水平超大城市主要包括成都1个城市。

从耦合性来看，成都市经济韧性耦合度从低水平耦合上升到了拮抗状态，子维度间耦合度均处于拮抗状态。

从协调性来看，成都市经济韧性处于严重失调水平但表现出上升趋势，子维度间均处于严重失调水平，但在抵抗力—恢复力和抵抗力—进化力表现出上升趋势。

从影响因子解释力来看，成都市有2个主要因素，分别是固定资产投资水平和金融发展水平。

将以上内容整理成表8-4。

表8-4　　　　较低经济韧性水平超大城市演化特征对比

| 城市 | 耦合性 | 协调性 | 影响因子解释力 |
| --- | --- | --- | --- |
| 成都 | 经济韧性从低水平耦合上升到了拮抗状态，子维度间耦合度均处于拮抗状态 | 经济韧性及子维度间严重失调 | 2个主要因素：固定资产投资水平、金融发展水平 |

资料来源：笔者自制。

根据表8-4分析内容，对比高经济韧性水平超大城市具有的特点，可以分别确定成都市存在的短板：经济韧性及子维度间协调性较弱；主要因素偏少。

（四）低经济韧性水平超大城市短板分析

低经济韧性水平超大城市主要包括重庆1个城市。

从耦合性来看，重庆市经济韧性处于低水平耦合，除恢复力—进化力维度在拮抗状态和低水平耦合两个区域里波动，其余子维度间均处于低水平耦合。

从协调性来看，重庆市经济韧性及子维度间均处于严重失调水平。

从影响因子解释力来看，成都市有2个主要因素，分别是固定资产投资水平和金融发展水平。

将以上内容整理成表8-5。

表 8-5　　　　　　低经济韧性水平超大城市演化特征对比

| 城市 | 耦合性 | 协调性 | 影响因子解释力 |
|---|---|---|---|
| 重庆 | 经济韧性处于低水平耦合韧性，恢复力—进化力维度在拮抗状态和低水平耦合两个区域里波动，其余子维度间均处于低水平耦合 | 经济韧性及子维度间严重失调 | 2个主要因素：固定资产投资水平、金融发展水平 |

资料来源：笔者自制。

根据表8-5分析内容，对比高经济韧性水平超大城市具有的特点，可以确定重庆市存在的短板：经济韧性及子维度间耦合性较弱；经济韧性及子维度间协调性较弱；主要因素偏少。

**二　基于演化趋势的短板分析**

演化趋势分析主要包括经济韧性演化趋势、子维度韧性演化趋势及相互作用机制。以下仍然对不同经济韧性等级的超大城市依次展开短板分析：

（一）高经济韧性水平超大城市短板分析

从经济韧性发展趋势来看，北京、上海、深圳的经济韧性均增长较快，且随着时间推移深圳市逐渐超过了上海市和北京市；从子维度韧性发展趋势和子维度韧性作用机制来看，北京、上海、深圳经济韧性的3个子维度也较快增长，但北京市抵抗力韧性增速放缓且被恢复力韧性超过，上海市恢复力韧性增速明显弱于其他2个维度，只有深圳市的经济韧性3个维度增长比较同步。因此，深圳市经济韧性综合表现较优，总结特点如下：3个子维度韧性水平均较高，且3个子维度韧性的增长比较同步，且抵抗力韧性是主导维度。

对比深圳市演化趋势，由此提出高经济韧性水平超大城市的短板。

北京市：抵抗力韧性增长较慢。

上海市：恢复力韧性增长较慢。

（二）中等经济韧性水平超大城市短板分析

从经济韧性发展趋势来看，天津和广州的经济韧性增长慢于高经济韧性水平的超大城市，但广州市的经济韧性表现优于天津市。从子维度韧性发展趋势和子维度韧性作用机制来看，广州市经济韧性的3个维度增长比较同步，但3个维度的韧性水平均较低。天津市只有抵抗力韧性增长较快，恢复力韧性和进化力韧性十分缓慢，导致3个维度的韧性水平出现了较大差异。

对比深圳市演化趋势，由此提出中等经济韧性水平超大城市的短板。

天津市：恢复力韧性和进化力韧性增长较慢。

广州市：经济韧性3个维度韧性增长较慢。

（三）较低经济韧性水平超大城市短板分析

从经济韧性发展趋势来看，成都市的经济韧性增速较低，仅高于重庆市。从子维度韧性发展趋势和子维度韧性作用机制来看，成都市在仿真初期时恢复力韧性和进化力韧性增长较快，后期抵抗力韧性超过了其他2个维度，但是3个维度的韧性水平均较低。

对比深圳市演化趋势，由此提出较低经济韧性水平超大城市的短板。

成都市：经济韧性3个维度韧性增长较慢。

（四）低经济韧性水平超大城市短板分析

从经济韧性发展趋势来看，在所有超大城市中，重庆市经济韧性增长比较慢。从子维度韧性发展趋势和子维度韧性作用机制来看，重庆市的恢复力韧性增长明显快于其他2个维度，3个维度的韧性水平出现了较大差异。

对比深圳市演化趋势，由此提出低经济韧性水平超大城市的短板。

重庆市：抵抗力韧性和进化力韧性增长较慢。

## 第二节　提升策略

**一　中国超大城市经济韧性总体提升策略**

总结中国超大城市经济韧性的评价结果、演化特征和演化趋势发现，超大城市的经济韧性水平所处层次在很大程度上取决于抵抗力维度的强弱，而超大城市的经济韧性未来发展趋势则在很大程度上取决于3个子维度是否协调、同步增长。因此，对超大城市提升经济韧性水平提出总体策略。

一是要增强经济韧性的抵抗力维度。经济韧性的抵抗力是指经济系统在面对冲击时不切断当前运行状态并保持正常功能的能力。从评价指标来看，抵抗力维度包括经济发展水平、就业水平、对外开放度、社会保障水平、固定资产投资水平和地区工业规模6个指标，反映了经济系统已经形成的经济基础。因此，超大城市要继续增加经济体量、增加就业岗位并提高社保覆盖率,并在增强新基础设施建设和地区工业规模、扩大对外开放水平上,夯实现有经济基础,从而在应对冲击或危机时能够维持正常运转。

二是要提升经济韧性3个子维度之间的协调水平。经济韧性演化特征分析表明,目前7个超大城市经济韧性的耦合协调度均不够高。因此,超大城市要进一步强化对经济韧性3个维度的系统化管理,在提高抵抗力维度的同时也要考虑到3个子维度之间的关联性,从而制定系统化的战略。

由于处于不同经济韧性层次的超大城市具有不同的短板和现实情况,以下将针对其短板对每个超大城市提出经济韧性提升策略,如下所述。

## 二 高经济韧性超大城市提升策略

高经济韧性超大城市包括北京、上海和深圳,以下针对其短板分别展开提升策略分析。

### (一) 北京市

基于演化特征和演化趋势分析,北京市在经济韧性上目前存在4个短板:经济韧性耦合性较弱;经济韧性及子维度间协调性较弱;主要因素偏少;抵抗力韧性增长较慢。

统筹以上4个短板发现,在耦合性方面,北京市经济韧性的两两子维度间均达到了拮抗状态,但总经济韧性却在低水平耦合和拮抗状态之间波动。在协调性方面,北京市经济韧性及两两子维度间均处于严重失调水平。表明北京市经济韧性的三个维度出现脱节,且相互之间没有显著影响,主要原因在于抵抗力增长较慢,落后于其他2个维度。

抵抗力韧性维度包括3个指标:经济发展水平、社会保障水平和财政自给水平,且只有社会保障水平不是主要因素。因此,北京市应通过强化社会保障水平来提高抵抗力韧性增长速度。由此制定以下经济韧性提升策略:持续提高政府财政预算中社会保障投入所占的比例,包括进一步增强居民的社保医保覆盖率,合理均匀分配养老机构、医疗部门等社会保障资源,同时加快构建社会保障互联网系统,推动社会资源在全市范围内的互助和共享。

除此之外,对比深圳市,就主要因素而言,北京市的创新水平和对外开放度两个影响因子解释力不强。因此,在创新水平上,北京市应加快培育创新驱动的发展模式,通过政策优惠、资源倾斜等手段推动人工智能、生物医药、城市链、再生医学等技术含量高的产业蓬勃发展,并强化前沿创新成果的商业化应用。在对外开放度上,北京市应进一步推动贸易自由化的改革进程,一是政策支持本土龙头企业快速成长为具有国际影响力的跨国集团;二是积极展开与亚投行、丝路基金等金融机构的合作,为对外贸易提供更大程度上的便利;三是制定外商的负面管理清单。通过多方面的齐头并进,在促进本土资源走出去和外商资源引进来的同时,实现更深程度上的城市对外开放。

(二) 上海市

基于演化特征和演化趋势分析,上海市在经济韧性上目前存在四个短板:经济韧性耦合性较弱;经济韧性及抵抗力—恢复力、恢复力—进化力间协调性较弱;主要因素偏少;恢复力韧性增长较慢。

统筹以上四个短板发现,就耦合性而言,上海市情况类似于北京市,即两两子维度间耦合度达到了拮抗状态,在低水平耦合和拮抗状态之间波动。就协调性而言,上海市经济韧性及两两子维度间均处于严重失调水平。表明上海市经济韧性3个子维度间的互动作用机制较弱,主要原因在于恢复力韧性落后于其他两个维度。

恢复力韧性包括就业水平、对外开放度、固定资产投资水平、地区工业规模、产业结构多样度、研发投入力度和创新产出水平7个指标,且就业水平、产业结构多样度和创新产出水平不是主要因素。因此,上海市应提升这些指标的解释力来促进恢复力韧性的增长,由此制定以下经济韧性提升策略:在就业水平上,上海市要加快完善灵活就业制度和技能培训体系,一是要为高校毕业生、外来务工人员、退役军人等特殊群体提供更多、更灵活的就业渠道,提高这些群体的就业率;二是要对市场劳动力进行终身培训,尤其是强化企业的职业培训制度,鼓励企业对员工开展多种类、长时间的职业培训,降低可能出现的失业风险并增加再就业的机会。在产业结构多样度上,要进一步鼓励民营经济的发展壮大并提高民营经济在城市经济总量中所占比例。一是要完善现有审批流程和手续,为民营经济提供优良的发展环境;二是要加强对民营经济的知识产权保护和合法权益保护,全力打击垄断等恶劣的市场行为。在创新产出水平上,一是要鼓励综合实力较强的高等院校和研究机构积极申报国家重大攻关项目,提高基础研究水平;二是要促进产学研用的深入合作并构建创新生态系统,从而促进核心技术的突破和前沿技术的商业化应用。

（三）深圳市

深圳市作为经济韧性表现较优的超大城市，基于演化特征和演化趋势分析，还存在经济韧性耦合性较弱、经济韧性及子维度间协调性较弱的短板。但深圳市经济韧性的3个子维度增长较同步且增长水平较高，故主要问题还在于维度之间的协同性和互动性。由此为深圳市制定以下经济韧性提升策略：利用数字经济来强化城市经济韧性的系统化管理，进而促进经济系统适应性演化。一是要加大对数字产业的扶持力度，加快建设数字经济发展所需的基础设施并推动形成产业集聚效应；二是要推动数字经济智能成果的扩散和转化，进而提高数字产业的自主创新能力，从而基于互联网技术和数字经济构建城市经济的安全防护网络。

### 三　中等经济韧性超大城市提升策略

中等经济韧性超大城市包括天津市和广州市，以下针对其短板分别展开提升策略分析。

（一）天津市

基于演化特征和演化趋势分析，天津市在经济韧性上目前存在4个短板：经济韧性及抵抗力—进化力、恢复力—进化力维度的耦合性较弱；经济韧性及子维度间协调性较弱；主要因素偏少；恢复力韧性和进化力韧性增长较慢。

统筹以上4个短板发现，天津市经济韧性及子维度间耦合协调性较弱的根源在于3个维度韧性没有同步发展，即恢复力韧性和进化力韧性增长落后抵抗力韧性。恢复力韧性包括就业水平、对外开放度、固定资产投资水平、地区工业规模、产业结构多样度、研发投入力度和创新产出水平7个指标，进化力韧性包括经济集聚水平、金融发展水平、信息化发展水平、创业活力、人力资本素质5个指标。而天津市的主要因素是创业活力和创新产出水平，由此制定以下经济韧性提升策略：在就业水平上，一是鼓励高校毕业生等重点群体的自主创新，并为其提供场地、资金等创新支持；二是在城市社区、图书馆等增加更多的公益性岗位，解决残疾人、农民工等人员的就业问题；三是完善劳动力市场的供需匹配系统，增强就业岗位供需匹配的精准性。在对外开放度上，一是充分发挥保税区功能，推动商品贸易、保税物流、保税研发等业务规模的扩大；二是加快融入"一带一路"的国家重大战略部署中，增强与"一带一路"国家的贸易往来；三是培育本土企业提升国际竞争力从而提高对外贸易的广度和深度。在固定资产投资水平和地区工业规模上，一是要增大对城市的装备制造、石油化工、汽车生产等强势行业的固定资产投资力度，并增强基础设施的共享水平；二是要引导制造业对城市经济发挥支柱功能，同时加快人工智能、生物医药等高新技术行业的发展，共同培育现代化的工业体系。在研发投入力度和创新产出水平上，要进一步增大研发投入比例，集整个城市之力建设国家级创新中心，并构建创新生态系统来攻克具有共性的核心技术，提高基础性研究的水平。在信息化发展水平上，要完善信息化基础设施网络，同时鼓励行业内龙头企业进行产品、系统的自主研发，并形成产业集聚效应。在人力资本素质上，一是要支持高等院校积极建设"双一流"，高职院校加快建设"双高计划"，并合理分配中小学教育资源；二是要完善线上教育机制，鼓励全民参与线上教育，构建学习型城市。

（二）广州市

基于演化特征和演化趋势分析，广州市在经济韧性上目前存在4个短板：经济韧性及子维度间耦合性较弱；经济韧性及抵抗力—恢复力、恢复力—进化力维度的协调性较弱；主要因素偏少；经济韧性3个维度韧性增长较慢。

统筹以上4个短板发现，广州市经济韧性的3个维度增长较慢，且在增长过程中出现不均衡和脱节，导致耦合协调性较弱。根据主要因素分析发现，广州市目前的主要因素有研发投入力度、财政自给水平、经济发展水平、就业水平、创新产出水平。相比高经济韧性超大城市而言，广州市的地区工业规模、对外开放度、固定资产投资、信息化发展水平等影响因子的解释力不够强。因此，广州市要针对这些指标制定经济韧性提升策略，具体包括：在地区工业规模上，要继续发挥汽车生产、电子制造、石油化工等制造业的优势地位，扩大地区工业规模，并在此基础上快速发展人工智能、新能源汽车、生物医药等高技术行业，进而优化制造业的发展形态。在对外开放度上，要鼓励本土企业加强对品牌的建设和对产品的开发，并扩大保税物流、跨境贸易、保税维修等业务范围，提高对外贸易商品的附加值。在固定资产投资和信息化发展上，一是要加快完善对教育、医疗、文化等公益性基础设施的建设进程，并增加对数据通信、互联网等智能基础设施的投资；二是要引导民间投资有序参与基础设施建设中,并通过创建信托基金等方式激活投资活力。

## 四 较低经济韧性超大城市提升策略

较低经济韧性超大城市主要指成都市,基于演化特征和演化趋势分析,成都市在经济韧性上目前存在3个短板:经济韧性及子维度间协调性较弱;主要因素偏少;经济韧性3个维度增长较慢。

统筹以上3个短板发现,成都市经济韧性3个维度增长较慢,且关联互动较弱,导致经济韧性耦合性较差。分析成都市主要因素发现,目前仅有固定资产投资水平和金融发展水平为主要因素,相比于高经济韧性城市而言,经济发展水平、社会保障水平、财政自给水平、地区工业规模、信息化发展水平、就业水平、创新产出水平等影响因子的解释力不够强。因此,对成都市制定以下经济韧性提升策略:在经济发展水平上,要进一步发挥消费对经济发展的拉动作用,在促进春熙路、交子公园等商业圈升级的基础上,继续完善和优化线上消费机制,并形成智能消费、数字消费等新业态和模式。在社会保障水平上,一是要扩大养老保险在城市居民中的覆盖比例,并探索灵活就业人员的社保机制;二是要引导商业保险成为基础医疗保险的重要补充体系,并通过规范商业保险销售、费用、理赔机制来提高商业保险购买率。在财政自给水平上,要进一步促进财政预算制度的改革和完善,规范化财政支出方案和项目,增强财政支出的效益。在地区工业规模上,要充分发挥电子信息、装备制造等产业的优势地位,并推动打造现代化的产业集群。在此基础上,进一步培育新能源、新材料和精细加工、节能环保等"新经济"部门。在就业水平上,要完善现有劳动力市场的供需匹配机制,并强化对农民工、退役军人等特殊群体的就业保障,同时督促企业对职工开展具有层次性的长期培训,规避失业风险。在创新产出水平上,要鼓励高等院校和科研机构主动与企业展开合作,根据市场需求进行关键技术突破。并且,为有实力的高等院校开办分校提供资源便利。

## 五 低经济韧性超大城市提升策略

低经济韧性超大城市主要指重庆市,基于演化特征和演化趋势分析,重庆市在经济韧性上目前存在4个短板:经济韧性及子维度间耦合性较弱;经济韧性及子维度间协调性较弱;主要因素偏少;抵抗力和恢复力维度韧性增长较慢。

统筹以上4个短板发现,重庆市经济韧性及两两子维度间耦合协调性均较差，分别处于低水平耦合和严重失调水平。表明重庆3个子维度韧性发展严重不均衡，导致子系统间互动作用较弱，根源在于抵抗力韧性和进化力韧性严重落后于恢复力韧性。

抵抗力韧性维度包括经济发展水平、社会保障水平及财政自给水平3个指标，进化力韧性包括经济集聚水平、金融发展水平、信息化发展水平、创业活力、人力资本素质5个指标。但是，仅有固定资产投资水平和金融发展水平表现为主要因素，其他指标作为影响因子的解释力均不强。因此，重庆市应提升这些指标的解释力来促进抵抗力韧性和进化力韧性的增长，由此制定以下经济韧性提升策略：在经济发展水平上，一是要开发夜间经济、数字消费、旅游消费等新型消费模式，培育新的经济增长动能。二是要开发乡村旅游模式，引导城市居民前往农村进行消费，进而提高城乡融合度并增加消费水平。在社会保障水平上，一是要提高全民参与社保、医保的比例，并探索重大疾病的医疗救助和灵活就业人群的基本养老医疗保障；二是要增加对养老、医疗基础设施的建设，合理分配养老医疗资源，并强化对老年人、残疾人、孤儿等弱势群体的关爱和救助。在财政自给水平上，要健全市政府与区政府、县政府的财政责权机制，优化三级政府之间的财力协调度，增强城市的财政自给能力。在经济集聚水平上，要培育生物医药、装备制造、电子通信等新兴产业形成产业集聚，并增强基础设施和信息共享程度。在信息化发展水平上，一是要积极培育互联网平台和大数据中心，推动区块链、物联网等产业发展并完善相应的基础设施建设；二是要加快建设智能化、数字化社会，开发智慧教育、智慧医疗、智慧政务等业务并提高普及使用率。在人力资本素质上，要引进更多高等院校、科研机构进入重庆并鼓励成渝经济圈里的高等院校到有需求的区县建设分校。同时完善线上教育机制，鼓励全民参与学习从而构建学习型城市。

## 第三节 小结

前述实证研究将中国7个超大城市按照经济韧性水平划分为高经济韧性、中等经济韧性、较低经济韧性和低经济韧性4个层次。为了保证策略建议的针对性和落地性，本章设计了"特点凝练—对比分析—短板揭示—策略制定"的策略制定思路，以高经济韧性水平的超大城市为基准凝练特点，通过对比分析揭示各个超大城市面向经济韧性演化特征和演化趋势的短板，进而针对短板制定各个超大城市提升经济韧性的策略。

从整体层面来看，中国 7 个超大城市提升经济韧性的总体策略：一是要增强经济韧性的抵抗力维度，二是要提升经济韧性 3 个子维度之间的协调水平。

从个体层面来看，各个超大城市在经济韧性上具有不同的短板，即使处于同一个经济韧性层次的超大城市，如北京、上海和深圳，其经济韧性提升策略也并不完全相同。因此，在总体策略的框架下，针对 7 个超大城市分别提出了经济韧性提升策略。

# 第九章 结语

本书将经济韧性思想与城市治理相结合，以中国超大城市为研究对象，探讨风险频发的现实背景下超大城市经济韧性的演化机制和提升策略。根据研究内容综合运用了多种研究方法，构建了评价指标体系，对超大城市经济韧性现状水平进行了量化及对比分析，并构建模型分析经济韧性的演化特征和演化趋势。最后，基于现状评价、演化特征和演化趋势等实证结论制定了具有层次性和针对性的超大城市经济韧性提升策略。

我们认为，中国超大城市的经济韧性水平表现出了较大的地区差异，北京、上海和深圳处于高经济韧性水平，广州和天津处于中等经济韧性水平，成都处于较低经济韧性水平，重庆处于低经济韧性水平超大城市。从经济韧性历史路径来看，经济韧性水平较低的超大城市表现出了更加明显的上升趋势，处于高经济韧性水平层次的超大城市中仅有深圳市表现出了上升趋势；从经济韧性演化特征来看，中国超大城市的经济韧性存在收敛效应，即不同超大城市经济韧性的空间差异随着时间推移呈现逐渐缩小的趋势，并且，中国超大城市的经济韧性耦合协调度还处于较低的水平，但高经济韧性水平的超大城市明显优于低经济韧性水平的超大城市，且经济韧性水平较高的超大城市拥有更多的显著的主要因素；从经济韧性的演化趋势来看，高经济韧性水平的超大城市的抵抗力维度始终占据主导地位，且经济韧性的3个子维度韧性水平均较高且同步增长。

从实证结论中得到启示，本书从整体层面和个体层面提出了中国超大城市提升经济韧性的策略。在整体层面上，中国超大城市：一是要增强经济韧性的抵抗力维度，二是要提升经济韧性3个子维度之间的协调水平；在个体层面上，各个超大城市应针对第八章中凝练出的短板制定对应的提升策略。

虽然本书在实际研究过程中已经尽可能保证概念分析、评价框架、评价方法、收敛性、耦合协调性、影响因子解释力、反馈环计算、动态仿真等内容的科学性和严谨性，但考虑到城市系统的复杂性，冲击的不确定性，涉及研究领域诸多，对超大城市经济韧性的研究还存在许多问题值得探索，未来可在以下几个方面展开。

本书在构建超大城市经济韧性的评价指标体系和系统动力学模型时，受篇幅和研究点限制，仅考虑了城市经济系统内部指标之间的因果逻辑，探究其形成机理，没有引入其他外部影响变量，如区域内其他城市经济发展对该超大城市的影响。事实上，城市经济系统作为一个开放的复杂自适应系统，不仅内部各子系统之间关系复杂，影响因素纷繁，而且与外部环境也不断地交换信息与资源，并受到外部环境的影响发生内部系统结构的变化。因此，下一步研究可以立足城市经济系统，充分考虑区域内其他城市的影响与作用，凝练关键变量，构建更立体、更真实的研究模型。

本书的研究样本为中国7个超大城市，研究的区间设置为2010—2019年。但这7个超大城市在研究区间内人口发生了明显的变化，如广州和成都是在第七次人口普查后才达到了超大城市的规模。本书并没有对这类城市成为超大城市前后的经济韧性展开深入的对比分析。未来研究会把时间区间进一步细分，探究和对比超大城市及其他规模级别城市在经济韧性特征上的区别。

本书制定的超大城市经济韧性提升策略体系更多从政府角度出发，事实上，经济韧性的提升更需要"政府主导，企业助力，市民参与"的多方合作策略。未来研究会考虑到超大城市经济韧性提升的主要利益相关者，如从政府、企业、居民等角度切入，分析各类利益相关者的沟通、联系、合作与冲突，构建社会网络模型或多智能体仿真模型，模拟其互动演化过程，从而提出对应的提升策略。

# 附录 1

## 超大城市经济韧性评价指标影响程度评价

尊敬的专家/教授：

您好！感谢您在百忙之中抽出时间来填写这份评价问卷。问卷发起人保证该数据仅用于博士论文撰写，同时承诺会对您的个人信息进行严格保密。谢谢您的支持！

**一 基本信息**

1. 您的性别：　　　　　男（　）　　　　女（　）
2. 您的从业年限：　　　1—3 年（　）　　3—5 年（　）
   5 年以上（　）
3. 您的工作类别：　　　政府工作人员（　）　高校教师（　）
   企事业管理人员（　）
4. 您的职务/职称　　　正高级（　）　　　副高级（　）
   中级（　）　　　　初级（　）
   其他（　）
5. 您的学历：　　　　　博士（　）　　　　硕士（　）
   其他（　）

**二　评价指标影响程度排序**

表 1　　　　　　　超大城市经济韧性初始评价指标体系

| 超大城市经济韧性初始评价指标体系 | 一级指标 | 二级指标 |
|---|---|---|
| | 抵抗力 | 经济发展水平 P1 |
| | | 就业水平 P2 |
| | | 对外开放度 P3 |

续表

| | 一级指标 | 二级指标 |
|---|---|---|
| 超大城市经济韧性初始评价指标体系 | 抵抗力 | 社会保障水平 P4 |
| | | 固定资产投资水平 P5 |
| | | 地区工业规模 P6 |
| | 恢复力 | 经济集聚水平 P7 |
| | | 财政自给水平 P8 |
| | 进化力 | 市场潜力 P9 |
| | | 金融发展水平 P10 |
| | | 产业结构多样度 P11 |
| | | 信息化发展水平 P12 |
| | | 研发投入力度 P13 |
| | | 创新产出水平 P14 |
| | | 创业活力 P15 |
| | | 人力资本素质 P16 |
| | | 产业结构高级度 P17 |
| | | “新经济”部门发展水平 P18 |

请您对表格 2 中指标因素间的影响程度进行两两排序。影响程度划分为 5 个级别：无、较弱、弱、较强、非常强，分别用数值 0，1，2，3，4 表示。例如，经济增长对就业水平有非常强的影响，则在对应格中打分 4。

**表 2　　指标因素间影响程度评分**

| | P1 | P2 | P3 | P4 | P5 | P6 | P7 | P8 | P9 | P10 | P11 | P12 | P13 | P14 | P15 | P16 | P17 | P18 |
|---|---|---|---|---|---|---|---|---|---|---|---|---|---|---|---|---|---|---|
| P1 | 0 | | | | | | | | | | | | | | | | | |
| P2 | | 0 | | | | | | | | | | | | | | | | |
| P3 | | | 0 | | | | | | | | | | | | | | | |
| P4 | | | | 0 | | | | | | | | | | | | | | |
| P5 | | | | | 0 | | | | | | | | | | | | | |
| P6 | | | | | | 0 | | | | | | | | | | | | |
| P7 | | | | | | | 0 | | | | | | | | | | | |

续表

| | P1 | P2 | P3 | P4 | P5 | P6 | P7 | P8 | P9 | P10 | P11 | P12 | P13 | P14 | P15 | P16 | P17 | P18 |
|---|---|---|---|---|---|---|---|---|---|---|---|---|---|---|---|---|---|---|
| P8 | | | | | | | | 0 | | | | | | | | | | |
| P9 | | | | | | | | | 0 | | | | | | | | | |
| P10 | | | | | | | | | | 0 | | | | | | | | |
| P11 | | | | | | | | | | | 0 | | | | | | | |
| P12 | | | | | | | | | | | | 0 | | | | | | |
| P13 | | | | | | | | | | | | | 0 | | | | | |
| P14 | | | | | | | | | | | | | | 0 | | | | |
| P15 | | | | | | | | | | | | | | | 0 | | | |
| P16 | | | | | | | | | | | | | | | | 0 | | |
| P17 | | | | | | | | | | | | | | | | | 0 | |
| P18 | | | | | | | | | | | | | | | | | | 0 |

# 附录 2

# 超大城市经济韧性评价指标重要性判断

尊敬的专家/教授：

您好！感谢您在百忙之中抽出时间来填写这份问卷。问卷发起人保证该数据仅用于博士论文撰写，同时承诺会对您的个人信息进行严格保密。

谢谢您的支持！

## 一 基本信息

1. 您的性别：　　　　男（　　）　　　　　女（　　）
2. 您的从业年限：　　1—3年（　　）　　　3—5年（　　）
   5年以上（　　）
3. 您的工作类别：　　政府工作人员（　　）　高校教师（　　）
   企事业管理人员（　　）
4. 您的职务/职称　　正高级（　　）　　　　副高级（　　）
   中级（　　）　　　　　初级（　　）
   其他（　　）
5. 您的学历：　　　　博士（　　）　　　　　硕士（　　）
   其他（　　）

## 二 评价指标重要性比较

表1　　　超大城市经济韧性二次评价指标体系

| 超大城市经济韧性二次评价指标体系 | 一级指标 | 二级指标 |
|---|---|---|
| | 抵抗力 | 经济发展水平 S1 |
| | | 就业水平 S2 |
| | | 对外开放度 S3 |

续表

| 一级指标 | 二级指标 |
|---|---|
| 抵抗力 | 社会保障水平 S4 |
|  | 固定资产投资水平 S5 |
|  | 地区工业规模 S6 |
| 恢复力 | 经济集聚水平 S7 |
|  | 财政自给水平 S8 |
|  | 金融发展水平 S9 |
|  | 产业结构多样度 S10 |
|  | 信息化发展水平 S11 |
| 进化力 | 研发投入力度 S12 |
|  | 创新产出水平 S13 |
|  | 创业活力 S14 |
|  | 人力资本素质 S15 |

（超大城市经济韧性二次评价指标体系）

重要性判断标准见表 2 所示：

表 2　　　　　　　层次分析法 1—9 标度法

| 重要性比较 | 量化值 |
|---|---|
| 指标 $i$ 与 $j$ 同样重要 | 1 |
| 指标 $i$ 比 $j$ 稍微重要 | 3 |
| 指标 $i$ 比 $j$ 显然重要 | 5 |
| 指标 $i$ 比 $j$ 强烈重要 | 7 |
| 指标 $i$ 比 $j$ 极度重要 | 9 |
| 介于两个相邻判断结果的中间值 | 2，4，6，8 |
| 指标 $j$ 比 $i$ 的重要性判断 | 倒数（1/2，1/3，…） |

请您对表 3 的指标重要性进行比较并打分。例如，经济发展水平 S1 比就业水平 S2 极度重要，请打分 9。

表 3　　　　　　　　　　　指标重要性比较评分

| | S1 | S2 | S3 | S4 | S5 | S6 | S7 | S8 | S9 | S10 | S11 | S12 | S13 | S14 | S15 |
|---|---|---|---|---|---|---|---|---|---|---|---|---|---|---|---|
| S1 | 1 | | | | | | | | | | | | | | |
| S2 | | 1 | | | | | | | | | | | | | |
| S3 | | | 1 | | | | | | | | | | | | |
| S4 | | | | 1 | | | | | | | | | | | |
| S5 | | | | | 1 | | | | | | | | | | |
| S6 | | | | | | 1 | | | | | | | | | |
| S7 | | | | | | | 1 | | | | | | | | |
| S8 | | | | | | | | 1 | | | | | | | |
| S9 | | | | | | | | | 1 | | | | | | |
| S10 | | | | | | | | | | 1 | | | | | |
| S11 | | | | | | | | | | | 1 | | | | |
| S12 | | | | | | | | | | | | 1 | | | |
| S13 | | | | | | | | | | | | | 1 | | |
| S14 | | | | | | | | | | | | | | 1 | |
| S15 | | | | | | | | | | | | | | | 1 |

# 参考文献

白立敏、修春亮、冯兴华等：《中国城市韧性综合评估及其时空分异特征》，《世界地理研究》2019 年第 6 期。

常丹、桂昊宇、樊睿：《超大城市社会安全类突发事件情景演化及仿真研究——以北京市为例》，《北京交通大学学报》（社会科学版）2020 年第 1 期。

陈丛波、叶阿忠：《数字经济、创新能力与区域经济韧性》，《统计与决策》2021 年第 17 期。

陈怀超、卢彦丞、丛贞等：《知识型服务企业员工与客户隐性知识共享的系统动力学研究》，《管理评论》2020 年第 2 期。

陈利、朱喜钢、孙洁：《韧性城市的基本理念、作用机制及规划愿景》，《现代城市研究》2017 年第 9 期。

陈梦远：《国际区域经济韧性研究进展——基于演化论的理论分析框架介绍》，《地理科学进展》2017 年第 11 期。

陈为公、张娜、张友森等：《基于 DEMATEL-ISM 的城市灾害韧性影响因素研究》，《灾害学》2021 年第 1 期。

陈奕玮、丁关良：《中国地级市城市经济韧性的测度》，《统计与决策》2020 年第 21 期。

陈媛媛、朱记伟、周蓓等：《基于系统动力学的西安市复合生态系统情景分析》，《水资源与水工程学报》2018 年第 6 期。

陈作任、李郇：《经济韧性视角下城镇产业演化的路径依赖与路径创造——基于东莞市樟木头、常平镇的对比分析》，《人文地理》2018 年第 4 期。

崔耕瑞：《数字金融能否提升中国经济韧性》，《山西财经大学学报》2021 年第 12 期。

崔学刚、方创琳、李君等：《城镇化与生态环境耦合动态模拟模型研究进展》，《地理科学进展》2019 年第 1 期。

邓群钊、贾仁安、梁英培：《循环经济生态系统的系统基模分析》，《生态经济》2006 年第 7 期。

邓雪、李家铭、曾浩健等：《层次分析法权重计算方法分析及其应用研究》，《数学的实践与认识》2012 年第 7 期。

丁建军、王璋、柳艳红等：《中国连片特困区经济韧性测度及影响因素分析》，《地理科学进展》2020 年第 6 期。

杜志威、金利霞、刘秋华：《产业多样化、创新与经济韧性——基于后危机时期珠三角的实证》，《热带地理》2019 年第 2 期。

方大春、马为彪：《中国省际高质量发展的测度及时空特征》，《区域经济评论》2019 年第 2 期。

方东平、李在上、李楠等：《城市韧性——基于"三度空间下系统的系统"的思考》，《土木工程学报》2017 年第 7 期。

高明、陈丽：《省域大气污染治理的系统动力学分析——以福建省为例》，《科技管理研究》2020 年第 1 期。

顾朝林、张悦、翟炜等：《城市与区域定量研究进展》，《地理科学进展》2016 年第 12 期。

关皓明、张平宇、刘文新等：《基于演化弹性理论的中国老工业城市经济转型过程比较》，《地理学报》2018 年第 4 期。

郭将、许泽庆：《产业相关多样性对区域经济韧性的影响——地区创新水平的门槛效应》，《科技进步与对策》2019 年第 13 期。

郭雪松、朱正威：《跨域危机整体性治理中的组织协调问题研究——基于组织间网络视角》，《公共管理学报》2011 年第 4 期。

贺灿飞、董瑶、周沂：《中国对外贸易产品空间路径演化》，《地理学报》2016 年第 6 期。

胡玲、贾仁安：《强简化流率基本入树模型与枝向量矩阵反馈环分析法》，《系统工程理论与实践》2001 年第 11 期。

胡树光：《区域经济韧性：支持产业结构多样性的新思想》，《区域经济评论》2019 年第 1 期。

胡晓辉：《区域经济弹性研究述评及未来展望》，《外国经济与管理》2012 年第 8 期。

贾晓菁、孙健、贾仁安：《养殖场原料供不应求条件下沼气反馈供应链波动规律的仿真和微分方程解研究》,《系统工程理论与实践》2012 年第 10 期。

姜沁瑶、李洁:《基于 ISM 的建筑工人安全意识影响因素》,《土木工程与管理学报》2016 年第 3 期。

蒯鹏、李巍、成钢等:《系统动力学模型在城市发展规划环评中的应用——以山西省临汾市为例》,《中国环境科学》2014 年第 5 期。

李春根、李胜:《超大城市突发环境事件整体性治理研究》,《中国行政管理》2017 年第 12 期。

李嘉琪、黄凤莲、刘挺等:《长江经济带城市生态效率时空格局及驱动因子探测》,《人民长江》2020 年第 5 期。

李连刚、张平宇、谭俊涛等:《韧性概念演变与区域经济韧性研究进展》,《人文地理》2019 年第 2 期。

李彤玥、牛品一、顾朝林:《弹性城市研究框架综述》,《城市规划学刊》2014 年第 5 期。

李晓萍、李平、吕大国等:《经济集聚、选择效应与企业生产率》,《管理世界》2015 年第 4 期。

林耿、徐昕、杨帆:《佛山市产业专业化、多样化与经济韧性的关系研究》,《地理科学》2020 年第 9 期。

刘淑淑、姜霞、张龙等:《长江经济带城市经济韧性测度及时空演化研究》,《特区经济》2021 年第 6 期。

刘文波、张明媛、袁永博:《基于模糊 DEMATEL 关键基础设施灾害环境下的关联影响分析》,《自然灾害学报》2018 年第 1 期。

刘晓星、张旭、李守伟:《中国宏观经济韧性测度——基于系统性风险的视角》,《中国社会科学》2021 年第 1 期。

刘逸、纪捷韩、张一帆等:《粤港澳大湾区经济韧性的特征与空间差异研究》,《地理研究》2020 年第 9 期。

卢万合、刘继生、那伟:《基于系统动力学的资源枯竭型矿业城市产业转型仿真分析——以吉林省辽源市为例》,《地理科学》2012 年第 5 期。

陆铭、李爽:《社会资本、非正式制度与经济发展》,《管理世界》2008 年第 9 期。

门业堃、钱梦迪、于钊等:《基于博弈论组合赋权的电力设备供应商模糊综合评价》,《电力系统保护与控制》2020年第21期。

潘娜、杨钰莹、左芝鲤:《珠江三角洲城市群城市碳平衡仿真模拟分析》,《安全与环境工程》2019年第1期。

裴长洪、刘斌:《中国经济应对当前全球两大挑战的韧性、潜力与长期趋势》,《经济纵横》2020年第5期。

彭书时、朴世龙、于家烁等:《地理系统模型研究进展》,《地理科学进展》2018年第1期。

戚伟、刘盛和、金浩然:《中国城市规模划分新标准的适用性研究》,《地理科学进展》2016年第1期。

齐昕、张景帅、徐维祥:《浙江省县域经济韧性发展评价研究》,《浙江社会科学》2019年第5期。

仇保兴:《基于复杂适应系统理论的韧性城市设计方法及原则》,《城市发展研究》2018年第10期。

邵亦文、徐江:《城市韧性:基于国际文献综述的概念解析》,《国际城市规划》2015年第2期。

苏杭:《经济韧性问题研究进展》,《经济学动态》2015年第8期。

孙红霞、张强:《区间数型模糊VIKOR方法》,《模糊系统与数学》2011年第5期。

孙久文、孙翔宇:《区域经济韧性研究进展和在中国应用的探索》,《经济地理》2017年第10期。

覃成林、刘丽玲:《粤港澳大湾区经济韧性分析——基于经济联系网络的视角》,《学术论坛》2020年第6期。

谭雅玲:《美国:经济韧性和策略效率支撑的投资信心》,《国际金融》2007年第6期。

佟宝全:《基于系统动力学的城市群发展情景仿真模拟——以呼包鄂地区为例》,《干旱区资源与环境》2017年第4期。

汪德根、宋玉芹、刘昌雪:《商务旅游城市发展的系统动力学仿真研究——以苏州工业园区为例》,《地理科学进展》2013年第3期。

汪永生、李宇航、揭晓蒙等:《中国海洋科技—经济—环境系统耦合协调的时空演化》,《中国人口·资源与环境》2020年第8期。

王劲峰、徐成东:《地理探测器:原理与展望》,《地理学报》2017年第1期。

王凯、李景保、李欢：《山西省水—能源—粮食系统耦合协调时空变化特征研究》，《水资源与水工程学报》2020年第3期。

王倩、赵林、于伟等：《中国旅游经济系统韧性的时空变化特征与影响因素分析》，《地理与地理信息科学》2020年第6期。

王文和、朱正祥、米红甫等：《基于DEMATEL-ISM的城市地下综合管廊火灾事故影响因素研究》，《安全与环境学报》2020年第3期。

王雪芹、王成新、崔学刚：《中国城市规模划分标准调整的理性思考》，《城市发展研究》2015年第3期。

王一晴、张莉、叶秀玲：《江苏省县域经济差异空间格局演化及成因分析》，《南京师大学报》（自然科学版）2020年第4期。

吴波鸿、陈安：《韧性城市恢复力评价模型构建》，《科技导报》2018年第16期。

武佳倩、汤铃、李玲等：《基于系统动力学的危险化学品水污染事件中城市供水危机应急策略研究——以2005年吉化爆炸引发哈尔滨水危机为例》，《系统工程理论与实践》2015年第3期。

辛龙、孙慧、王慧等：《基于地理探测器的绿色经济效率时空分异及驱动力研究》，《中国人口·资源与环境》2020年第9期。

徐圆、邓胡艳：《多样化、创新能力与城市经济韧性》，《经济学动态》2020年第8期。

徐圆、张林玲：《中国城市的经济韧性及由来：产业结构多样化视角》，《财贸经济》2019年第7期。

徐媛媛、王琛：《金融危机背景下区域经济弹性的影响因素——以浙江省和江苏省为例》，《地理科学进展》2017年第8期。

阎海燕、詹凌云、陈明明等：《基于系统动力学的企业危机事件网络舆情传播与应对研究》，《系统科学学报》2021年第1期。

杨丽、孙之淳：《基于熵值法的西部新型城镇化发展水平测评》，《经济问题》2015年第3期。

杨秀平、贾云婷、翁钢民等：《城市旅游环境系统韧性的系统动力学研究——以兰州市为例》，《旅游科学》2020年第2期。

杨秀平、张大成、刘利利等：《生态脆弱区新型城镇化与生态环境耦合协调性测度》，《统计与决策》2020年第15期。

杨雪、蔡咏梅、谭娇等：《西部地区经济韧性水平评价及影响因素研究》,《湖北师范大学学报》(哲学社会科学版)2021年第3期。

杨莹、林琳、钟志平等:《基于应对公共健康危害的广州社区恢复力评价及空间分异》,《地理学报》2019年第2期。

杨子江、韩伟超、杨恩秀:《昆明市水资源承载力系统动力学模拟》,《长江流域资源与环境》2019年第3期。

姚翠友、陈国娇、张阳:《基于系统动力学的城市生态系统建设路径研究——以天津市为例》,《环境科学学报》2020年第5期。

曾冰:《区域经济韧性内涵辨析与指标体系构建》,《区域金融研究》2020年第7期。

张迪、温利华:《"双循环"背景下数字化转型对我国经济韧性的影响研究》,《商业经济研究》2021年第13期。

张国锋、李强、王永进:《大城市生产率优势:集聚、选择还是群分效应》,《世界经济》2017年第8期。

张可、汪东芳:《经济集聚与环境污染的交互影响及空间溢出》,《中国工业经济》2014年第6期。

张可云、何大梽:《空间类分与空间选择:集聚理论的新前沿》,《经济学家》2020年第4期。

张明斗、吴庆帮、李维露:《产业结构变迁、全要素生产率与城市经济韧性》,《郑州大学学报》(哲学社会科学版)2021年第6期。

张行、梁小英、刘迪等:《生态脆弱区社会—生态景观恢复力时空演变及情景模拟》,《地理学报》2019年第7期。

张秀艳、白雯、郑雪:《我国区域经济韧性的关联识别与演化特征分析》,《吉林大学社会科学学报》2021年第1期。

张燕、师学义、唐倩:《不同土地利用情景下汾河上游地区碳储量评估》,《生态学报》2021年第1期。

张振、李志刚、胡璇:《城市群产业集聚、空间溢出与区域经济韧性》,《华东经济管理》2021年第8期。

张振、赵儒煜:《区域经济韧性的理论探讨》,《经济体制改革》2021年第3期。

张振、赵儒煜、杨守云:《东北地区产业结构对区域经济韧性的空间溢出效应研究》,《科技进步与对策》2020年第5期。

张子龙、薛冰、陈兴鹏等:《中国工业环境效率及其空间差异的收敛性》,《中国人口·资源与环境》2015年第2期。

赵春燕、王世平:《经济集聚对城市经济韧性的影响》,《中南财经政法大学学报》2021年第1期。

赵儒煜、肖茜文:《东北地区现代产业体系建设与全面振兴》,《经济纵横》2019年第9期。

周干峙:《城市及其区域——一个开放的特殊复杂的巨系统》,《城市规划》1997年第2期。

周利敏:《韧性城市:风险治理及指标建构——兼论国际案例》,《北京行政学院学报》2016年第2期。

周倩、刘德林:《长三角城市群城市韧性与城镇化水平耦合协调发展研究》,《水土保持研究》2020年第4期。

周五七、聂鸣:《基于节能减排的中国省级工业技术效率研究》,《中国人口·资源与环境》2013年第1期。

卓贤、陈奥运:《特大城市人口的国际比较》,《中国经济报告》2018年第10期。

邹薇、杨胜寒:《超大城市对我国经济的影响有多大？基于劳动投入、TFP和工资差异的分析》,《系统工程理论与实践》2019年第8期。

Adam Rose and Shui-Yan Liao, "Modeling regional economic resilience to disasters: A computable general equilibrium analysis of water service disruptions", *Journal of Regional Science*, Vol. 45, No. 1, 2005.

Andy Pike, Stuart Dawley, John Tomaney, "Resilience, adaptation and adaptability", *Cambridge Journal of Regions, Economy and Society*, Vol. 3, No. 1, 2010.

Antonio Ciccone and Robert E. Hall, "Productivity and the Density of Economic Activity", *American Economic Review*, Vol. 86, No. 1, 1996.

Aura Reggiani, Thomas De Graaff, Peter Nijkamp, "Resilience: An evolutionary approach to spatial economic systems", *Networks and Spatial Economics*, Vol. 2, 2002.

Ayyoob Sharifi and Yoshiro Yamagata, "On the suitability of assessment tools for guiding communities towards disaster resilience", *International Journal of Disaster Risk Reduction*, Vol. 18, 2016.

Bernard Fingleton, Harry Garretsen, Ron Martin, "Recessionary shocks and regional employment: Evidence on the resilience of UK regions", *Journal of Regional Science*, Vol. 52, No. 1, 2012.

Brian Walker, Crawford S. Holling, Stephen R. Carpenter, et al., "Resilience, Adaptability and Transformability in Social-Ecological Systems", *Ecology and Society*, Vol. 9, No. 2, 2004.

Chi-Hsiang Wang and Jane Blackmore, "Resilience Concepts for Water Resource Systems", *Journal of Water Resources Planning and Management*, Vol. 135, No. 6, 2009.

Christoph Hauser, Gottfried Tappeiner, Janette Walde, "The Learning Region:The Impact of Social Capital and Weak Ties on Innovation", *Regional Studies*, Vol. 41, No. 1, 2007.

Crawford S. Holling, "Resilience and Stability of Ecological Systems", *Annual Review of Ecology, Evolution, and Systematics*, Vol. 4, 1973.

David R. Godschalk, "Urban hazard mitigation: Creating resilient cities", *Natural Hazards Review*, Vol. 4, No. 3, 2003.

David Wolfe and Allison Bramwell, "Innovation, creativity and governance: Social dynamics of economic performance in city – regions", *Innovation*, Vol. 18, No. 4, 2016.

Fran H. Norris, Susan P. Stevens, Betty Pfefferbaum, et al., "Community resilience as a metaphor,theory, set of capacities, and strategy for disaster readiness", *American Journal of Community Psychology*, Vol. 41, 2008.

Frank Neffke, Martin Henning, Ron Boschma, "How do regions diversify over time? Industry relatedness and the development of new growth paths in regions", *Economic Geography*, Vol. 87, No. 3, 2011.

Gillian Bristow and Adrian Healy, "Crisis response, choice and resilience: insights from complexity thinking", *Cambridge Journal of Regions, Economy and Society*, Vol. 8, No. 2, 2015.

Gillian Bristow and Adrian Healy, "Regional Resilience: An Agency Perspective", *Regional Studies*, Vol. 48, No. 5, 2014.

Guijun Li, Chenhuan Kou, Hao Wang, "Estimating city-level energy consumption of residential buildings:A life-cycle dynamic simulation model", *Journal of Environmental Management*, Vol. 240, 2019.

Guijun Li, Chenhuan Kou, Yongsheng Wang, et al., "System dynamics modelling for improving urban resilience in Beijing, China", *Resource, Conservation and Recycling*, Vol. 161, 2020.

Haomin Guan, Wenxin Liu, Pingyu Zhang, et al., "Analyzing industrial structure evolution of old industrial cities using evolutionary resilience theory: A case study in Shenyang of China", *Chinese Geographical Science*, Vol. 28, 2018.

Henrik Ernstson, Sander E. van der Leeuw, Charles L. Redman, et al., "Urban transitions: On urban resilience and human-dominated ecosystems", *Ambio*, Vol. 39, 2010.

Jack Ahern, "Urban landscape sustainability and resilience: The promise and challenges of integrating ecology with urban planning and design", *Landscape Ecology*, Vol. 28, 2013.

Jin-Feng Wang, Xin-Hu Li, George Christakos, et al., "Geographical detectors-based health risk assessment and its application in the neural tube defects study of the Heshun region, China", *International Journal of Geographical Information Science*, Vol. 24, No. 1, 2010.

Jing Xiao, Ron Boschma, Martin Andersson, "Resilience in the European Union: The effect of the 2008 crisis on the ability of regions in Europe to develop new industrial specializations", *Industrial and Corporate Change*, Vol. 27, No. 1, 2018.

Jonas Joerin, Rajib Shaw, Yukiko Takeuchi, et al., "Action-oriented resilience assessment of communities in Chennai, India", *Environmental Hazards*, Vol. 11, No. 3, 2012.

Jürgen Essletzbichler, "Relatedness, industrial branching and technological cohesion in US metropolitan areas", *Regional Studies*, Vol. 49, No. 5, 2015.

John D. Sterman, "System dynamics modeling: tools for learning in a complex world", *California Management Review*, Vol. 43, No. 4, 2001.

John N. Warfield, "Social Systems: Planning, Policy, and Complexity", *Journal of Cybernetics*, Vol. 8, No. 1, 1978.

James Simmie and Ron Martin, "The economic resilience of regions: towards an evolutionary approach", *Cambridge Journal of Regions, Economy and Society*, Vol. 3, No. 1, 2010.

Jorge A. Duran-Encalada and Alberto Paucar-Caceres, "System dynamics urban sustainability model for Puerto Aura in Puebla Mexico", *System Practice and Action Research*, Vol. 22, 2009.

Joan Crespo, Raphael Suire, Jerome Vicente, "Lock-in or lock-out? How structural properties of knowledge networks affect regional resilience", *Papers in Evolutionary Economic Geography*, Vol. 14, No. 1, 2014.

Juntao Tan, Kevin Lo, Fangdao Qiu, et al., "Regional economic resilience: Resistance and recoverability of resource-based cities during economic crises in Northeast China", *Sustainability*, Vol. 9, No. 12, 2017.

Justin Doran and Bernard Fingleton, "Employment Resilience in Europe and the 2008 Economic Crisis: Insights from Micro-level Data", *Regional Studies*, Vol. 50, No. 4, 2016.

Kathleen Sherrieb, Fran H. Norris, Sandro Galea, "Measuring capacities for community resilience", *Social Indicators Research*, Vol. 99, 2010.

Lance H. Gunderson and Crawford S. Holling, eds., Panarchy: *Understanding Transformations in Human and Natural Systems*, Washington, D. C.: Island Press, 2002, pp. 507.

Lathania Brown and Robert T. Greenbaum, "The role of industrial diversity in economic resilience: An empirical examination across 35 years", *Urban Studies*, Vol. 54, No. 6, 2017.

Lawrence J. Vale and Thomas J. Campanella, eds., The Resilient City: *How Modern Cities Recover from Disaster*, Oxford: Oxford University Press, 2005, pp. 392.

Liangang Li, Pingyu Zhang, Xin Li, "Regional economic resilience of the old industrial bases in China: A case study of Liaoning Province", *Sustainability*, Vol. 11, No. 3, 2019.

Lino Briguglio, Gordon Cordina, Nadia Farrugia, Stephanie Vella, et al., "Economic vulnerability and resilience: concepts and measurements", *Oxford Development Studies*, Vol. 37, No. 3, 2009.

Magnus Nyström, Jean-Baptiste Jouffray, Albert V. Norström, et al.,

"Anatomy and resilience of the global production ecosystem", *Nature*, Vol. 575, 2019.

Marina Alberti, John M. Marzluff, Eric Shulenberger, et al., "Integrating humans into ecology: Opportunities and challenges for studying urban ecosystems", *Bioscience*, Vol. 53, No. 12, 2003.

Michel Bruneau and Andrei Reinhorn, "Exploring the concept of seismic resilience for acute care facilities", *Earthquake Spectra*, Vol. 23, No. 1, 2007.

Michel Bruneau, Stephanie E. Chang, Ronald T. Eguchi, et al., "A framework to quantitatively assess and enhance the seismic resilience of communities", *Earthquake Spectra*, Vol. 19, No. 4, 2003.

Nuchcha Phonphoton and Chanathip Pharino, "A system dynamics modeling to evaluate flooding impacts on municipal solid waste management services", *Waste management*, Vol. 87, 2019.

Oto Hudec, Aura Reggiani, Monika Šiserová, "Resilience capacity and vulnerability: A joint analysis with reference to Slovak urban districts", *Cities*, Vol. 73, 2018.

Paul S. Adler and Seok-Woo Kwon, "Social capital: Prospects for a new concept", *Academy of management review*, Vol. 27, No. 1, 2002.

Peter A. G. Bergeijk van, Steven Brakman, Charles Marrewijk van, "Heterogeneous economic resilience and the great recession's world trade collapse", *Papers in Regional Science*, Vol. 96, No. 1, 2017.

Paul Bishop, "Knowledge, diversity and entrepreneurship: A spatial analysis of new firm formation in Great Britain", *Entrepreneurship & Regional Development*, Vol. 24, No. 7-8, 2012.

Pierre-Alexandre Balland, David Rigby, Ron Boschma, "The technological resilience of US cities", *Cambridge Journal of Regions, Economy and Society*, Vol. 8, No. 2, 2015.

Shuai Quan and Ning Wang, "Towards a structural model of the tourist experience: An illustration from food experiences in tourism", *Tourism Management*, Vol. 25, No. 3, 2004.

Ray Hudson, "Resilient regions in an uncertain world: Wishful thinking or a practical reality?", *Cambridge Journal of Regions, Economy and Society*, Vol. 3, No. 1, 2009.

Reza Sayyadi and Anjali Awasthi, "An integrated approach based on system dynamics and ANP for evaluating sustainable transportation policies", *International Journal of Systems Science: Operations & Logistics*, Vol. 7, No. 2, 2020.

Richard Evans and Jay Karecha, "Staying on Top: Why is Munich So Resilient and Successful?", *European Planning Studies*, Vol. 22, No. 6, 2014.

Richard Whitley, "The Institutional Structuring of Innovation Strategies: Business Systems, Firm Types and Patterns of Technical Change in Different Market Economics", *Organization Studies*, Vol. 21, No. 5, 2000.

Robert G. Coyle, "System dynamics modelling: a practical approach", *Journal of the Operational Research Society*, Vol. 48, 1997.

Robert Hassink, "Regional resilience: a promising concept to explain differences in regional economic adaptability?", *Cambridge Journal of Regions, Economy and Society*, Vol. 3, No. 1, 2010.

Rolf Pendall, Kathryn A. Foster, Margaret Cowell, "Resilience and regions: Building understanding of the metaphor", *Cambridge Journal of Regions, Economy and Society*, Vol. 3, No. 1, 2010.

Ron Boschma, Asier Minondo, Mikel Navarro, "The emergence of new industries at the regional level in Spain: A proximity approach based on product relatedness", *Economic Geography*, Vol. 89, No. 1, 2013.

Ron Boschma, "Towards an evolutionary perspective on regional resilience", *Regional Studies*, Vol. 49, 2015.

Ron Boschma and Gianluca Capone, "Institutions and diversification: Related versus unrelated diversification in a varieties of capitalism framework", *Research Policy*, Vol. 44, No. 10, 2015.

Ron Martin and Peter Sunley, "On the notion of regional economic resilience: Conceptualization and explanation", *Journal of Economic Geography*, Vol. 15, No. 1, 2015.

Ron Martin and Peter Sunley, "Path dependence and regional economic evolution", *Journal of Economic Geography*, Vol. 6, No. 4, 2006.

Ron Martin, "Regional economic resilience, hysteresis and recessionary shocks", *Journal of Economic Geography*, Vol. 12, No. 1, 2012.

Ron Martin, Peter Sunley, Ben Gardiner, et al., "How regions react to recessions: Resilience and the role of economic structure", *Regional Studies*, Vol. 50, No. 4, 2016.

Sara Davies, "Regional resilience in the 2008-2010 downturn: comparative evidence from European countries", *Cambridge Journal of Regions, Economy and Society*, Vol. 4, No. 3, 2011.

Sara Meerow, Joshua P. Newell, Melissa Stults, "Defining urban resilience: a review", *Landscape and Urban Planning*, Vol. 147, 2016.

Sujak Bakir, Shahadat Khan, Kamrul Ahsan, et al., "Exploring the critical determinants of environmentally oriented public procurement using the DEMATEL method", *Journal of Environmental Management*, Vol. 225, 2018.

Steven Brakman, Harry Garretsen, Charles van Marrewijk, "Regional resilience across Europe: On urbanization and the initial impact of the Great Recession", *Cambridge Journal of Regions, Economy and Society*, Vol. 8, No. 2, 2015.

Steward T. A. Pickett, Mary L. Cadenasso, J. Morgan Grove, "Resilient cities: Meaning, models, and metaphor for integrating the ecological, socio-economic, and planning realms", *Landscape and Urban Planning*, Vol. 69, No. 4, 2004.

Susan L. Cutter, Kevin D. Ash, Christopher T. Emrich. "The geographies of community disaster resilience", *Global Environmental Change*, Vol. 24, 2014.

Susan L. Cutter, Lindsey Barnes, Melissa Berry, et al., "A place-based model for under standing community resilience to natural disasters", *Global Environmental Change*, Vol. 18, No. 4, 2008.

Robert Huggins and Piers Thompson, "Local entrepreneurial resilience and culture: the role of social values in fostering economic recovery", *Cambridge Journal of Regions, Economy and Society*, Vol. 8, No. 2, 2015.

Thomas J. Campanella, "Urban resilience and the recovery of New Orleans", *Journal of the American Planning Association*, Vol. 72, 2006.

Vincent Wing Sun Tung and J. R. Brent Ritchie, "Exploring the essence of memorable tourism experiences", Annals of Tourism Research, Vol. 38, No. 4, 2011.

William Neil Adger, "Social Capital, Collective Action and Adaptation to Climate Change", *Economic Geography*, Vol. 79, No. 4, 2003.

Yaman Barlas, "Formal aspects of model validity and validation in system dynamics", *System Dynamics Review*, Vol. 12, No. 3, 1996.

Yicheol Han and Stephan J. Goetz, "The economic resilience of U. S. counties during the great recession", *Applied Economics*, Vol. 51, No. 19, 2019.

Yuanshuo Xu and Mildred E. Warner, "Understanding employment growth in the recession: the geographic diversity of state rescaling", *Cambridge Journal of Regions, Economy and Society*, Vol. 8, No. 2, 2015.